AF561013

EL CRISTO PREEXISTENTE

EDICIONES UNIVERSIDAD CATÓLICA DE CHILE
Vicerrectoría de Comunicaciones
Av. Libertador Bernardo O'Higgins 390, Santiago, Chile

editorialedicionesuc@uc.cl
www.ediciones.uc.cl

EL CRISTO PREEXISTENTE
Gastón Soublette A.

Julio 2016
ISBN 978-956-14-1933-9

Versión digitada:
Elsa Gatica

Diseño:
Salvador Verdejo V.
versión | producciones gráficas Ltda.

CIP - Pontificia Universidad Católica de Chile

Soublette, Gastón.
El Cristo preexistente / Gastón Soublette A.

Incluye notas bibliográficas

1. Sabiduría – Aspectos religiosos – Estudios comparados.
2. Jesucristo – Enseñanza bíblica.
3. Taoísmo.
4. Confucianismo.
I. t.

2016 212+23 RCAA2

EL CRISTO
PREEXISTENTE

Gastón Soublette A.

Índice

Introducción 9

PARTE I

La sabiduría 15
El monoteísmo taoísta 18
El creador 21
La condición paradisíaca y la caída original 27
El paraíso terrenal de la Biblia 34
Los hermanos primordiales 42
El linaje de la serpiente 50
La monarquía israelita 55
Rechazo de la civilización 58
La antigua sabiduría del extremo Oriente 61
La sabiduría bíblica 98
Jesús de Nazaret y el taoísmo 101

PARTE II

Los santos y sabios soberanos de la antigüedad 147
Civilización y lenguaje 151
La virtud de Jesús 155
Degradación del saber e incremento del poder 158
La fuerza que no lucha 168
Modestia y dulzura 177
Veracidad y mansedumbre 194
Lo que el mundo dejó atrás 203
Sabiduría y ciencia 205

La inoperancia de la verdad 212
El fracaso 215
El redentor 219
El libro rojo 228
El Reino de Dios 234

Conclusión 247

Introducción

Seis siglos antes de la era cristiana, en los lejanos territorios del imperio chino, hombres dotados de virtud y sabiduría intuyeron lo que podría ser la presencia en el mundo de un modelo de hombre perfecto como Jesucristo, y de ello dejaron un testimonio escrito. Esos hombres fueron los dos más grandes sabios de la historia de China: Lao Tse y Confucio.

Este hecho es el que ha motivado el título de este libro. Aunque esa expresión es usada en la teología con un sentido diferente, esto es, la preexistencia del Verbo de Dios que se encarnó en Jesucristo. Así se lee en el prólogo del evangelio de Juan y en el capítulo 1 de la carta del apóstol Pablo a los colosenses, vers. 17: "Él es antes que todo, y todo subsiste en Él".

En el caso de este libro, la expresión "Cristo preexistente" está referida solo al hecho de que la semblanza humana de Jesús de Nazaret, sus patrones de pensamiento y de acción, y su sabiduría personal fueron anticipados, por así decirlo, en las enseñanzas de los dos sabios chinos antes mencionados en referencia a lo que ellos llamaron "los santos y sabios soberanos de la antigüedad".

En el ámbito bíblico el tema parece agotado, en el sentido de que todo lo que habría que saber al respecto estaría ya investigado; pero, según mi parecer, no es así con respecto a todo lo que Jesús de Nazaret demostró ser en el breve tránsito de su vida pública como profeta y maestro. Porque si bien es cierto que el ministerio público de Jesús se llevó a cabo en el marco de la religión de Israel, de manera que su mensaje no se entiende sino teniendo como premisa el Antiguo Testamento, la universalidad de ese mensaje trasciende ese marco hacia una dimensión transhistórica y válida para todos los hombres, una vez abatido el muro que antes separaba al pueblo elegido de los gentiles. Y tal es el alcance de las palabras con que Jesús anunció que su evangelio sería predicado en todo el mundo.

Así, el tema principal de este ensayo es el de un encuentro del evangelio de Jesucristo con la sabiduría del Oriente extremo, tarea que, según el teólogo Hans Urs von Balthasar, es algo que está pendiente en la teología. En esa línea de investigación este trabajo es un pequeño comienzo, cuyas fuentes serán, aparte de los cuatro evangelios canónicos y pasajes del Antiguo Testamento, el *Libro del Tao y la Virtud* de Lao Tse, y algunos pasajes de los clásicos confucianos.

En la elaboración de este texto, el autor, como es de suponer, se halló muchas veces frente a grandes dificultades acerca del criterio a seguir en la progresión de su pensamiento sobre un tema tan inusual y de tan vastas dimensiones. Especialmente porque las coincidencias que pueden detectarse entre el texto fundamental del Taoísmo, esto es el *Libro del Tao y la Virtud* de Lao Tse, y algunos pasajes de los clásicos confucianos, con los dichos y los hechos del carpintero de Nazaret, que son muchas, exige también el desarrollo de una temática adicional igualmente vasta. Si el famoso *Libro del Tao* presenta similitudes sorprendentes con pasajes claves de los evangelios canónicos, ello no se debe a una ocurrencia de su autor, Lao Tse, sino, en gran medida, a que esa sabiduría antigua de China viene a ser el resultado póstumo, decantado en la mente de uno de sus más grandes sabios, de una tradición sapiencial milenaria y, en consecuencia, la expresión de una cosmovisión que es inherente a la cultura china en su totalidad.

En ese sentido es preciso tener presente que tanto Lao Tse como Confucio dejaron constancia en sus escritos de que la doctrina que ellos contienen les ha sido transferida por hombres sabios y santos que les precedieron en una larga serie hasta la antigüedad más remota. Eso explica por qué antes de tratar directamente el tema principal de este libro, hay varios capítulos destinados a dejar en claro ciertas cuestiones relativas a los orígenes, tanto en las sagradas escrituras hebreas como en los textos taoístas y confucianos; ya que en esa investigación es posible descubrir ciertas similitudes básicas.

Sorprende que tradiciones espirituales que en su evolución histórica aparecen como muy diferentes puedan haber llegado a concebir finalmente un modelo de perfección humana semejante. Este hecho se vuelve tanto más sorprendente cuanto que la sabiduría china es cósmica, esto es, se trata de un conocimiento cuyo fundamento es el orden natural y su estructura dinámica. Detrás de esto hay un supuesto que es preciso explicitar: la cultura china, no obstante haber generado una gran civilización, dados los fundamentos espirituales sobre los que emergió, su orientación ideológica nunca se apartó del orden natural y su bipolaridad de lo creativo y lo receptivo; nunca se desentendió totalmente de las leyes del crecimiento gradual; tampoco excluyó de su pedagogía el discernimiento por analogía, que es parte constitutiva de la psique humana (presente en toda la sabiduría popular del mundo).

Al respecto cabe hacer notar que la figura de Jesucristo que centraliza toda esta reflexión, mirada a la luz de tradiciones sapienciales ajenas al pensamiento bíblico y teológico (como es el caso del Taoísmo y el Confucianismo) da a sus rasgos singulares de carácter y a su sabiduría personal en el decir y el actuar, una significación más amplia y novedosa que la que atribuimos de ordinario a sus actos y sus dichos. Esto es así, pues vincula su modo de proceder y su ideario con modelos de hombres santos y sabios de la antigüedad remota a quienes la posteridad recuerda y honra por haber actuado del mismo modo, todo lo cual Lao Tse expone en su *Libro del Tao y la Virtud*, empleando a veces las mismas formas de expresión con que fueron redactados los cuatro evangelios canónicos.

La constatación de este paralelo tan estrecho entre los patrones de pensamiento y conducta de Jesús y el tratamiento minucioso que de esos rasgos de carácter hace Lao Tse en su *Libro del Tao*, los cuales fueron los de los soberanos chinos de la prehistoria, plantea un problema interesante acerca de lo que en realidad fue esa primera humanidad a la que aluden los historiadores clásicos de China: Lo Pi y Se Ma Tsien (*Livres Sacres de l'Orient*. G. Pauthier. París, 1843). Dicha primera humanidad vivió antes de la emergencia de las grandes culturas según la cronología china y sobre ella sabemos poco, según los criterios con que los historiadores reconstruyen el pasado. Pero sobre la cual, la tradición sapiencial e histórica de China nos habla en términos tales como si esos soberanos y patriarcas hubiesen colmado la medida del hombre, alcanzando una muy alta sabiduría y virtud que los llevó a ser los elegidos del cielo.

EL CRISTO PREEXISTENTE

PARTE I

La sabiduría

La sabiduría en todas las culturas del mundo ha sido un conocimiento del sentido de la vida. No un conocimiento teórico que agote en sí mismo su finalidad, aunque se haya trasmitido a través de los escritos de los grandes sabios, sino un conocimiento que en su misma formulación se muestra destinado a ser vivido y no solo adquirido como un saber.

En todas las culturas del mundo la sabiduría ha sido además un derivado de la revelación, lo cual se entiende en cuanto la revelación necesita de una mediación generada en la mente humana para reflejar en el acontecer real de la sociedad las opciones y actitudes concretas del hombre en el seguimiento del sentido. También necesita una mediación de carácter ritual, litúrgico y ceremonial capaz de trascender el espacio tiempo ordinario y situar al hombre en un ámbito elevado donde las verdades reveladas llegan hasta él.

En la historia de la cultura griega se aprecia bien el momento en que la mitología, que es revelación, comienza a generar un pensamiento sapiencial, el que después llegará a ser una filosofía como género literario. En la historia de la cultura india se observa claramente el paso de la revelación védica a la gnosis filosófica y mística de los Upanishads, y posteriormente a los textos escritos o dictados por los grandes sabios fundadores de los seis sistemas filosóficos indios.

En el caso de Grecia, el acento puesto en lo que después se llamó "filosofar", realzó el carácter especulativo del pensamiento sapiencial, de donde derivó posteriormente la gratuidad del discurso filosófico como un conocimiento formulado en textos que hallan en sí mismos su propia justificación.

En lo que se refiere a la sabiduría del extremo oriente, considerada desde el punto de vista privilegiado que hoy tenemos para observarla y evaluarla en el contexto de la sabiduría universal, parece ser la más apropiada para detectar en la antigüedad un modelo humano como el que hemos llamado un Cristo preexistente, especialmente, en los escritos de los sabios chinos Lao Tse y Confucio, pues, frente a la estructura del pensamiento occidental a que antes nos referimos, esa sabiduría china del siglo VI a. C. se aproxima más a lo que podríamos llamar un saber de salvación.

Cabe considerar, por otra parte, que el Taoísmo original, tal como fue constituido en un sistema en su texto fundamental y dada la posición disidente extrema de su autor, Lao Tse, frente a la ideología civilizadora de la dinastía Tchou (que se impuso ya desde fines del segundo milenio antes de Cristo), por su rechazo del poder, la riqueza, la ostentación, la imposición de un orden único a todos los habitantes del imperio sin atender a los usos y costumbres de las culturas regionales, por su rechazo del hiperdesarrollo urbano y político, y de una religión ritualista que introdujo en la sociedad china un ingrediente artificioso en la conducta humana, y, en fin, por la grandeza misma de ese orden imperial, visible en la apariencia imponente de sus palacios, templos, parques, ceremonias, atuendos, exhibida como modelo de sociedad bien gobernada según los mandatos del cielo ante todos los pueblos de la antigüedad. Como posición de un hombre sabio, que rechaza todo eso, es lo que aproxima la sabiduría de Lao Tse a la posición fuertemente disidente que Jesús de Nazaret, como maestro y profeta, tuvo frente a la religión y los usos y costumbres de su tiempo.

Para entender en profundidad esta coincidencia tan estrecha entre ambos legados espirituales es preciso antes explicitar en qué posición se sitúa la sabiduría bíblica frente a la de otras tradiciones culturales del mundo, porque esto es un punto de capital importancia para entender que lo que en la Biblia se llama sabiduría no es lo que presenta una estrecha semejanza con el mensaje del Taoísmo original, sino muy específicamente la sabiduría personal de Jesús, la cual se transparenta en sus enseñanzas pero también en sus actos y modo de ser en general, los cuales también son enseñanzas aunque no sean verbales.

Las categorías mentales en que fueron concebidos los textos bíblicos sapienciales dan cuenta de una experiencia del mundo que excluye la búsqueda de la verdad a partir del hombre y sus posibilidades cognoscitivas, pues toda la sabiduría a que se hace referencia en los libros sapienciales consiste en un conocimiento profundo de lo que implica la fidelidad del hombre a la Ley de Dios; por lo que se puede decir que la sabiduría a que podía aspirar un israelita de los tiempos en que fueron redactados esos libros es diferente a la que concibieron y formularon por escrito los sabios de otras culturas. Si la sabiduría de los maestros de Israel consiste en una inteligencia más profunda del acontecer de salvación en el seno de una sociedad regida por esa ley, esa sabiduría carece de cuerpo propio, y viene a ser algo derivado o accesorio de lo que desde antes se ha impuesto como revelación y verdad, esto es, la palabra de Iahvé.

Esto no se dice en un sentido peyorativo, sino, simplemente, para constatar el hecho de que si la cultura hebrea de los tiempos bíblicos parece modesta en realizaciones comparada con las culturas paganas es porque esa cultura no tiene más cuerpo que la Ley y los profetas. Todo el entramado material de la civilización de Israel no es el fruto de una elaboración propia a partir de un conocimiento libre generado en ese pueblo por una experimentación directa con los elementos del mundo, como fue el caso de la empresa civilizadora de los pueblos paganos, y cuyo politeísmo viene a ser la base de la diversificación del conocimiento y el desarrollo de las artes útiles.

A la luz de estos antecedentes cabe decir, entonces, que lo que Jesús demostró ser como maestro y profeta, y en el solo ámbito de la religión de Israel, no parece ser, a estas alturas de la historia, todo lo que se podría entender de su evangelio, aunque en el Nuevo Testamento, conforme al entendimiento de los judíos que redactaron los textos que lo constituyen, es lógico y de fe pensar que allí está contenido todo lo que Él es. Con esto se está queriendo decir que conforme a la sabiduría que le precedió en la historia, en la persona de Jesús, en sus dichos y en sus hechos se perciben aspectos que pueden ser entendidos desde otras formas de pensamiento sin faltar a la verdad.

El hecho de que el Taoísmo sea una doctrina elaborada por una vía muy diferente al itinerario espiritual del pueblo de Israel plantea una problemática interesante para la historia de las religiones y para la misma Cristología. Esa problemática podría, sin embargo, aclararse recurriendo a razones más sencillas que las que podría creerse necesario invocar. Me refiero a lo que sobre este tema enseñaba el maestro Lanza del Vasto, discípulo europeo del Mahatma Gandhi. Después de realizar profundos estudios sobre las escuelas de sabiduría oriental (India, China, Japón) Lanza del Vasto llegó a la conclusión de que Dios viene en ayuda del hombre en desgracia, y lo primero que le envía es la sabiduría. Después, para llevar su obra a la perfección, le envía el amor. Con la palabra amor se refiere obviamente a Jesucristo y con la palabra sabiduría se refiere a los grandes maestros que le precedieron en la historia.

El monoteísmo taoísta

Las reflexiones de Lao Tse sobre el ser supremo que se expondrán a continuación son derivaciones del contexto religioso monoteísta de la cultura de la antigua China, cuyo pueblo le rendía culto al Dios único, denominado entonces "Soberano del Cielo". Personificación del poder que gobierna el universo, el cual, en tiempos de la dinastía Tchou devino simplemente el Cielo, sin que por eso perdiera los atributos que son inherentes al Dios supremo.

Todo lo que conocemos de la doctrina de Lao Tse, fundador del Taoísmo, está enteramente contenido en su célebre *Tao Teh King*, esto es, *Libro del Tao y la Virtud*. Efectivamente, el nombre supremo empleado en el texto, esto es, la palabra china Tao, que literalmente significa "sentido", por el tratamiento que el sabio hace de ella, entendemos que trasciende ese significado para designar el "principio" supremo de donde procede todo cuanto existe y también el sentido o ley eterna que rige todo acontecer. Y resulta claro en la lectura cuándo se pone énfasis en una u otra acepción.

El desarrollo de esta primera parte del tema puede ordenarse conforme a lo que se deduce de una lectura atenta de todos los capítulos del libro que se refieren explícitamente al Tao. Ese ordenamiento debe contemplar primero una referencia al ser supremo o principio eterno en sí mismo y enseguida al ser supremo como dotado de fecundidad, esto es, como creador de todo cuanto existe. Ambos aspectos constituyen un patrón de pensamiento presente en todas las reflexiones filosóficas sobre el ser supremo. También en este ordenamiento se planteará la cuestión del nombre, en el entendido de que el ser como principio y fundamento de todos los seres solo admite una referencia a él en términos negativos. Asimismo, se incluye en este ordenamiento temático el concepto de sentido, pues la palabra Tao tiene originalmente esta acepción, de la que deriva también la denominación "Ley eterna" empleada por Lao Tse (Cap. XVI. *Tao*

Teh King); de esta proceden dos formas de comportamiento, uno sensato y otro insensato, esto es, conforme al sentido o contra el sentido.

En el capítulo XXV del *Tao Teh King*, Lao Tse, refiriéndose al Tao, dice: "Yo no conozco su nombre, pero lo llamo Tao", y esto, en referencia a la costumbre de su época por la que ningún hombre de baja condición social podía pronunciar el verdadero nombre de un alto personaje, permitiéndosele aludir a él solo mediante un apelativo. En este pasaje de su texto el autor deja la impresión de querer inclinarse ante este alto "personaje" designándolo solo mediante el apelativo de Tao, con lo cual se refiere, como antes se dijo, a sus dos aspectos fundamentales, esto es, el "principio" y el "sentido".

Todo este razonar es filosófico y carece del tenor profético que es propio de la fe en un Dios revelado, como el de la Biblia. No obstante esa diferencia, ella no es tan grande como para no advertir que las reflexiones de Lao Tse sobre el ser supremo pueden ponerse en paralelo con el Dios que se reveló a Moisés, desde el episodio de la "zarza ardiente", cuando se hizo presente por primera vez a este profeta y le dio a conocer su nombre, hasta la revelación de su Ley.

El proceso de esta revelación comienza en efecto cuando Moisés presencia el prodigio de una zarza que arde sin consumirse, de la cual surge una voz que le dice: "Yo soy el Dios de Abraham, Isaac, y Jacob". Según las modalidades del lenguaje de la época, da la impresión de que el Dios que se está revelando a este hebreo antiguo es solo el de una etnia o un pueblo como los había tantos, de ahí que el profeta le pregunte a su misterioso interlocutor cuál es su nombre. Entonces Moisés es instruido acerca de la verdadera identidad del Dios de sus ancestros, quien se revela a él no con un nombre de divinidad tribal, sino como un Dios universal sin más nombre que el de quien simplemente es. En hebreo, Iahvé, palabra que contiene las tres formas del verbo ser, es decir, el que era, es y será; como también el que hace ser, el que da el ser a todo lo que es. Los demás nombres con que los israelitas se refirieron a él son apelativos.

Este Dios universal, en el sentido lato de la palabra, no tiene nombre ni puede ser representado en imágenes ni objetos simbólicos. Solo se puede decir que es y da el ser, aunque interviene en la historia de su pueblo y se comporta como su padre, su esposo y protector, esto es, su ser inefable se transforma en la mente del profeta y asume las modalidades de comportamiento y categorías de expresión de los seres humanos, pues su manifestación al pueblo se realiza por medio de uno de ellos.

En ese sentido las reflexiones de Lao Tse sobre el ser supremo se elevan hasta aquel que solo es y da el ser, como puede percibirse en varios capítulos del *Tao Teh King*, y en los textos que nos dejaron otros taoístas célebres como

Tchuang Tse (S. III a. C.), quien en el capítulo 2 de su texto canónico llamado simplemente el "Tchuang Tse" (León Wieger. *Les péres du sisteme taoiste*) dice: "¿Qué se puede decir del ser universal, sino simplemente que él es?". Más adelante agrega: "Si se pudiera distinguir algo especial en el principio y aplicarle atributos, no sería el principio universal", afirmación rubricada con el siguiente comentario: "Saber detenerse ahí donde la inteligencia, y la palabra llegan a su término, en eso consiste la sabiduría".

Por su parte las reflexiones filosóficas de Lao Tse sobre el Tao como principio universal y ley eterna, consideradas en el contexto del mensaje contenido en la totalidad de su libro, nos llevan a concluir que ellas configuran una actitud del autor frente al principio supremo que no es la del simple filósofo que razona, sino la de alguien que se halla ante una verdad que asume plenamente en su vida personal, y que deviene el soporte trascendente sobre el que se genera y sustenta todo su conocimiento del mundo y de los hombres. Lo que pudo quedar solo en el ámbito de los conceptos adquiere, de hecho, las características de lo numinoso, esto es, de las revelaciones.

En el capítulo XXV se lee lo siguiente:

Hay un solo ser perfecto
Antes que el Cielo y la Tierra fuesen él ya era.

En el capítulo XXXIX se lee lo siguiente:

He aquí los que de antiguo alcanzaron el Uno.
El Cielo alcanzó el Uno y tuvo firmeza.
Los dioses alcanzaron el Uno y tuvieron poder.
El abismo alcanzó el Uno y tuvo plenitud.
Todas las cosas alcanzaron el Uno y nacieron.
Soberanos y príncipes alcanzaron el Uno
y llegaron a ser modelos para el mundo.
Todo eso fue hecho por el Uno (o Único).

En ambos capítulos las reflexiones de Lao Tse coinciden con las de los filósofos occidentales del pasado sobre el ser supremo (Aristóteles, Tomás de Aquino, etc.). Sin embargo, en su caso, por la actitud que configura en él, deja la impresión de que al exponer el cuerpo íntegro de sus enseñanzas, lo ha hecho en la actitud de quien le rinde culto a algo que en el ámbito teológico nuestro llamamos Dios, como se verá en el desarrollo de este texto.

El creador

Si del monoteísmo se sigue necesariamente el concepto de "creación", en la doctrina de Lao Tse este aspecto del Tao está claramente delineado. El fundamento teórico para entender este punto en la doctrina de Lao Tse se halla en el primer capítulo de su *Tao Teh King*. El quinto verso del primer epigrama dice: "Llamo no-Ser al principio de Cielo y Tierra". El verso siguiente dice: "Llamo Ser a la Madre de todos los seres", esto es, el Ser en sí mismo y la Existencia. Este planteamiento se basa en las expresiones Wu y Yeu, que se traducen respectivamente por no-Ser y Ser. El texto dice que Wu es el principio de Cielo y Tierra, y el Yeu, es Mu, la Madre de todos los seres. Así el Tao como principio es el inmanifestado. Como madre de todos los seres se le está atribuyendo fecundidad. El filósofo Wang Pi (S. III a.C.) dice, refiriéndose a los dos modos de considerar el Tao: "Lao Tse lo capta como origen, en cuanto carece de antecedentes. Como Madre lo capta en cuanto está dotado de fecundidad. Como carente de antecedentes no se le puede hallar la raíz. Como dotado de fecundidad se puede dar razón de él". Sobre este particular cabe señalar que la palabra Wu (no-Ser) significa literalmente "sin antes", y Yeu (Ser) significa "tener uno delante".

Como ser absoluto, en su forma negativa, tiene su equivalente en la prohibición impuesta a los israelitas por Moisés de representar a Dios en imágenes y figuras, a lo cual se refiere el apóstol Juan cuando en el prólogo del cuarto evangelio dice: "A Dios nadie le ha visto".

En el capítulo XXV se dice también que el Tao es "Madre del Mundo", esto es, el que trae el mundo a la existencia. En el capítulo IV se dice: "Es como un abismo sin fondo y parece ser el ancestro de toda cosa".

En el capítulo XXI se hace referencia a la Virtud creadora del Tao, designada en el texto por la palabra china Teh. El pasaje correspondiente dice: "El contenido de la Virtud procede enteramente del Tao. El Tao anima las cosas de un modo caótico y oscuro. En él están las imágenes, caóticas y oscuras. En él están las cosas, oscuras y caóticas". Este pasaje tiene su equivalente en todos los mitos que aluden a un estado de caos anterior al orden o de lo sin forma que precede a las formas. En los primeros versículos de la Biblia referentes a la creación del mundo, se dice al respecto que "la tierra estaba informe y vacía, y había tinieblas sobre la faz del abismo".

En ese primer capítulo de la Biblia Dios es designado con la palabra hebrea Elohim. Esta palabra es un plural y se traduce por "las potestades" y con todo, es ese un apelativo con el que se designa al ser supremo. Posteriormente se asociará a este nombre el de Iahvé, de modo que en los comentarios rabínicos aparece la denominación compuesta Iahvé-Elohim (Rabino Grad. *Las claves secretas de Israel*). Sin embargo, en el prólogo del evangelio de Juan se alude al acto creador inicial proclamando al Verbo como el medio por el cual todo ha sido creado por Dios, para concluir de ahí que Jesucristo es el Verbo de Dios encarnado. Pero en ambas versiones el patrón de pensamiento es el mismo, en dos instancias, esto es, el ser supremo en sí mismo, y aquello que materializa su poder creador.

En el Libro de los Proverbios, capítulo 8, se lee lo siguiente: "Iahvé me creó, primicia de sus caminos, antes que sus más antiguas obras, Desde la eternidad fui fundada". Se trata de un pasaje en que se hace el elogio de la sabiduría de Dios. En el texto se nota la intención de darle a esa sabiduría divina el carácter del medio por el cual Dios crea el mundo, lo que es homologable con lo que Lao Tse llama Teh, esto es, la virtud creadora del Tao que, por ser matriz única de todas las cosas creadas, da fecundidad al Tao. Así, el Tao deviene la madre del mundo por poseer Teh, la virtud creadora. Se trata, como antes se dijo, de un patrón de pensamiento filosófico acerca del ser supremo que procede de una intuición fundamental común a muchas mitologías que atribuyen a Dios un carácter bisexual.

En el *Libro del Tao* el pasaje referente al caos corresponde al estado indeterminado que precede a la constitución de las formas. Las imágenes mencionadas en ese pasaje del capítulo XXI equivalen a las ideas de Platón, y son arquetipos o moldes de la realidad (Platón. *La República*, Cap. 7). Esas imágenes son también, en algún sentido, los símbolos lineales del *Libro de las Mutaciones* o *I Ching*, los que justamente son designados con la palabra imágenes; como tales son arquetipos. Estos símbolos representan todas las fases del movimiento, tanto en el macro universo como en la dimensión en que se da la vida humana en la tierra. La seguridad de que ese repertorio de símbolos es realmente un estándar del movimiento universal se debe a la gran autoridad que todos los sabios chinos le han atribuido a este libro, que bien puede ser considerado como la piedra fundacional de la cultura china, compuesto por los aportes de los grandes sabios de esa nación a través de milenios, tema que será desarrollado posteriormente.

Digno es de hacer notar que el lenguaje empleado por Lao Tse en el capítulo XXI de su *Tao Teh King*, con mención expresa de lo informe y caótico y oscuro, si bien resuena analógicamente con el pasaje bíblico en que se dice que la tierra estaba informe y vacía y las tinieblas cubrían la faz del abismo (Gen. 1, 2-10), la diferencia entre uno y otro texto reside en que el pensamiento mítico, presente en el pasaje bíblico, no conceptualiza la realidad sino que utiliza sus elementos concretos metafóricamente para sugerir por la vía analógica un significado que los trasciende. Pero el capítulo XXI del *Tao Teh King* no se está refiriendo puntualmente a un mito del origen, sino que está aludiendo al modo como el Tao, en tanto que principio, proyecta hacia la existencia las formas del universo constantemente desde el origen; con esto se consagra el principio fundamental de que todo lo que tiene forma procede de lo que no tiene forma.

En las líneas finales del capítulo XXI se dice: "De todo tiempo hasta hoy no se ha podido prescindir de su nombre (su ser), pues todo comienza en él. ¿De dónde me viene este conocimiento de la naturaleza de las cosas? De ellas mismas". Este pasaje contiene una referencia al conocimiento del mundo propio del hombre sabio, quien, por su inteligencia iluminada, puede remontarse de la obra al principio creador de la obra.

Pero este remontarse de la creación al creador no se realiza por una simple deducción motivada por el asombro y la admiración, sino mediante la visión bipolar de la realidad consignada en el *Libro de las Mutaciones*. El Tao como sentido opera las mutaciones mediante lo Creativo Yang y lo Receptivo Yin, y esa bipolaridad emana necesariamente de una unidad que la genera pero que no está sometida a ella.

Es interesante constatar también que algunos traductores del *Tao Teh King*, como ha sido el caso de Lin Yu Tang y José M. Tola, le atribuyen al Tao como principio el apelativo de Padre.

Por otra parte, este paralelo que se puede establecer entre el Tao de Lao Tse y el Dios único revelado a Moisés como Iahvé (Ex 3,14. Ex 34,6) incluye lo que en la Biblia es la Ley y lo que en el *Libro del Tao* es el "sentido eterno" o Ley Eterna.

Para entender esto hay que partir de la base de que no existe cultura humana sin un fundamento espiritual de origen, el cual es revelado a la comunidad por el hombre sagrado, el profeta, el sabio maestro, el sabio soberano guía de su pueblo, el gran legislador, que en las comunidades indígenas es el chamán. Las diferencias entre unos y otros pueden parecer grandes en ciertos casos, pero la función que ellos cumplen en el seno de su comunidad es proporcionalmente la misma.

Asimismo, no hay relación de los hombres con la trascendencia, el ser supremo, los dioses, que no genere la noción de un deber ser, esto es, de un "sentido" trascendente o Ley suprema que los pueblos deben seguir para vivir en plenitud la condición humana, de lo que sigue el hecho de que pueda haber un comportamiento sensato y otro insensato.

Ocurrió que con el correr de los siglos y milenios, la ley de la tribu, que fijaba límites y orientaciones a la conducta de sus miembros, evolucionó conforme a la complejidad creciente de las agrupaciones humanas de mayor población. Así fue como, para tribus numerosas como lo fueron las doce de Israel, constituidas en su conjunto como un pueblo autónomo después de la salida de Egipto, se hizo necesaria la dictación de una ley canónica que cubriera con sus preceptos todas las formas de comportamiento (incluidas las narraciones ejemplares y los mitos), dado que las transgresiones se fueron haciendo cada vez más frecuentes por la complejidad de las relaciones entre individuos y clanes en la trama relacional de comunidades de tan amplia dotación.

El apóstol Pablo, en los primeros esbozos de su nueva teología, al declarar que en la nueva dispensación lo que justifica a los hombres no son ya las obras conforme a la Ley mosaica (Ley de Dios) sino la fe en Jesucristo, insiste en que la Ley no llevó nada a la perfección, solo nos enseñó la naturaleza del pecado; y eso, porque su razón de ser fue la de tipificar y sancionar las transgresiones generando la noción del mal a través de ellas (Gal 3,19).

La Ley de Moisés dio un orden a la sociedad de las doce tribus, y la unificó formulando en un texto canónico, que posteriormente fue puesto por escrito, el modo de concebir el sentido de la vida, revelado por Iahvé a su profeta.

Pero el modo como se ha descrito aquí la evolución de las sociedades antiguas hasta la constitución de una ley fundamental que da forma a su organización, sin faltar a la verdad, no da cuenta del trasfondo espiritual del proceso, pues la necesidad de que la conducta humana sea reglamentada no tuvo en su origen una motivación utilitaria. La idea misma de que hay cosas utilitarias y profanas, en oposición a otras que pertenecen a un ámbito sagrado, solo ha ocurrido con el advenimiento de las grandes civilizaciones, las que en su misma mecánica generan el ámbito profano. En el origen toda la vida humana ha estado inmersa en la sacralidad del orden natural, que era el paradigma en que todo adquiría sentido para los hombres de los tiempos remotos, sobre el trasfondo del poder invisible que preside todos los procesos vitales y las mutaciones del cielo y de la tierra. Así, en las sociedades primitivas la trascendencia estaba subentendida y de suyo presente en la raíz de todos los hechos del acontecer global, y todos los hechos estaban interrelacionados. Por eso el sentimiento de unidad y sacralidad subyacente es común a todas las sociedades que han vivido inmersas en el orden natural hasta hoy. Así lo que hoy podríamos considerar como un ámbito sagrado, en oposición a otro ámbito profano y utilitario, no se daba entonces. Eso que hoy llamamos fe en referencia a la religión era un conocimiento por participación procedente de una conciencia participativa que no podía mirar el mundo como lo otro, lo distinto, lo ajeno, lo objetivo. El hombre era parte del concierto universal, aunque por el desarrollo de la función consciente tuviera conciencia de sí como un ser diferente, pues su amplio margen de movilidad e independencia personal ocurría en referencia a un "ser así del mundo", cuya naturaleza definía las metas y límites de su conducta, empezando por las exigencias de su comunidad.

La sabiduría como un conocimiento destinado a ser vivido para asegurar un desarrollo de la vida humana conforme al sentido ocurrió con el desarrollo de la cultura y es proporcional al grado de desarrollo de la función consciente. En ese proceso también se fue haciendo consciente la idea del espíritu que preside con su poder todos los hechos del acontecer; su representación no es ya una realidad difusa cuya presencia no se diferencia de las cosas presentes aunque las trasciende, sino un ser al que se hace referencia mediante un nombre como el gran "Tangri" de los mongoles, que todo lo domina. Esto es, el Dios de la cultura.

Esta emergencia de una entidad divina a la que se le rinde culto ocurrió simultáneamente a un desarrollo proporcional de las prácticas del culto y la formulación de una ley fundamental cada vez más compleja que rigiera el comportamiento de la comunidad; todo eso visto como una unidad indisociable que excluye la posibilidad de que haya ámbitos ajenos a la sacralidad que abarca todos los dominios de lo real.

Con relación a esto cabe considerar que algunos antropólogos en sus investigaciones han llegado a la conclusión de que la primera concepción del ser supremo fue monoteísta (Ad. E. Jensen. *Mito y culto entre pueblos primitivos*), pues el politeísmo de por sí acusa una elaboración cultural compleja tanto más cuanto que los dioses son potestades civilizadoras.

A esta visión global y sucinta de la cultura primigenia, sin embargo, le va faltando todavía un elemento que en la mentalidad originaria fue de capital importancia para los antiguos como explicación de la problemática que genera de suyo la condición humana. Se trata de lo que en todos los mitos del origen se describe como la caída original, esto es, la conciencia que todos los conductores espirituales de los pueblos antiguos han tenido de que en un tiempo remoto los ancestros de nuestra especie vivieron en un estado de plenitud que después se perdió. La versión más conocida de esta tradición es la que se halla en el primer libro de la Torah de Israel. Según esta y otras versiones, la pérdida de la integridad original sería la que desvió la conducta de los hombres, transformándolos en transgresores del sentido de la vida, o Ley Eterna, el que sin ser conocido y calificado como tal era espontáneamente seguido aun mucho tiempo después de que emergiera la función consciente. Así, la mala índole del transgresor que todo hombre oculta dentro desde entonces es lo que al fin exigió una reglamentación de la conducta humana que, por una parte, tipificara las transgresiones y que, por otra, enseñara una vía de comportamiento sensato.

Pero todo esto no fue el fruto de una convención de hombres guiados solo por su razón, aunque se pueda decir que en los códigos fundamentales de los pueblos hay algo semejante a un pacto social. La ley que reglamenta la conducta de las sociedades antiguas y los mitos o relatos ejemplares sobre la historia de los ancestros surgen del ministerio que ejerce en la comunidad el hombre sagrado, el "señalado" desde su nacimiento para ser su guía.

Para entender esto en su verdad más profunda es necesario partir del concepto de "sentido", en chino, Tao; porque en definitiva, la Torah de Israel, las Leyes de Manú, los Vedas de la India, los clásicos confucianos y taoístas, el Corán y otras escrituras sagradas de las grandes culturas, ¿qué son sino formulaciones del sentido para que los hombres puedan vivir en plenitud su condición humana, como individuos y como sociedad?

La condición paradisíaca y la caída original

En Occidente la versión más conocida del mito del paraíso y la caída del hombre se halla en la Biblia hebrea; la versión más desarrollada y extensa se halla en las tradiciones más antiguas de la cultura china. Puede objetarse que la gran vocación civilizadora de las dinastías antiguas (Hía, Yin y Tchou) parece contradecir el hecho de que en China el mito del paraíso haya sido considerado como una verdad fundamental; el hecho es que siempre existió entre los sabios y soberanos chinos la conciencia muy clara de que toda la historia conocida de los hombres ocurre en un estado de disminución vital y espiritual, a causa de la pérdida del estado de integridad en que vivieron los ancestros remotos. De ahí que la sabiduría heredada de los sabios más antiguos, como fue el caso de los tres augustos Fu Hi, Ching Nong y Hoang Ti, procedentes del tercer y cuarto milenio antes de Cristo, haya sido elevada a la categoría de un paradigma insuperable aun por el mismo Confucio en la última etapa de su vida. Esa sabiduría originaria, generada por la espiritualidad de hombres que vivieron en la clara conciencia de que el orden natural es el verdadero paradigma en referencia al cual debe ajustarse el destino histórico de los pueblos, es la que Lao Tse formuló y resumió en cuatro mil caracteres en su *Tao Teh King*; y que lo condujo a proponer un modelo de hombre coincidente con la figura de Jesús, a lo cual él añadió la advertencia de que tal era el testimonio que nos llega de los sentimientos y modo de proceder de los gobernantes más antiguos de las etnias que concurrieron a la formación de la raza china.

En el caso de la cultura china tenemos la mejor y más completa información de cómo el paradigma del orden natural fue entendido por los hombres sabios de la remota antigüedad y cómo pudo constituirse en la expresión viviente de una verdad fundamental. Para eso la mente del primitivo, en el proceso de desarrollo de la función consciente, ha debido transferir del repertorio de patrones de conducta seguidos espontáneamente por los de su especie, y del sentimiento de su adecuación al orden dado, un saber objetivo susceptible de ser comunicado verbalmente mediante un lenguaje de nombres; al mismo tiempo que la función consciente lo fue constituyendo en un sujeto observador del mundo que se diferenciaba cada vez más del entorno del que formaba parte, evolucionando desde la identificación a la presencia diferenciada.

Cabe observar, sí, que la constitución de un conocimiento objetivo que se puede enseñar supone la posibilidad de la ignorancia del mismo, en tanto que ese conocimiento, en la instancia anterior a su constitución como un saber comunicable, acompañaba de suyo a todos los individuos de nuestra especie.

Es probable que solo en la cultura china se hallen hoy los antecedentes más antiguos que nos permitan entender cómo ocurrió en la vida de las etnias la transferencia del conocimiento desde el acontecer natural a la observación atenta de los hombres sabios, cuyas mentes podían abstraer los arquetipos que por analogía se pueden aislar como imágenes y que sintetizan los modos de comportamiento de los seres vivos, los elementos y en general todas las mutaciones de la tierra y el cielo.

Para entender esto debidamente es preciso partir de la base de que así como nosotros nacemos en un ambiente civilizado, en el que todos los patrones de pensamiento y comportamiento están dados, circunstancia que desde la infancia nos introduce en modos de vida altamente sofisticados que determinan nuestro estado de conciencia, en los tiempos remotos en que nuestra especie vivía identificada con el orden natural, el hombre nacía en un ambiente en que la cultura natural de su tribu era ese conjunto de conocimientos y prácticas que en ese contexto daban forma a la conciencia. Los hombres estaban dotados de un equilibrio psíquico y biológico que les permitía armonizarse con el entorno y, por así decirlo, hallar por sí mismos el "camino"; pues solo pierden el camino aquellos cuyo ser consciente se ha constituido en un núcleo autorreferente, del que procede un margen considerable de deliberación personal arbitraria, fuente de errores y conflictos.

Esa posibilidad acusa un desarrollo inarmónico de la función consciente. Con relación a esto cabe preguntarse, ¿qué es lo que desvió la función consciente desde su desarrollo natural y sensato hacia lo que carece de sentido y destruye la vida?

En su versión bíblica el mito del paraíso y la caída está claramente condicionado por la cosmovisión que caracteriza al monoteísmo hebreo. En la versión china en cambio no aparece la caída motivada por un "pecado" individualizado con precisión como en el Génesis de la Biblia. Se trata de un extenso relato dividido en diez edades en cuyo desarrollo hay hitos precisos que corresponden a dinastías de soberanos que, según el tenor del texto, habrían gobernado a los pueblos en épocas muy anteriores al imperio; pero eso es solo una ficción narrativa. Lo que en la Biblia es aquel mentado "pecado original", en la versión china está subentendido en las actitudes de los hombres de las diferentes edades, y eso que se subentiende es que, en un momento imposible de precisar pero al cual se alude directamente en un comentario de los historiadores que pusieron por escrito la tradición oral, el cielo, que antes estaba armónicamente vinculado a la tierra, se desvinculó de ella, y los hombres recibieron la influencia de lo alto en forma más disminuida. Una de las razones de esta desvinculación es aludida como un aumento en la elaboración de la actividad mental. Según este comentario los hombres se volvieron extremadamente "esclarecidos" y por eso la naturaleza se retrajo ante su influencia y las bestias que antes les eran sumisas se apartaron de ellos y los atacaron.

Estos relatos son incluidos en los escritos de los historiadores clásicos chinos tales como Se Ma Tsien, Lo Pi, y otros, y proceden de escritos más antiguos, los que a su vez, se remiten a los escritos sagrados de la dinastía Tchou, cuyo guardián durante muchos años fue el propio Lao Tse. El conocimiento que los taoístas de renombre demuestran tener de ese pasado se debe a dicha circunstancia (*Recherche sur les temps anterieurs au Chou King, par le pére de Prémare. Livres sacres de l'Orient*, 1843)

En el desarrollo del relato aparecen todos los hitos que la historia y la antropología distinguen como puntos de referencia para determinar el avance gradual del hombre, a través de muchos milenios, hacia la civilización. Todo lo cual es descrito en términos ambiguos en lo referente al bien y al mal. Cada peldaño en la escala de este progreso es precedido por un hecho nefasto que causa gran daño a los hombres y al mundo mismo, al cual le sucede el advenimiento de un soberano sabio y santo que supera la crisis y restablece el orden, pero siempre en un nivel inferior al anterior. Así, el descubrimiento del fuego y el modo de encenderlo mediante dos maderos, el cocimiento de los alimentos, las técnicas para la pesca y la caza, las técnicas de construcción de viviendas e instrumentos, la curación de enfermedades, que gradualmente fueron apareciendo paralelamente a estos progresos; la práctica de la agricultura, la revelación del conocimiento que permite entender mediante símbolos y números el acontecer cósmico, la invención de la escritura, en fin, todo eso fue comprometiendo a los hombres con un orden de creciente complejidad, una extensa trama de procedimientos, reglas de comportamiento y organización política y administraciones. Esto ocurrió en forma paralela a la pérdida gradual de la virtud, la disminución de las fuerzas vitales y la pérdida de la longevidad, y, paradójicamente, el aumento de la ignorancia y la necesidad de saber.

A este respecto conviene citar el epigrama XVII del *Tao Teh King* en el que Lao Tse describe sucintamente esta decadencia de la sociedad desde los tiempos de la inocencia original a los tiempos de la supercivilización de la dinastía Tchou:

> De los buenos soberanos apenas se supo que existieron.
> Los sucesores de estos fueron amados y alabados.
> Los sucesores de estos fueron temidos.
> Los sucesores de estos fueron despreciados.

Los de la primera categoría, según los maestros taoístas, gobernaron mediante el "no-obrar", es decir, sin alterar la armonía cósmica de la sociedad y el orden natural. Esos soberanos eran los guías de su pueblo solo por la influencia de su ser, no por el hacer ni el poder. Según Lao Tse, en aquellos tiempos las agrupaciones familiares tenían la sensación de vivir con arreglo a ellas mismas (Epigrama XVII). Los sucesores de estos, mencionados en el segundo verso como aquellos que el pueblo amó y alabó, son aquellos que vivieron en un mundo más inarmónico y peligroso, debiendo enfrentar grandes calamidades tales como sequías, hambrunas, inundaciones; emergencias que ellos supieron enfrentar con sabiduría y eficacia, por eso el pueblo los amó y alabó.

Los soberanos aludidos en el tercer verso, son aquellos que se hicieron cargo de un vasto y poderoso imperio, en el cual, por la complejidad de la vida de la nación, tuvieron que enfrentar hechos graves de conducta antisocial, reprimiendo el delito y la sedición con mano dura.

Los aludidos en el cuarto verso son los soberanos indolentes y corrompidos que aparecieron al término de las dinastías antiguas por la decadencia moral de las familias imperiales, en un mundo de opulencia y refinamiento para unos, y de humillación para otros.

Una lectura completa del clásico confuciano "Chou King", esto es "Sagrado libro de la historia", nos permite identificar con sus nombres a los soberanos aludidos indirectamente en el capítulo XVII del *Tao Teh King*.

Entre los primeros cabe mencionar a Fu-Hi, quien vivió en el cuarto milenio antes de Cristo. A él se atribuye la creación de los símbolos lineales que constituyen el sistema de las mutaciones del *I Ching*.

Entre los mencionados en el segundo verso destaca el emperador Yao, apodado el Grande, quien vivió al término del tercer milenio antes de Cristo, y a sus dos sucesores, Chun y Yü, quienes se hicieron cargo de evacuar las aguas del diluvio hacia el mar, salvando a la nación de perecer ahogada.

Los mencionados en el tercer verso son los héroes fundadores de las dinastías antiguas posteriores a Yao, tales como Tang "el perfecto" y "Wen Wang", quienes construyeron el imperio antiguo y lo hicieron prosperar mediante una gigantesca máquina política.

Los mencionados en el cuarto verso son los soberanos disolutos y criminales con que terminaron las dinastías Hia y Yin, a los que podría agregarse también los impotentes e incapaces soberanos Tchou que gobernaron solo nominalmente sobre un imperio dividido en reinos combatientes durante los siglos terminales de la tercera dinastía.

Por el contexto de estos relatos se entiende que los sabios chinos que los han transcrito y comentado o se han referido a ellos indirectamente, como es el caso de Lao Tse, dan una versión de la caída del hombre ligada también a una cuestión de conocimiento. De ahí que osen decir que la desarticulación de la trama cósmica de la sociedad y el orden natural se debió a que los hombres se volvieron muy "esclarecidos" (intelectuales). A este respecto cabe observar que para Lao Tse el conocimiento del sentido o Ley Eterna solo puede obtenerse deshaciéndose de todo el saber acumulado por la alta cultura. En el epigrama XLVIII del *Tao Teh King*, se dice lo siguiente:

> Quien se entrega al estudio, día a día acrecienta su saber.
> Quien se entrega al Tao, día a día se deshace de su saber.

En esta cita subyace el supuesto de que el saber procede de la arbitrariedad humana para representarse el mundo movido por intereses que empañan el verdadero conocimiento. Por eso el saber denostado por Lao Tse no refleja el sentido, lo cual ocurre porque el saber termina siempre por rebasar la medida de lo sensato, adquiriendo una complejidad y autonomía que lo anulan frente a la consistencia de la realidad. En ese sentido la alta cultura, para los sabios como Lao Tse, termina por alienar la mente de los hombres.

En el epigrama XVIII del *Tao Teh King* se lee:

> Cuando la inteligencia y el saber prosperaron surgió la falsedad.

Con este antecedente debemos entender lo dicho en el epigrama III:

> No favorecer a los hombres de ciencia y talento para que
> el pueblo no compita.

En el epigrama XIX se dice:

> Rechaza el saber y la ciencia y el pueblo se beneficiará cien veces.

En el epigrama XXX la referencia al conocimiento es más explícita:

Desde que la civilización comenzó surgieron los nombres
pero los nombres adquirieron al fin existencia propia
y al final se ignoró dónde detenerse.

Esta última cita es interesante en el sentido de que Lao Tse demuestra tener claro el problema de la autonomía malsana que el lenguaje adquiere sobre la realidad que pretende designar (fenómeno típico de los tiempos decadentes) y el proceso acelerado de la pérdida del sentido del discurso humano, lo cual queda bien determinado con la frase terminal: "Y al final se ignoró dónde detenerse". Así puede entenderse que todo gigantismo civilizado es precedido siempre por una mente cuyo discurso se ha desvinculado de lo real.

La escuela de Confucio, habiendo sido definida como una sabiduría de la cultura, enfrentó este mismo problema, por eso una de las características de esa escuela fue lo que él denominó: "Rectificación de nombres y conceptos", esto es, depuración o saneamiento del lenguaje.

En lo que se refiere a Lao Tse, toda la crítica que él hace a la civilización en su *Tao Teh King* está basada en la idea de que la vida por sí misma tiene su propio orden y su propio desarrollo gradual, y que para el bien de los hombres no necesita ser mejorada. Pues ninguna invención humana podría ser mejor que el orden dado. A este respecto cabe citar los últimos versos del epigrama del capítulo LXXV que dice:

Quienes no se preocupan de mejorar la vida
son los que en verdad la favorecen.

En el epigrama del capítulo XIX Lao Tse dice:

Rechaza la habilidad y el lucro
y no habrá más ladrones ni bandidos,
pues estas cosas no son más que simulacros,
por eso cuida también que los hombres
puedan recuperar su confianza
que sean simples y naturales.

En el primer verso él formula una afirmación que contradice flagrantemente la tendencia, común a todos los hombres, a apreciar la habilidad y el estatus económico. Según él ambas cosas no son más que simulacros de una plenitud de vida que no es conforme al Tao, y que por su misma naturaleza tiende a incrementarse hasta que los hombres adquieren el estatus de poderosos y privilegiados sobre una gran masa anónima de otros que están muy lejos de serlo. De ahí su perentoria declaración del Cap. XXX:

> Hacerse poderoso es contrario al Tao
> y todo lo que se opone al Tao perece rápidamente.

En el mismo sentido el capítulo LXXVI en sus dos versos finales dice:

> Lo grande y fuerte declina
> lo suave y tierno prospera.

Resumiendo todo lo que se ha escrito en China sobre la armonía original de la vida humana en el mundo, lo que aparece como semejante al relato bíblico son las líneas generales en la descripción del estado paradisíaco y las consecuencias de la caída, concebida como un proceso gradual de pérdida de la virtud hasta la aparición de grandes hombres nefastos por su perversión, capaces de causar grandes daños a los hombres y al mundo mismo. El paralelo incluye un diluvio que acabó con la mayor parte del pueblo chino, calamidad que fue enfrentada por los soberanos del tercer milenio antes de Cristo, quienes lograron mediante obras ciclópeas de ingeniería hidráulica evacuar las aguas hacia el mar (Chou King, capítulo Yao Tien). Se nota una diferencia grande con el diluvio bíblico sufrido por los hombres en estado de total indefensión y contra el que solo cabía implorar la misericordia divina gracias a la cual se salvó un retoño familiar del que procede la nueva humanidad, esto es, Noé y su clan.

El mito chino del paraíso y la caída incluye también el mito metalúrgico, destacando al que podría llamarse el Caín mongólico llamado Tchi Yeu, monstruo que comía arena y piedras dice el relato, aludiendo al trabajo de extracción de minerales, y quien fue vencido por el emperador Hoang Ti (2705 - 2597 a.C.), apodado el "emperador Amarillo", señor de la tierra, santo patrono del taoísmo. Es interesante un pasaje del relato en que se dice que gracias a su gran ascendiente espiritual Hoang Ti logró convocar a muchas manadas de animales feroces y enjambres de insectos que se aliaron a él para vencer a Tchi Yeu. Hoang Ti es calificado por los historiadores como el ancestro común a todos los linajes de soberanos chinos y en ese sentido viene a ser algo así como el Abraham de los chinos.

El paraíso terrenal de la Biblia

En comparación con la versión bíblica del paraíso y la caída, la versión china presenta, en apariencia, diferencias considerables en cuanto una procede de la tradición sapiencial del extremo oriental y 1a otra de la tradición profética del monoteísmo hebreo. Con todo, profundizando en la versión bíblica, esas diferencias se van atenuando hasta permitirnos hallar finalmente una semejanza de base, disimulada por las formas de expresión, y por cuanto ambas están referidas a un mismo hecho reconocido en todas las tradiciones espirituales del mundo.

Antes dijimos que la versión bíblica estaba fuertemente influida por las exigencias de la fe monoteísta del pueblo de Israel, Con todo, el mito bíblico, al igual que otros, se remonta a un estado de la humanidad en que los hombres vivieron íntegramente insertos en el orden natural, desnudos, sin sufrir daño ni avergonzarse. Y dado que se trata de un mito, lo mismo que dicen los relatos de la tradición oral china sobre la vinculación del cielo y la tierra, el texto hebreo lo expresa mediante la metáfora de la presencia manifiesta de Dios en el jardín de Edén, y la posibilidad de que esta situación venturosa daba a los hombres de dialogar con el autor de la vida y conocer directamente su voluntad (esto es, el sentido). En consecuencia, la posterior expulsión del paraíso de la pareja primordial equivale necesariamente a una expulsión lejos de la presencia divina (desvinculación del cielo y la tierra).

Hasta aquí el relato parece dirigido a todos los hombres, pero la irrupción del tentador sitúa el relato en la ortodoxia monoteísta hebrea. El texto bíblico correspondiente se halla en los capítulos 2 y 3 del Génesis. El primer texto dice: "El Señor Dios dio este mandato al hombre: Puedes comer de todos los árboles del jardín; pero del árbol de la ciencia del bien y del mal no comas, porque el día que comieres de él, morirás".

La mención del tentador aparece más adelante en el capítulo 3 en los siguientes términos: "La serpiente era más astuta que las demás bestias del campo que el Señor había hecho; y dijo a la mujer: ¿Dios os ha dicho que no comáis de ningún árbol del jardín? La mujer respondió a la serpiente: Podemos comer los frutos de los árboles del jardín; solo que del fruto del árbol que está en medio del jardín, nos ha dicho Dios: No comáis de él, ni lo toquéis, porque si lo hiciereis moriréis. La serpiente replicó a la mujer: No es verdad que moriréis, bien sabe Dios que cuando comáis de él, se abrirán vuestros ojos, y seréis como los dioses conociendo el bien y el mal".

La serpiente fue escogida por el redactor del texto por varias razones, al parecer. Una de esas razones es la ambivalencia simbólica de que este animal está dotado. Símbolo de la energía de la tierra, de la sexualidad por su semejanza con el miembro masculino, símbolo de la cautela astuta, y divinidad de la fertilidad en Canaán, en cuyo territorio se asentaron definitivamente las doce tribus de Israel.

Por las narraciones antiguas de Israel que figuran en la Torah y demás libros del Antiguo Testamento, entendemos que los hebreos, inicialmente monoteístas, vivieron siempre bajo la tentación de confiar su existencia como nación a las divinidades paganas de los pueblos nativos de Canaán a los que dominaron, pero en cuya vecindad tuvieron que vivir durante dos milenios. Esa tentación se explica en cuanto las divinidades paganas son potestades civilizadoras y, por tanto, aparecen como más inmediatamente capaces de dar a los hebreos lo que ellos creen necesario para vivir una vida semejante a la de los demás pueblos; desentendiéndose así de la misión espiritual que Iahvé les ha confiado por el ministerio de sus patriarcas, sus jueces y sus profetas, porque se advierte claramente en las narraciones históricas contenidas en la Biblia que la tendencia espontánea de esa sociedad de doce tribus era seguir el ejemplo de los países civilizados que ellos habían conocido. Por eso el primer acto de rebelión contra el monoteísmo Iahvista ocurrió cuando Moisés permaneció demasiado tiempo en la cima del monte Sinaí, mientras recibía de Iahvé el código fundamental de su pueblo. Se trata del conocido episodio del "Becerro de oro", réplica de la divinidad taurina egipcia y por ser solo un novillo parece ser un primer anuncio simbólico de que este pueblo de pastores caminaba hacia un futuro de sociedad sedentaria agrícola. Nótese además que el oro con que fue hecho había sido sustraído a los mismos egipcios en el momento de la liberación (Ex. 12,35-36).

Este y otros episodios semejantes ilustran una situación de divorcio casi total entre el inspirado profeta, cuyo rostro resplandece hablando cara a cara con Dios, y las expectativas terrenales de su pueblo estimulado por el ejemplo de las culturas paganas del Medio Oriente.

En los capítulos 12 y 13 del libro de Moisés llamado "Números", se dice que el profeta antes de hacer entrar al pueblo a la tierra de Canaán envió exploradores para recabar información completa de cómo era el país y sus habitantes. Estos, después de una ausencia de cuarenta días, volvieron e informaron a Moisés en los siguientes términos: "Hemos viajado al país donde tú nos has enviado. En verdad es un país donde mana leche y miel, y he aquí una muestra de sus frutos. Pero el pueblo que lo habita es poderoso, las ciudades son fortificadas y muy grandes". Enseguida declararon: "No podemos marchar contra ese pueblo, porque es más fuerte que nosotros". Más adelante describen a los hombres de la región como de muy elevada estatura, entre los que incluyeron hasta algunos gigantes (hijos de Anak), frente a los que ellos se vieron semejantes a langostas.

Por lo que dice la continuación de este relato, estos exploradores espías fueron castigados con una plaga que los hizo morir rápidamente. Y eso, porque en tales testimonios se transparentaban dos cosas graves. Primero, la desconfianza en la constante protección que Iahvé ejercía sobre su pueblo, y segundo, una no confesada admiración por la civilización pagana, hacia la cual miraba el grueso del pueblo, ambicionando sus modos de vida y el consecuente sometimiento a la protección de sus dioses; esto contrastaba fuertemente con la riesgosa experiencia monoteísta que el profeta los inducía a vivir, no obstante haber presenciado todos los prodigios que su Dios había realizado a su favor. En ese sentido se puede decir que Moisés aparecía ante ellos exigiéndoles poner su confianza en algo que para ellos no tenía un asidero seguro en la realidad, y que por momentos parecía una aventura sin destino.

En pasajes como este de la Torah de Israel también se transparenta el contraste que presenta la tendencia común de los hombres a renunciar al desarrollo de sus facultades espirituales superiores, lo cual conlleva un esfuerzo y un sacrificio que pocos están dispuestos a asumir, a cambio de una existencia más segura en lo material y psicológico. Especialmente clara parece esta propensión en el hecho de que el pueblo de Israel, liberado de la esclavitud a que estuvo sometido en Egipto, con prodigios del poder de Dios que debieran haber reforzado su fe, murmuró contra Moisés por haberlo sacado de esa tierra, donde, no obstante la servidumbre a que estaba sometido vivía una existencia más segura. La enseñanza que contienen estos pasajes de la Torah es de gran trascendencia, aunque en apariencia sean episodios circunstanciales de una narración histórica.

Estos y otros antecedentes semejantes es necesario invocar a la hora de abocarnos a la interpretación del pasaje de la Torah en que se narra la caída de la humanidad. Pues si esa versión que da la Biblia hebrea de un hecho común a todas las mitologías del origen está influida por las exigencias del monoteísmo israelita, no es muy difícil reparar en que el dilema que se establece entre obedecer a Dios o a la Serpiente es la misma que reaparecerá en numerosos pasajes en que se describen las vicisitudes, cuya secuencia forman la accidentada aventura de la iniciación del pueblo de Israel en el monoteísmo Iahvista bajo la guía de su profeta.

Entendido así el problema, queda en evidencia la insignificancia de los criterios de quienes, ante esos textos bíblicos, han tomado posición por una interpretación literal o han inventado el falso problema del monogenismo y el poligenismo, o han caído en la mezquindad de ver en esta tragedia que afecta a toda la humanidad solo un "pecado" relacionado con el acto sexual.

El solo hecho de que el tentador ofrezca a nuestros ancestros míticos una sabiduría que los hará igual a los dioses si comen del fruto del árbol que Dios les ha prohibido comer y que el texto diga que Eva accedió a comer de él porque le pareció bueno para alcanzar la sabiduría, basta para entender el alcance de ese lenguaje para quien tiene un conocimiento integrado de la Torah.

Pero una vez entendido eso y descartadas todas las interpretaciones que no se avienen con esta polémica fundamental del monoteísmo hebreo contra el paganismo politeísta de las naciones del Medio Oriente, se abre la puerta para la comprensión de las más pesadas verdades acerca de la evolución histórica global de la humanidad en el proceso del ascenso del hombre mediante la tecnología y la generación de riqueza. Y es justamente llegando a este hito de la interpretación del mito bíblico del paraíso y la caída que la versión china y la versión hebrea se encuentran.

Mirado el problema con un criterio agnóstico, es evidente que tanto el monoteísmo israelita como el politeísmo pagano no corresponden hoy a ninguna realidad para nuestra comprensión intelectual y científica del mundo. Pero aun así, un agnóstico podría entender más bien por la vía de la antropología filosófica y la psicología analítica que las divinidades antiguas por proyección reflejan aspectos importantes y muy profundos del funcionamiento psíquico de los hombres. De lo cual se puede extraer una conclusión general útil para nuestra investigación, en el sentido de que Dios o los dioses, polos de una disyuntiva que en los textos bíblicos parece de vital importancia para el pueblo de Israel, representan opciones básicas de vida capaces de configurar un destino histórico en términos mucho más graves y reales que lo que podría ser el mero estudio objetivo de las características que la historia, la antropología y la sociología podrían describir como propias de las culturas que generan una u otra opción.

Desde el punto de vista agnóstico se podría establecer también un paralelo entre los dioses civilizadores de la antigüedad con las ideologías del siglo XX, las que llegaron a adquirir para sus adherentes hasta un carácter numinoso, a la par que sus fundadores fueron rodeados de un aura semejante a la de las divinidades antiguas y venerados en santuarios. Así se entiende que en la antigüedad la opción por el culto a determinados panteones de dioses correspondía de hecho a optar por un determinado tipo de orden cultural y, en consecuencia, social y político. Así se entiende, por ejemplo, lo que Mao Tse Tung quiso decir en su famosa afirmación que reza: "Lo más importante en el hombre es la ideología", lo que equivale a decir en la naciente iglesia cristiana, que lo más importante en la vida humana es la fe.

Se da esta explicación para entender la gravedad real que significaba para los israelitas antiguos adorar dioses extranjeros, el peor de los pecados, el cual atentaba contra el primer mandamiento del decálogo.

Dicho así fuera de contexto parece ser solo una concepción propia de épocas remotas en las que primaban las estructuras religiosas de la sociedad, lo que hoy carece de sentido. Pero entendido el problema en su real significado espiritual, el dilema que se presentaba al pueblo de Israel entre una opción por Iahvé y otra por los dioses extranjeros se vuelve próximo y actual, hasta adquirir rasgos inquietantes como se verá a continuación.

Los ejemplos dados sobre lo que se ha acordado en llamar la "revolución monoteísta" son, pues, los que nos permiten descifrar sin mucha dificultad el texto en que aparece el tentador en el paraíso en la forma de una serpiente que induce a nuestros primeros padres a desobedecer a Dios, atraídos por los halagadoras promesas de adquirir una sabiduría que los hará igual a los dioses, los cuales son aludidos en el texto con la palabra "elohim", que se traduce por "potestades".

El supuesto ineludible que contiene el texto en el sentido de que esa sabiduría es maligna, aunque sea calificada en los ambiguos términos de ser una "ciencia del bien y del mal", se relaciona justamente con el pasaje antes citado del libro "Números" de la Torah. Los exploradores que Moisés envió a la tierra de Canaán, para informarse acerca de cómo era el país como fuente de recursos naturales, pero sobre todo cómo era su gente y sus formas de vida, y que causó la admiración de estos visitantes clandestinos cuya confusión de valores fue castigada con la muerte, contiene una referencia al problema central del texto de la tentación de Adán y Eva; pues la sabiduría prometida por esta divinidad de la fertilidad, esto es, la serpiente, no es otra sino aquella que permite a los cananeos la construcción de una civilización admirada por los israelitas pero cuyos fundamentos son tenebrosos. El texto antes citado del libro "Números" contiene un breve comentario por el que los emisarios le advierten a Moisés que se trata de una sociedad que devora a su gente, declaración que es seguida por la mención de los gigantes. Sociedad esclavista entregada a lo que en el Antiguo Testamento se denomina las "abominaciones de la idolatría", entre las que los sacrificios humanos y especialmente los sacrificios de niños eran prácticas rituales ordinarias.

Entendido así el carácter de la sabiduría ofrecida por la serpiente, cabe detenerse para analizar el problema que plantea su nombre, esto es, "del bien y del mal". Se ha dicho que con este par de opuestos según las modalidades idiomáticas hebreas se está significando un saber que lo abarca todo, y que por tanto, esa denominación no debe ser entendida solo en términos de lo bueno y lo malo en el sentido moral. Ese argumento sería entonces el que permitiría interpretar el pecado de Adán como el orgullo de querer acceder al saber de los dioses o sea de ser un superhombre, en circunstancias de que Dios lo ha creado como un ser con una naturaleza determinada con sus posibilidades y limitaciones, cuyo saber le ha sido dado justamente para vivir en la plenitud de la ley que rige su ser. Dicho así resulta una aventura trágica en la que es protagonista el ancestro mítico y su consorte, pero que se mantiene en lo que es lejano y extraño como cualquier mito heroico de la antigüedad cuyo contenido humano no nos alcanza. Fundamentar en tal arquetipo narrativo la convicción y el dogma de que por eso la humanidad cayó de su venturoso estado primigenio a la condición de humanidad desgraciada y pecadora, y que por eso necesita ser salvada, lo cual conlleva la terrorífica posibilidad de condenarse; y convencer de eso, primero, al pueblo de Israel y enseguida a todos los que adhirieron a la fe cristiana e islámica, no resulta convincente hoy como explicación teológica; aunque no sea erróneo decir que con el par de opuestos "bien" y "mal" se quiere designar la totalidad de las cosas existentes.

Resulta más acertado entender este problema si se atiende a las consecuencias del engaño del tentador y la desobediencia de la pareja primordial. En efecto, salta a la vista que la adquisición de esa sabiduría capaz de hacer de los hombres un igual de los dioses, como primer aporte al conocimiento de los ancestros míticos, fue la conciencia que en ellos se despertó de estar desnudos y sentir vergüenza de su condición. Luego vino el miedo y la necesidad de esconderse, en lo que va involucrada la angustia culpable. Acto seguido surge una distancia entre el hombre y Dios que antes no existía, y por la necesidad de justificarse ante el creador nace el discurso humano manipulado caprichosamente: "La mujer que me diste por esposa me ofreció del árbol y comí...". "La serpiente me sedujo y comí…". En suma, todo esto puede calificarse globalmente como una pérdida de la inocencia, dando a esta palabra su más alto significado, tal como Confucio la concibe como la conciencia recta del hombre que es auténtico, en quien no hay doblez ni hipocresía ni tendencia a pensar mal. El ofrecimiento de la serpiente comenzaba diciendo que al comer del fruto prohibido por Dios se abrirían sus ojos. Con esto el tentador insinuaba que en su primer estado los hombres estaban ciegos, porque lo que veían y conocían del mundo y de sí mismos no era la realidad, la cual les era intencionalmente ocultada por Dios. Pero, continuando con las consecuencias de la desobediencia, a la pérdida de la inocencia que provoca la caída en el miedo y la culpa, sigue ahora el juicio de Dios, quien maldice la tierra por el pecado de Adán, y tanto que hasta llega a expresar su arrepentimiento de haberlo creado. Le anuncia a la mujer que parirá sus hijos con dolor y que será dominada por su marido. Al hombre le anuncia que con penosos trabajos encontrará su alimento y que comerá el pan con el sudor de su frente, mientras la tierra le producirá cardos y espinos. Finalmente Dios cierra el ciclo de su sentencia condenatoria definiendo al hombre como tierra y polvo, al que retornará cuando muera.

Se entiende que en esta tragedia en cuatro actos, en los tres ya descritos, dos parecen dirigidos a toda la humanidad, esto es, el primero y el tercero. El segundo, vale decir, el dilema que se presenta a la primera pareja entre obedecer a Dios o dejarse tentar por la serpiente, es una expresión fundamental de la polémica que se daba para los israelitas entre Iahvé, el Dios único, y los dioses, a causa de los atractivos que las civilizaciones paganas presentaban para un pueblo en situación de alto riesgo por andar errante y desprotegido por el mundo tras la guía de un profeta mediador que los vinculaba a un Dios metafísico que no se dejaba representar en imágenes, y en el seguimiento de una aventura en la que nada parecía estable ni seguro.

El cuarto acto de esta tragedia fue la expulsión de la pareja primordial del paraíso a lo que el texto agrega el irónico comentario de Dios: "Mirad como el hombre se ha vuelto como uno de nosotros conociendo el bien y el mal". El hecho de que quien pronuncia esas palabras se refiera a sí mismo en plural procede justamente de que el nombre de Dios en los primeros capítulos del Génesis es "Elohim", un plural que significa las potestades, como antes quedó dicho. Otros comentaristas ven en eso un uso de lo que se llama el plural mayestático.

Este cuarto acto, que incluye el episodio de la expulsión de Adán del Paraíso, contiene también una referencia al inicio de la etapa agrícola de la especie humana por la mención del pan y la explícita mención del cultivo de la tierra, lo cual parece dirigido también a toda la humanidad. Así se establece el nexo que une los cuatro actos de esta tragedia con la siguiente, la de los "hermanos primordiales", en la que es posible percibir con más claridad el carácter real de esa ciencia del bien y del mal, adquirida por Adán y Eva, ante la cual su condición primera queda definida solo en términos de carencia, por la desnudez.

Justamente ese aspecto del relato es el que da la clave para entender que la serpiente, divinidad cananea, al decir a la pareja primordial que Dios les ha ocultado el conocimiento verdadero capaz de cambiar su condición actual por la de la omnisciencia de los "Elohim", está dejando en evidencia la razón básica por la que los hombres terminaron despreciando su propia naturaleza original para vestirse con los brillantes ropajes de la civilización, esos que el pueblo de Israel admiraba y ambicionaba para sí, incluidos sus dioses, por su falta de fe en el Dios único que había hecho alianza con sus ancestros.

Llegando a este punto hemos tocado la razón de fondo por la que las interpretaciones que hasta hoy se han hecho de esta narración sagrada sobre el origen de la condición humana no han establecido un vínculo real entre la así llamada caída original y el sentido de la sufrida historia que los hombres hemos vivido por milenios hasta los convulsionados tiempos acaecidos en los dos últimos siglos.

En esas interpretaciones no se ha podido evitar que la investigación y sus conclusiones permanezcan solo en un plano teórico especulativo y ajeno, como quien está tratando con una rareza arqueológica de la remota antigüedad que solo tendría validez para sus contemporáneos.

Los hermanos primordiales

Pero al desenlace de nuestra investigación no se llega sino con la interpretación del episodio de los hermanos primordiales.

El lazo fraterno que supuestamente habría unido a Caín y Abel podría ser mítico y no real. Y eso para representar a los pueblos pastores e itinerantes en Abel, y a los sedentarios, agricultores, metalúrgicos y guerreros en Caín. Este nombre significa literalmente "herrero", fundidor de cobre y hierro. En plural designaba al gremio metalúrgico que explotaba las minas de estos metales en el monte Sinaí. Es probable que este mito de los hermanos primordiales haya tenido por base un acontecimiento real en el cual el rey de los pastores fue muerto por el rey de los herreros. En todo caso, la muerte de Abel a manos de Caín está indicando que un nuevo tipo de sociedad ha nacido para transformar el orden antiguo.

Esa mutación tan radical se comprende mejor atendiendo a la información que el Génesis da acerca de Caín como el constructor de la primera ciudad de que se tiene noticia, su oficio de agricultor, el significado de su nombre, y el hecho de que el más alto exponente de la metalurgia aparezca entre sus descendientes, Tubal-Caín, como también los primeros que usaron instrumentos musicales. De este conjunto polifacético de atributos cainistas se puede concluir entonces que por la vía de este hijo de Adán advino al mundo el homo faber, el homo politicus y el homo ludens. En este contexto, Caín es, en el sentido lato de la palabra, el "héroe civilizador".

Aclarado esto, el sentido convergente de las dos tragedias se entiende con el acto final del juicio de Dios, del que resulta una verdad por demás incómoda para todos. Este juicio comienza antes del fratricidio, cuando Dios miró con agrado la ofrenda del pastor, de las primicias de su ganado, y miró con desagrado la ofrenda del héroe civilizador, de los frutos de la tierra. Esta ofrenda de Caín, a juzgar por lo que de ella dice el texto del Génesis, no tiene en sí una apariencia maligna y de ella solo sabemos que la causa de la repulsa divina es que en ella hay algo que Dios considera que no es conforme al recto obrar. Este rechazo de Dios enfureció y abatió a Caín, con lo cual Dios dirigió a él su palabra en los siguientes términos: "¿Por qué te enfureces y andas abatido? Cierto es que si obraras bien tu rostro no decaería, y si obras mal, el pecado acecha a tu puerta y aunque venga sobre ti, tú puedes dominarlo".

Para entender la causa no explícita de este rechazo divino cabe considerar, pues, que la cultura de los pastores y los labradores, que en este relato se enfrentan, comportaba también dos formas diferentes de culto, y es en este punto donde reside la diferencia que el juicio de Dios rechaza. Por el contexto del relato completo desde la caída de Adán, se entiende que en los cultos relacionados con la fertilidad estaban ya presentes las simientes del culto a los dioses, entre los que figura la serpiente. En el mensaje de Dios a Caín se menciona el pecado que acecha a su puerta, como una tentación que él puede vencer. Se puede pensar que el sentido de este pasaje está referido a la tentación de dar muerte al hermano menor en quien recae el favor divino, movido a ello por la envidia, pero la línea de pensamiento que como un hilo conductor enhebra los episodios de esta narración apunta más bien a la tentación de confiar el trabajo de la tierra a las divinidades de la fertilidad, como ocurría en la cultura agraria de los pueblos paganos.

Considerando que hay aquí una tentación que induce a Caín a pecar, la que él habría podido rechazar para obrar bien a los ojos de Dios, nos pone en la línea del pensamiento básico de estos capítulos referentes al origen de la condición humana actual. Caín es tentado como lo será después el pueblo de Israel, el que en incontables ocasiones se vio ante el dilema de optar por Iahvé o por los dioses. En el caso específico de los dioses de la fertilidad, involucrarse en las prácticas rituales de los cultos paganos equivalía al sacrilegio de traicionar la fe en el Dios único, creador y señor del universo, para atribuir su poder de dar y multiplicar la vida a otras potestades, lo cual a su vez arroja más luz sobre la tentación de los progenitores del héroe civilizador.

El fratricidio viene a ser una consecuencia del hecho de que Caín en su ofrenda ritual se haya aproximado a ese mundo de fundamentos tenebrosos. Por eso el acto de dar muerte a su hermano viene a ser el homicidio fundante de un nuevo orden, el orden civilizado, y oculta el sentido que en las culturas paganas tuvieron los sacrificios humanos. El nuevo orden, por tanto, contiene un ingrediente de violencia que más adelante motivará la decisión de Dios de acabar con la especie humana. El pasaje correspondiente se halla en el capítulo

6 del Génesis, versículos 5 y 6: "Al ver el Señor que la maldad del hombre crecía sobre la tierra, y que todo su modo de pensar era siempre perverso, se arrepintió de haber creado al hombre en la tierra, y se afligió en su corazón. Y el señor dijo: Yo exterminaré de la faz de la tierra al hombre que he creado, desde el hombre hasta las bestias, los reptiles y los pájaros del cielo, porque me arrepiento de haberlos hecho".

Con estos antecedentes se puede llegar a una conclusión acerca de por qué el pecado original lleva ese calificativo de carácter universal y cubre con su sombra a toda la especie humana y su destino, porque las interpretaciones que se han intentado hacer hasta ahora carecen de la trascendencia que justamente se le atribuye a esa caída de la humanidad a una condición espiritual inferior, que la mantiene bajo la reprobación de Dios, por lo cual debe ser salvada. Ese carácter del así llamado pecado original parece aludido en lo que Jesús llama "pecado del mundo", que solo puede borrar el cordero de Dios, la víctima sacrificial que es su hijo unigénito, como parafraseando el sentido de los sacrificios expiatorios de todos los pueblos de la antigüedad.

Se entiende más claramente el alcance universal de ese pecado del mundo en el capítulo 4 del evangelio de Mateo en que se narra el episodio de las tres tentaciones a que Jesús fue sometido por Satanás. De ellas, la tercera se relaciona con el pecado del mundo y revela su sentido y el porqué de la denominación con que Juan el Bautista y Jesús se refieren a él (Jn. 1,29).

En el versículo 8 de ese capítulo se dice lo siguiente: "Lo llevó el diablo a un monte muy alto, y le mostró todos los reinos del mundo y la gloria de ellos y le dijo: Todo esto te daré si postrado me adorares. Entonces Jesús le dijo: Vete Satanás, porque escrito está: 'Al Señor tu Dios adorarás, y a él solo servirás'". En esta cita todo lo que ocurre y se dice está relacionado con el episodio correspondiente a la caída de la primera pareja humana por su desobediencia a la prohibición de Dios de comer del fruto del árbol de la ciencia del bien y del mal. Pero ahora el tentador no es solo una divinidad del Medio Oriente, sino el mismo espíritu del mal personificado.

El sentido del texto es inequívoco: los reinos de este mundo son todos de Satanás (Lc 4,6) porque se han construido según el espíritu de rebeldía y orgullo que les caracteriza. Así el conjunto de todos los reinos es el fruto acabado y el hecho histórico consumado del acto de comer del fruto del árbol de la ciencia del bien y del mal de la pareja humana primordial, lo cual ocurrió por la vía del héroe civilizador, Caín, ejemplar humano en quien se realizaron las promesas de la serpiente: "Se abrirán vuestros ojos y adquiriréis una sabiduría que os hará igual a los dioses".

En este sentido Caín representa a los primeros hombres que ante la magnitud de la caída se abocaron a desarrollar un saber que compensara el desvalimiento en que quedaron al perder su vinculación con la trascendencia. Con relación a esto, cabría recordar que la versión hebrea de la caída original no figura en las sagradas escrituras solo como una enseñanza objetiva, sino, como antes se dijo, una enseñanza influida fuertemente por el dilema que se presentaba para el pueblo de Israel entre ser fieles a Iahvé, manteniéndose en la santidad y la "justicia", o alejarse de Dios para buscar refugio en las divinidades paganas capaces de ayudarlo a instalarse en el mundo sacando provecho de todo. Entre los textos bíblicos en que más claramente se describe ese dilema se puede citar el capítulo 2 del libro del profeta Oseas en referencia a Samaria, cuyo pueblo se alejó del culto de Iahvé justamente para poner su confianza en los dioses, mencionados aquí como sus "amantes" en el entendido de que la relación de Iahvé con su pueblo se califica en términos nupciales. En ciertos pasajes en que Iahvé habla de Samaria, como evocando sus nefastas decisiones, la hace decir:

> Me iré detrás de mis amantes,
> los que me dan mi pan y mi agua,
> mi lana y mi lino, mi aceite y mis bebidas.

Más adelante esta Samaria personificada agrega:

> Ellos son mi salario
> que me han dado mis amantes.

Hablando en primera persona Iahvé se refiere a la infidelidad de Samaria en los siguientes términos:

> Cuando les quemaba incienso
> cuando se adornaba con su anillo y su collar
> y se iba detrás de sus amantes
> olvidándose de mí.

El desenlace de este drama es que Iahvé, a pesar de su resentimiento por la traición de Samaria, dice que la perdonará y que hablará a su corazón, seduciéndola otra vez para que vuelva a ser su esposa. Esa profecía de Oseas se cumple en el diálogo de Jesús con una mujer samaritana cuyo nombre no se da, el cual tiene un velado tinte amoroso.

La decisión de Jesús de ir a tierra de samaritanos donde ningún judío ponía pie constituye un acto de reconciliación, y la mujer con que dialoga, de quien dice el texto que había tenido cinco amantes, está graficando lo que el mismo profeta anunció como un acto de misericordia de Dios para con su esposa prostituida.

La mención expresa que el texto hace de los beneficios que Samaria esperaba obtener de sus amantes refleja lo antes dicho sobre la tendencia del pueblo de Israel a poner su confianza en las divinidades paganas, las cuales no solo eran capaces de darle las provisiones para satisfacer sus necesidades básicas, sino también todo aquello que constituye la gloria de los reinos, aspecto de la cuestión que Mateo menciona refiriéndose a la tercera tentación de Cristo. El hecho de que la profecía de Oseas se refiera solo a ese tipo de beneficios reduce el pecado de Samaria a una infidelidad de ínfima magnitud al lado de lo que en el evangelio se quiere significar con eso de los reinos y su gloria. Porque si Satanás, o el espíritu del mal personificado a nivel universal, es, de acuerdo con las mismas palabras de Jesús, "mentiroso" y "homicida" (Jn 8,44), con estos calificativos se está conceptuando también a la sabiduría prometida por la serpiente, la cual tiene el poder de hacer de los hombres un igual de los dioses. Vale decir, que la sabiduría en que se funda el orden creado por la raza de Caín y sus dioses es una falsa sabiduría; esto tiene por resultado lo que el escritor francés contemporáneo Pascal Quignard llamó la "guerra infinita", simbolizada en el asesinato de Abel.

Es en este punto de nuestra investigación que conviene recordar que el juicio de Dios por el cual Adán y Eva fueron expulsados del paraíso contiene una muy reveladora distinción entre dos tipos humanos que se generarán a partir de ese momento. Se trata de los versículos 14 y 15 del capítulo 3 del Génesis, que dice así: "El Señor Dios dijo a la serpiente: Por haber hecho esto, maldita seas tú entre todos los animales y todas las bestias del campo; te arrastrarás sobre el vientre y comerás el polvo toda tu vida; pondré hostilidad entre ti y la mujer, entre tu linaje y el suyo: él herirá tu cabeza cuando tu hieras su talón".

Según este texto, en adelante, el trasfondo de toda la historia humana será una lucha del bien y el mal, pero una lucha que aparece aquí bien acotada en su significación profunda, esto es, la lucha entre dos tipos humanos, la descendencia de la mujer y la descendencia de la serpiente. Descrita así esta lucha, las palabras bien y mal se cargan de un sentido mucho más enjundioso que como simples conceptos de lo que convencionalmente y en abstracto se entiende por lo bueno y lo malo. Si la significación teológica del dilema entre Iahvé y los dioses hoy puede no significar nada para nuestra concepción científica del mundo, los antecedentes que se han invocado para proyectar este dilema en nuestro tiempo y entenderlo a la luz de nuestra racionalidad, nos permiten vincular esa sabiduría del bien y del mal con una actitud básica de cierto tipo de hombre a través de la historia que en Caín tiene su modelo. Porque ¿qué otra cosa demuestra ser la empresa civilizadora de Caín a la que precede la reprobación de Dios, sino la del hombre que, desvinculado de la trascendencia, se propone conocerlo e intervenirlo todo para sacar provecho de todas las cosas y del hombre mismo, decidiendo él qué es lo bueno y qué es lo malo conforme a las directrices del proyecto constructor del mundo que él propone como único sentido de la vida? Saltando muchos milenios nos hallamos frente a las ideologías y las ciencias contemporáneas, las que literalmente han inventado intelectualmente el sentido del mundo, lo cual a la postre ha ocurrido en desmedro del mundo mismo y de la mayor parte de los hombres.

Si en los libros sapienciales de la Biblia se afirma que el comienzo de la sabiduría es el temor de Dios, esa afirmación en el contexto del monoteísmo hebreo tiene un significado bien preciso, pues ese temor de Dios está referido a las consecuencias que se siguen de no cumplir su Ley, especialmente el decálogo. Pero también tiene un significado más general y abierto en el sentido de la noción de los límites de las empresas humanas, más allá de los cuales se violan las fronteras de lo que es sensato; y lo que es sensato bíblicamente, de todos modos, es lo que no transgrede la Ley de Dios.

A este respecto Confucio reflexiona muy acertadamente cuando dice que la sabiduría consiste en reconocer el don del cielo y saber qué es lo que el hombre debe agregar de sí. Reconocer el don del Cielo en el contexto de la cultura china del siglo VI antes de Cristo equivale a una profesión de fe monoteísta; solo que lo que el Cielo da, en parte y en principio, es conocido por las textos sagrados, pero en gran medida es una vivencia que le sale al paso a los hombres espirituales quienes gracias a esa experiencia llegan a conocer la medida y dirección de su comportamiento en determinadas coyunturas. Así se entiende por qué Confucio sostiene que para conocer al hombre antes hay que conocer el cielo.

En el contexto de la cultura hebrea el don de Dios es la Ley, las promesas y los beneficios con que Iahvé colma a su pueblo. Y es conforme a la Ley que uno conoce al hombre, porque la Ley no solo está formada de preceptos, sino también de narraciones ejemplares; ambos aspectos de la Ley señalan implícitamente el sentido que permite conocer al hombre sensato y al que no lo es. En referencia a este punto de la sabiduría bíblica, lo que caracteriza a la "raza de Caín", que antes se denominó la "descendencia de la serpiente", es la temeridad que el orgullo confiere a ese tipo de hombre.

Según lo que se lee en el *Libro Rojo* de Carl Gustav Jung (Capítulo I, "El reencuentro del alma"), si el hombre no se integra psíquicamente, dicho en forma poética, si no se encuentra con su propia alma para alcanzar su medida individual, será impulsado toda su vida por una ambición sin límites. Según este psicólogo, esa es la gran enfermedad del hombre contemporáneo, por eso su proyecto constructor del mundo lleva dentro un germen letal. Todo lo cual es aplicable a lo que el texto del Génesis deja transparentar acerca del carácter de Caín y su descendencia. Hablando en términos bíblicos da la impresión de que Caín es el que pone en práctica y cosecha los frutos de la así llamada ciencia del bien y del mal, porque carece en absoluto de eso que la sabiduría bíblica llama "temor de Dios". Es la primera irrupción que registra la escritura sagrada hebrea de la perversidad subyacente en el orden civilizado pagano donde se conjuga la falsa verdad con la soberbia, la ambición desmesurada y el derramamiento de sangre.

Solo con estos antecedentes podemos ahora entender por qué todo progreso de la civilización acrecienta su poder sobre el mundo y los hombres, lo cual demuestra ser inseparable de los sacrificios humanos consumados en las grandes guerras, a lo que ahora se suma no la ofrenda de Caín de los frutos de la tierra, sino el hambre y la destrucción de la tierra misma. Tal es el significado que tiene la frase del historiador alemán Oswald Spengler, en el sentido de que lo que él llama la "gran historia" es muy exigente y eso dicho en el contexto de una civilización de fundamento cristiano.

Jesús en un arranque de rebelión hace una referencia a la raza de Caín, la cual ve encarnada en ciertos hombres particularmente orgullosos, ambiciosos, hipócritas y asesinos, situados en altos puestos de poder: "Para que se demande de esta generación la sangre de todos los profetas que se ha derramado desde la fundación del mundo, desde la sangre de Abel hasta la sangre de Zacarías que murió entre el altar y el templo" (Lc. 11, 50).

La alusión al justo Abel revela qué entiende Él por la descendencia de la serpiente y la de la mujer, esto es el linaje propiamente humano. El hecho de que el otro linaje sea mencionado como el de la serpiente acusa la intención de decir que no es humano. Con lo cual se entiende mejor la afirmación de Confucio en el sentido de que lo humano está referido al Cielo, lo que también se relaciona con la dignidad de origen que el Génesis le atribuye al hombre, al decir que Dios lo hizo a su imagen y semejanza.

Asimismo cabe relacionar con lo dicho antes, la razón que Dios da para decidir el exterminio del género humano en el diluvio, como se lee en el capítulo 6 del Génesis, versículo 3: "Entonces el Señor dijo: mi espíritu no permanecerá siempre en el hombre, porque el hombre solo es carne".

Finalmente se comprende que lo que caracteriza a Caín como consecuencia de todo lo que él es como tipo humano, es el proyecto constructor del mundo en el sentido en que lo entienden las culturas paganas, las cuales parecen ajustarse a lo que Jung dice del hombre que no se ha encontrado con su alma, esto es el desalmado (*Libro Rojo*, Cap. I); según el Génesis el hombre que carece de espíritu, y que ha borrado en él su semejanza divina.

El linaje de la serpiente

Jesús se refiere a ese tipo de hombre, no humano, cuando aconseja a sus discípulos no dar las cosas santas a los perros ni las perlas a los cerdos. Se trata, seguramente, de un refrán tradicional que Jesús cita en relación con la predicación del evangelio, refiriéndose a aquellos que rechazarán la "buena nueva", esto es, escribas y fariseos (Comentarios bíblicos San Jerónimo) (Mt. 7, 6).

En el mismo sentido se puede interpretar el pasaje del evangelio en que Jesús cura a un lunático poseído por varios espíritus inmundos que dicen llamarse "legión" y que piden no ser expulsados al desierto, sino trasferidos a una piara de muchos puercos (Marcos 5). Jesús se lo concede, y la piara se precipita por un acantilado al mar. Aquí la palabra legión podría ponernos en la pista de un probable simbolismo de este episodio, pues la entrada de esos espíritus inmundos en los puercos sugiere la intención de referirse a las legiones romanas como a una piara. Eso, aparte de la exégesis que la teología moderna ha hecho de la totalidad de este episodio.

En el mismo sentido debe entenderse la profecía que Jesús hace sobre el día de la ira de Dios que ya estaba cerca, cuando la ciudad santa sea profanada por los gentiles y el templo destruido. En el evangelio de Lucas Jesús dice refiriéndose a ese fatídico momento que cuando Jerusalén sea rodeada por un ejército sus discípulos deben entender que ha llegado el día de su desolación (Lc. 21, 20).

En el evangelio de Mateo (Mt. 24, 28), en referencia al mismo episodio, Jesús al ser interrogado por sus discípulos sobre dónde debía ocurrir todo eso él respondió: "Donde se halle el cadáver allí se reunirán los buitres". Una forma de expresarse doblemente descalificadora, en cuanto define la institución religiosa, cuya sede está situada en Jerusalén, como un cadáver, y a las legiones romanas como buitres, aves carroñeras con las que él ironiza a las águilas de las insignias militares romanas.

Es preciso recordar también que Moisés poco antes de morir predijo este trágico desenlace de la historia del Israel bíblico, refiriéndose seguramente a los romanos, en los siguientes términos: "El Señor suscitará contra ti desde las extremidades de la tierra, una nación lejana, rápida como el águila, de lenguaje bárbaro, de rostro temible, que no tendrá respeto por el anciano ni piedad por el niño" (Deuteronomio 28, 49-50). La referencia a los romanos se deduce de la magnitud del desastre descrito como el final definitivo de la nación.

En el Capítulo 32, versículo 21 Moisés, refiriéndose a las consecuencias que para Israel tendría el culto de los dioses y el incumplimiento de la Ley, formula amenazas en nombre de Iahvé en los términos siguientes: "Ellos excitaron mis celos adorando lo que no es Dios. Ellos me han irritado con sus vanos ídolos, y Yo excitaré sus celos con aquello que no es un pueblo, por medio de una nación insensata yo los irritaré".

Nótese cómo estos pasajes del Deuteronomio abundan en expresiones basadas en el supuesto de que los hombres de las naciones con que Iahvé castigará a Israel no son humanos, y tanto que su sociedad no puede ni siquiera ser calificada de "pueblo".

En relación al versículo 21 antes citado, es interesante considerar que los soldados nazis afiliados a la SS encargados de recibir a los prisioneros judíos enviados a los campos de exterminio, llevaban un cinturón con una inscripción que decía "Gott mit uns", esto es, "Dios con nosotros". Con esta expresión esperaban convencer a los judíos de que entonces su suerte no tenía otra explicación que la que ellos podían hallar en sus propias escrituras sagradas, con lo que los nazis procuraban generar en ellos una pasividad suicida (lo que motivó muchos años después la excelente película *Juicio a Dios*).

Da la impresión de que la espiritualidad que la Ley generó en el sector santo de Israel determinaba una sensibilidad muy despierta acerca de lo que era la santidad, como una calidad humana que diferenciaba en extremo a los justos de ese pueblo, de los modelos humanos seguidos por otros pueblos. Esa sensibilidad es la que demuestra tener en su más alto grado Jesús y los apóstoles y todos los escritores sagrados que se refieren a las aberraciones y monstruosidades que los hombres de otros pueblos eran capaces de cometer. Es una sensibilidad muy fina que solo se daba al parecer entre los justos de la fe monoteísta hebrea, lo que parece transparentarse en figuras tan nobles como José hijo de Jacob, y el profeta Daniel, caracteres donde resplandece la caridad, la mansedumbre y la sabiduría, anticipando el tipo humano que caracterizará a Jesús. En ese sentido resulta reveladora la experiencia del profeta Daniel con el rey Nabucodonosor de Babilonia, quien lo tenía en alta estima y lo había puesto a la cabeza de los sabios (magos) consejeros del monarca. Como en el caso de José hijo de Jacob, este Daniel fue consultado por el rey acerca de un sueño inquietante que tuvo (Dan. 4,7-13). Él vio en su sueño un árbol gigantesco cuya copa tocaba el firmamento y cuyo ramaje se extendía hasta los confines del mundo, de cuyos frutos se alimentaban todos los hombres, a cuya sombra se refugiaban todos los animales y en cuyo ramaje tenían su morada todas las aves. Enseguida vio él venir un enviado del cielo que ordenó cortar el árbol y dejar solo la base del tronco y las raíces. Hecho lo cual, el emisario celeste dio la orden de que dejaran ese resto de árbol expuesto al aire y el rocío del cielo, y que se cambiara su espíritu humano por un espíritu animal, y tuviera su parte de alimento en la hierba del campo durante siete años; eso hasta que entendiera que el Altísimo domina sobre la realeza de los hombres y la entrega a quien le place, y que es capaz también de elevar al más insignificante de los mortales.

La interpretación del profeta de esa rara narración onírica está referida obviamente a la persona del monarca. Él es el árbol gigantesco en la medida que su poder se ha elevado hasta el dominio de los dioses y se ha extendido a los territorios de todas las latitudes, ganándose la fama de ser el benefactor de todo el mundo.

El árbol es abatido quedando a la vista solo la base del tronco y las raíces, por cuanto él es un rey que se ha exaltado a sí mismo por su propia vanidad, negándose a reconocer que hay un Dios que está por encima de todos los reyes. Su castigo consistirá en la pérdida de la razón quedando reducido a la condición de un animal que no puede seguir viviendo entre los hombres y debe buscar la compañía de las bestias del campo cuyo territorio y alimento compartirá con ellas. La base del árbol que queda representa al mismo rey, y su posibilidad de recuperar su reino solo si después reconoce la trascendencia del Dios de los hebreos, lo cual debe ocurrir en el término de un período de siete años. Se cita este pasaje del libro del profeta Daniel por el simbolismo que contiene en referencia al célebre emperador Nabucodonosor, independientemente de lo que la exégesis moderna haya descubierto en relación con las motivaciones de su inclusión en el texto y la época de su redacción.

Esta curiosa historia, narrada con detalles en el libro del profeta Daniel, es muy rica en enseñanzas sobre el tema que estamos desarrollando sobre los tipos humanos que representan a los dos linajes fundamentales denominados como descendencia de la mujer y descendencia de la serpiente.

La interpretación que se hace del sueño del rey deja en suspenso las verdades más pesadas que están implícitas en él. El hecho de que un emisario del cielo mande cortar el árbol significa que el imperio que ha construido Nabucodonosor es una construcción hecha por las fuerzas de las armas y el orgullo y la temeridad de un hombre que falsamente pretende pasar como un benefactor de la humanidad. La prueba de eso se halla en el versículo 24 del capítulo 4 del libro de Daniel, texto que dice: "Quieras tú señor seguir mi consejo: Expía tu pecado por la justicia, y tus iniquidades por la piedad hacia los desgraciados, esto podría ser la condición para que tu prosperidad continúe".

Pero más interesante que eso e íntimamente ligado a la mención de su injusticia y su iniquidad es la reducción del rey a la condición de bestia. Debemos ver en ellos otro mensaje en el sentido de que los hijos del linaje de la serpiente han dejado de ser humanos. Solo la intervención del santo profeta con su sabiduría, su mansedumbre y su caridad es lo que puede despertar el espíritu embotado del rey de Babilonia. Aunque la conducta disoluta y sacrílega de su sucesor, Baltasar, deje en evidencia la indigencia espiritual que afectaba a todos los administradores de tan brillante civilización.

La continuidad de la historia narrada por Daniel es el mejor ejemplo que tenemos en la Biblia de la alienación mental que los dioses del Medio Oriente de entonces provocaban en los que le rendían culto. En varios pasajes se dice que Daniel se burló de ellos en presencia de reyes y altos personajes sin temer a las consecuencias, por lo que fue enviado al foso de los leones sin ser herido por las fieras.

Asimismo hay pasajes en los que los reyes aparecen como divinidades que deben ser adoradas y ellos se prestan para esos manejos cuyos beneficios políticos esperan cosechar. También en numerosos pasajes se mencionan los castigos que el rey inflige a personajes de nota como el foso de los leones y la trituración. El texto dice que esos leones eran alimentados diariamente con animales de ganado y por dos cuerpos humanos.

Todo el relato ha sido concebido para destacar, en forma por demás impactante, el contraste que resalta entre el profeta sabio, sereno y piadoso con la bestialidad de los que detentan el poder entre los asirios. Por eso en sus visiones apocalípticas el profeta los ve convertidos en fieras como leones, osos, leopardos y monstruos cornudos, como una anticipación de lo que en el Apocalipsis de San Juan será la "bestia" que surge del mar, que representa al imperio romano y la brutalidad de los usos y costumbres de su sociedad durante el tiempo del auge imperial que comportaba la divinización del soberano y el culto a su persona.

Una de las características de estas visiones es que las bestias de varias cabezas y cuernos profieren palabras arrogantes, con lo que se está caracterizando ese orden pagano como un fruto de la soberbia humana, no sin rozar sutilmente la vulgaridad y la grosería, como un rasgo inseparable del poder absoluto que se pretende divino legitimando así cualquiera monstruosidad. Tal es el caso, por ejemplo, de la orden que dictó Nabucodonosor de dar muerte a los sabios y videntes que asesoraban al trono, por trituración de sus cuerpos, y destruyendo además sus moradas y asesinando a sus familias, por no haber sido capaces de interpretar uno de sus famosos sueños.

La monarquía israelita

La tendencia del pueblo de Israel de seguir la vía del paganismo mediooriental –adoptando los usos y costumbres, el culto y las instituciones de las naciones paganas de su vecindad– se advierte también en el hecho de que, llegado a un grado de evolución propia de un pueblo numeroso y ya instalado en el mundo, ambicione ser gobernado por un rey como las demás naciones. Hasta ese momento los gobernantes del pueblo de Israel eran los "jueces", pues si las funciones de gobernar y juzgar estaban unidas en las monarquías paganas, para Israel el supremo señor era Iahvé mismo, y todo el que rigiera como gobernarte los destinos de este pueblo era solo un mandatario de él, pues la ley y las sentencias que resultaban de los juicios no eran más que un reflejo de su voluntad. Por eso es que había una diferencia entre lo que se entiende por un rey en las naciones paganas y un juez en Israel. Uno de los últimos jueces de este pueblo fue el profeta Samuel, quien en su ancianidad debió delegar su función en sus dos hijos. Pero estos sucesores no fueron capaces de seguir las huellas de su padre, por lo cual el profeta, ante la protesta de los ancianos, debió enfrentar el deseo del pueblo de ser gobernado por un rey. El texto bíblico correspondiente a este incidente se halla en el primer libro de Samuel, capítulo 8, versículo 5: "He aquí que tú eres ya muy viejo y tus hijos no siguen tus huellas, ahora establece sobre nosotros un rey que nos juzgue como los que tienen todas las naciones". En esta cita se ve, una vez más, el deseo de Israel de parecerse lo más posible a las naciones paganas, dejando de ser un pueblo singular y diferente en todo a los pueblos civilizados del Medio Oriente, por lo que la monarquía israelita no podía menos que evolucionar hacia lo que habían sido sus modelos. Su primer rey, Saúl, terminó siendo reprobado por Iahvé, y un espíritu maligno se posesionó de él. Acabó su vida miserablemente vencido por los filisteos en una batalla en la que murieron sus tres hijos, y él, para no caer en manos del enemigo se suicidó con su propia espada.

El momento cumbre de la institución de la monarquía en Israel corresponde al reinado de David, arquetipo del monarca favorecido por el cielo; aunque su reinado fue un período de constantes guerras y la escritura nos lo muestra durante una considerable parte de su vida derramando sangre y traicionando a hombres dignos como su general Urías, a quien le arrebató su esposa y lo hizo morir en el campo de batalla. Hasta en su lecho de muerte no logró deshacerse de su agresividad, pues terminó sus días maldiciendo y aconsejando a su hijo Salomón de ejecutar varios actos de venganza.

Con todo, el rey David fue un hombre de gran fe, de lo cual da testimonio el conjunto de salmos que escribió y legó a la posteridad como arquetipos de la perfecta oración y comunión interior con Dios, aunque su naturaleza de hombre proclive a la violencia lo traicionó en momentos decisivos de su vida. De esto, no obstante, pudo salvarse gracias a su voluntad de bien por la vía del arrepentimiento y la humillación.

En el primer libro de "Los Reyes", en su capítulo 2, versículo 12, se emite un juicio global sobre el reinado de Salomón en el sentido de que fue muy estable. Y eso gracias a que este monarca, reconocido por su sabiduría, supo hacer alianza con los reinos paganos, casándose con princesas extranjeras, cuya preferida entre ellas fue la hija del faraón de Egipto. Fue un superdotado en todo sentido, cuyo mayor mérito fue el haber construido el gran Templo de Jerusalén, lo cual no pudo lograr su padre David, como era su deseo, porque, como lo dice expresamente la escritura, él había derramado mucha sangre humana.

Hasta aquí el destino de esta monarquía podría parecer exitoso, aunque, sin que se haga explícito, se advierte que el proceso de evolución histórica de Israel se orientaba cada vez más hacia el estilo de los reinos paganos. Por eso la primera gran falla de este brillante monarca fue tomarse en serio como rey y como político hábil, dejando entrar a su harén, consistente en varios cientos de esposas y otras tantas concubinas, a las hijas de la idolatría, tolerando el culto a sus dioses aun dentro del territorio del reino. El palacio que se hizo construir y el boato que en él se desplegaba resultan al fin incompatibles con la fe en Iahvé como la entendieron sus ancestros. Por eso no es de extrañar que su reino terminara dividido y que la mayor parte de los reyes que le sucedieron cayeran bajo la reprobación de Dios.

El camino seguido por Israel hasta las guerras de los Macabeos y el posterior dominio romano, el nacimiento del Cristianismo y la destrucción de la nación, y la dispersión de los judíos por el mundo, parece ser la consecuencia del hecho de no haber estado en condiciones de asumir las exigencias que el monoteísmo Iahvista le imponía a su pueblo. En ese sentido se puede decir que la Ley de Iahvé revelada por Moisés fue un yugo muy pesado que nunca pudo ser bien cumplido por los israelitas, como el mismo Pablo de Tarso lo dice en sus cartas, a propósito de los intentos que los judaizantes hacían por retrotraer hacia la religión tradicional a los convertidos a la nueva fe en Jesucristo. Pero por sobre eso está el más grave pecado hacia esa Ley, considerada globalmente como voluntad de Dios y encabezada por el primer mandamiento del decálogo, como figura en el capítulo 20, versículos 2 y siguientes: "Yo soy el eterno, tu Dios, que te ha sacó del país de Egipto, del estado de servidumbre. Tú no tendrás otros dioses delante de mí". Ese es el hecho más grave, y queda en evidencia desde la institución de la monarquía, por cuanto el texto bíblico correspondiente a la demanda del pueblo de ser gobernado por un rey, en su capítulo 8 del primer Libro de Samuel, versículo 6 y siguientes dice al respecto: "Samuel oró al Eterno, y el Eterno dijo a Samuel: Escucha la voz del pueblo en todo lo que este te dirá, porque no es a ti que están rechazando, es a mí que ellos rechazan para que no reine más sobre ellos. Ellos actúan en todo sentido como siempre han actuado desde que yo los liberé de Egipto hasta este día, ellos me han abandonado para servir otros dioses".

Descrito de este modo sucinto, el descalabro espiritual que significó para la descendencia de Abraham el intento de instalarse en el mundo conforme a la ciencia de los dioses que conformaron las culturas paganas del Medio Oriente, aunque sea una verdad en sus grandes rasgos, no hace justicia a lo que fue de hecho la vida de un pueblo sobre el que recayó la responsabilidad del advenimiento del culto al Dios único, creador y señor de todo cuanto existe. Así, dejando a un lado el descalabro mismo en sus hechos concretos, terminaremos distinguiendo un monoteísmo ideal de los monoteísmos reales, porque la misma distinción se puede hacer tratándose del Cristianismo y del Islam. Al final lo único que cuenta es que históricamente ha existido una cultura Iahvista hebrea, una cultura cristiana y una cultura islámica, no obstante todos los matices negativos que hayan tenido en su accidentado itinerario a través de milenios, y en esos soportes históricos la fe que queda en el mundo aún se sostiene.

Rechazo de la civilización

Lo que antes hemos llamado la tragedia en cuatro actos, de los cuales tres parecen dirigidos a toda la humanidad y uno preferentemente al pueblo de Israel, nos deja una interrogante respecto del mismo pueblo de Israel. Esta pregunta se puede formular así: Si el tentador cuyo engaño hizo perder a los hombres su ventura original es una divinidad pagana que actúa como un oráculo del paganismo, contradiciendo la voluntad de Dios (el sentido), y las divinidades paganas son dioses civilizadores que inspiraron su sabiduría a los reyes, sabios y sacerdotes antiguos para construir los imperios del Medio Oriente en Egipto, Mesopotamia, y Canaán; si los modos de existencia que se daban en esos imperios eran ambicionados por los israelitas para sentirse en igualdad de condiciones con los demás pueblos y dejar de ser el pueblo de un Dios metafísico que los llamaba a través de su profeta a asumir la responsabilidad de introducir en el mundo la fe en el Dios único con riesgos evidentes para lo que ellos consideraban su seguridad, y su buen vivir; si por otra parte lo que Dios señaló a la pareja primordial como el deber ser de la vida humana era un estado en que los hombres viven insertos en el orden natural en plenitud de vida y tanto más si se consideran las condiciones de vida que durante tanto tiempo fueron las del pueblo de la alianza; todo eso como premisa, ¿no contiene acaso implícitamente un rechazo a lo que hoy llamamos "civilización"?

Esta interrogante se vuelve más clara y directa si se considera que, de los hermanos primordiales, el que a todas luces es el héroe civilizador es aquel que cae bajo la reprobación de Dios e inaugura un nuevo orden en el mundo, el orden civilizado, cuyo homicidio fundante fue el asesinato de su hermano Abel, pues su más famosa obra fue la construcción de la primera ciudad de que se tiene noticia. Muy poco después el texto del Génesis, en su capítulo 6, se refiere a que la perversión de los hombres se había generalizado en el mundo, por lo que Dios concibió el proyecto de aniquilar a todos los pueblos y salvar solo al clan de Noé, el justo patriarca, descendiente del tercer hijo de Adán, Set, quien reemplazó a Abel y fue la raíz del linaje santo.

Conforme a esta hipótesis se advierte que en la bipolaridad Caín-Abel hay una clara opción por el nómade pastor y un rechazo del sedentario civilizado. Asimismo, se advierte que en el culto agrario de Caín están ya las simientes del politeísmo civilizado que llevó a este héroe desde la agricultura al trabajo de los metales y la construcción de ciudades. Y si así fuera, ¿qué alcance espiritual tiene la opción por el nómade pastor?

Por lo que se ha podido investigar, parece que los pueblos pastores se inclinan a poner su fe en un Dios único, sin muchas complicaciones rituales ni mayor desarrollo doctrinal, como es el caso del famoso Tangri, dios de los mongoles. Tal habría sido la fe de Abraham.

En lo que se refiere a este patriarca, nótese que antes de ser llamado por Dios él era un opulento señor que habitaba en la ciudad de Uruk, capital del imperio sumerio, y por tanto, vivió sometido a los dioses de ese imperio pagano. Nótese también que el Dios único irrumpe en su vida como una realidad tan viva y avasalladora que genera en él de inmediato la fe en su más alta expresión, y tanto que él ni siquiera se extrapola de su aventura para averiguar qué entidad superior ha tomado posesión de su vida y su destino. El hecho sobrenatural se impone para él como lo real sin suscitar mayores interrogantes.

En lo que al ciclo de Abraham se refiere, nótese que la escritura abunda en ejemplos de la vida impía que se llevaba entonces en las ciudades, con lo cual queda una vez más en evidencia el desprecio mutuo que entonces se tenían los sedentarios civilizados y los nómades pastores. Desprecio que queda sellado en la envidia con que Caín enfrenta el hecho de que la ofrenda a Dios de su hermano sea aceptada y no la suya. Sobre Abraham, nótese que desde la irrupción de Dios en su vida todo cambia para él, y ese cambio no es menor referido a la investigación en la que se busca verificar hasta qué punto la hipótesis planteada antes es digna de ser aceptada, pues de ser Abraham un opulento señor, residente de la capital del imperio sumerio, deviene, como Abel, un rey pastor que peregrina por el mundo sin ciudad firme, y esa forma de vivir es la que se aviene con su fe en el Dios único.

Con todo, la posibilidad de que haya en toda esta narración un rechazo implícito por lo que llamamos civilización, como tantos pasajes lo sugieren, lo cual quedaría rubricado por la tercera tentación de Jesús que formula una condena global a todos los reinos del mundo, ese rechazo tendría un matiz diferente a como lo entiende hoy la posición de los que profesan una ideología antisistémica. La palabra civilización concebida así genéricamente no pertenece a la estructura mental de un hombre de esos tiempos remotos, porque, en lo que a esta palabra se refiere, lo que entonces había en el mundo era precisamente lo que en las tentaciones a que Satanás sometió a Jesús se denominaba los "reinos" del mundo, que eran también civilizaciones. Con todo, no sería del todo erróneo sostener que en este relato que se inicia en la caída de nuestros primeros padres, los hermanos primordiales, la perversión generalizada que motiva el castigo del diluvio, y la vocación del padre de la fe monoteísta hay en efecto un rechazo del fenómeno histórico que llamamos civilización.

Aclarado esto cabe considerar que si el deber ser está representado en el orden primigenio, esto es, el paraíso, el valor del estado en que Adán y Eva se hallaban mientras vivían en él, no consistiría solo en el hecho de vivir en armonía con el orden natural, sino, según el relato bíblico, en cuanto el hombre en ese estado venturoso no conoce más ley que la que emana de su vinculación al ser supremo. No hay en la Biblia ningún pasaje directamente alusivo a la naturaleza como paradigma y fuente del conocimiento. Por eso, en el Génesis, el relato sobre el estado paradisíaco de nuestros primeros padres se ha redactado desde el punto de vista del monoteísmo hebreo sin referencias explícitas a una sabiduría originaria procedente de la experiencia del hombre como habitante del mundo.

En lo que al orden natural se refiere, las escrituras sagradas hebreas están referidas solo a un mundo de hombres, independientemente de si estos viven como pastores o como ciudadanos. Lo que importa, en cuanto a ellos, es que pongan su fe en Dios y cumplan sus mandamientos en cualquiera circunstancia, y que se abstengan de rendir culto a otros dioses.

En esto reside una diferencia de actitud con la antigua tradición china, en la que se describe la caída de la humanidad como un lento proceso de degradación.

La antigua sabiduría del extremo Oriente

La sabiduría cósmica china, heredada de un pasado remoto, como doctrina y enseñanza se desarrolla en el crecimiento de la cultura. Su paradigma fundante es el orden natural, aun en el sistema confuciano, el cual, no obstante, se define como una sabiduría de la cultura.

De la sabiduría se sigue necesariamente el concepto de "cultivo de sí mismo", a la manera de un proceso constante de rectificación y purificación de la vida, por el que el hombre pasa a raíz de una decisión fundamental de trabajar sobre sí mismo para seguir un comportamiento sensato, esto es, conforme al sentido.

Sobre esa base la mente del hombre natural distingue intuitivamente dos modalidades fundamentales de comportamiento de las cosas y los seres vivos: una de carácter creativo, fuerte, y otra de carácter receptivo, suave. Esta bipolaridad lo cubre todo, y es la base del discernimiento por analogía. Nada hay en el universo que no pueda ser clasificado conforme a esta dialéctica cósmica, la cual determina la naturaleza de todas las cosas. Así todo lo que es creativo y fuerte tiende a asemejarse por su modo de comportamiento, aunque se trate de objetos muy disímiles en su apariencia. Se trata de una intuición que determina el lenguaje en sus formas originarias. Todo discurso humano dirigido al entendimiento mediante metáforas tomadas de las cosas, seres o fenómenos naturales se aproxima a lo que ha debido ser el habla de la prehistoria.

En los tratados anexos al *Libro de las Mutaciones*, cuya autoría, en parte, es atribuida a Confucio, se puede observar cómo la racionalidad civilizada china del período Tchou trabaja con elementos de lenguaje procedentes de la 9ª edad, aquella que se extiende antes del tercer milenio a. C., descifrando un repertorio de ideas expresadas mediante formas y energías de la naturaleza, y distinguiendo entre ellas las que por su índole se comportan como entidades creativas o receptivas.

Los tratados anexos mencionados son el Shuo Kua, esto es "Discusión de los trigramas", y el Ta Chuan, "El gran tratado" (traducción de Richard Wilhelm, versión castellana de D.J. Vogelman. Editorial Sudamericana. Buenos Aires, 1986).

Cabe preguntarse cómo surgió la sabiduría cósmica, es decir, el conocimiento del sentido desde el orden natural. Para eso es preciso superar la racionalidad occidental cuya tendencia discriminadora busca siempre definir taxativamente los diversos aspectos de la realidad, llevada por un impulso original hacia la consistencia del ser, lo cual determina la compacta solidez y verticalidad de sus conceptos, dejando en evidencia el carácter de ese conocimiento como un saber de dominio. Esta tendencia debilita al extremo la noción de unidad, y corresponde al pensamiento solidificado y mecánico del orden urbano. De ahí surge una oposición entre el orden construido y el orden dado, vigente hoy como el rasgo más determinante de nuestro modelo de civilización.

Para entender qué se quiere decir y hacia dónde se dirige esta reflexión es preciso partir de la base de que todo pueblo cuya cultura esté asentada en el orden natural genera una sabiduría en la que prima el concepto de mutación sobre el concepto de ser o esencia. Se entiende por mutación, en este caso, el modo de comportarse de las cosas en el concierto del movimiento global, y distinguiendo en ese comportamiento los aspectos favorables o desfavorables, fastos o nefastos para la comunidad. Tal es el concepto de "naturaleza". Al quedar definido ese concepto como el comportamiento de las cosas, lo que prima en ese saber es la noción del cambio, el cual se define como permanente.

Aplicando el concepto de naturaleza a lo que llamamos "la naturaleza" en su globalidad, esta queda definida no como un conjunto de cosas u objetos o seres que invitan al hombre a actuar sobre ellos observándolos como lo otro, sino como un organismo dinámico totalizador, el cual es discernido por los aspectos o etapas de su evolución en el tiempo, el cual incluye al hombre. Esta visión del mundo basada en el cambio más que en el ser de las cosas es la que conlleva necesariamente la noción y el sentimiento de la unidad del mundo, esto es, el mundo como un organismo o macrosistema en el que todo está interrelacionado, y no como un conjunto de cosas que se suman y superponen. De esta visión de mundo surge un saber basado en la organicidad del espacio tiempo.

Todos los pueblos en su origen han vivido insertos en el orden natural y han concebido el mundo como un organismo en constante mutación, y todos los que han pasado de ahí a su fase civilizada han tendido a alejarse de esa cosmovisión en favor de un saber discriminador cuyo desarrollo, en el grado en que hoy se halla, ha terminado por anular la noción de unidad.

Asimismo la atrofia de la intuición que percibe la unidad se ha desarrollado paralelamente a una separación creciente ocurrida entre el hombre y el mundo, hasta constituir el clásico par de opuestos del sujeto y el objeto. Porque el objeto, en este par de opuestos, es revestido de una consistencia que lo extrapola del hecho real de hallarse inmerso en el tiempo y sujeto a un cambio permanente. El mismo principio que constituye esta polaridad contiene, como concepto, el supuesto de que el objeto como tal es algo fijo, como fijas son las magnitudes mensurables del espacio-tiempo.

Lo que no puede imaginar la mente del hombre que se concibe a sí mismo solo como un sujeto que está frente al mundo como objeto es que, en una concepción del mundo como mutación, la mente humana no puede extrapolarse del total, porque toda mutación ocurre en simultaneidad con el acontecer psíquico humano. Pues en virtud de la unidad del orden total, el acontecer psíquico tiene su correlato analógico en el acontecer cósmico.

Lo que tampoco puede imaginar la mente del hombre que se concibe a sí mismo solo como un sujeto situado frente al mundo, es que él no puede identificarse solamente con su estado consciente, desde el cual define las cosas, porque tras su espacio mental consciente hay una extensa zona de psique inconsciente, de la cual él, para pensarse a sí mismo, está separado. La inconsciencia de esta anomalía psíquica se debe justamente a que la vida del sujeto se confina exclusivamente en su parcela pensante, anulando la posibilidad de que el inconsciente se exprese para él, y haga un llamado al yo consciente para que no traicione la ley que rige su ser como potencial recibido desde el nacimiento.

El inconsciente siempre está ahí expresándose para cualquier observador que sepa escrutar su comportamiento y el de otros, pero sus fuerzas subterráneas el sujeto no puede hacerlas conscientes mientras viva en la creencia de que los móviles de sus actos son decisiones libres generadas en el discurrir autónomo del instante.

El acontecer objetivo es un correlato analógico del acontecer psíquico justamente por la base inconsciente sobre la que actúa la mente consciente. En esa base inconsciente reside la memoria genética de la especie en forma de arquetipos, que son patrones de pensamiento y acción que desde la trastienda fijan límites simbólicos a la acción de los individuos y las comunidades. También en el espacio inconsciente de la mente se acumula la experiencia individual del sujeto y actúa sobre él aunque este no lo perciba.

Desde el punto de vista de la sabiduría el hombre accede a un comportamiento sensato solo cuando es capaz de hacer consciente las pulsiones inconscientes que ordinariamente condicionan sus actos. Tal resulta ser la vía central del trabajo sobre sí que el hombre debe hacer. Confucio, en su tratado denominado Ta Hio ("El gran estudio"), se refiere a este aspecto del comportamiento sensato de los hombres sabios, describiendo el proceso interior que precede a la toma de decisiones de un buen gobernante. Según Confucio, cuando un sabio soberano de la antigüedad quería poner orden en el imperio empezaba por poner orden en su casa. Para poner orden en su casa ordenaba sus pensamientos, y para ordenar sus pensamientos ponía orden en su corazón (centro de la conciencia y asiento de la mente). Para poner orden en su corazón, él escrutaba los móviles ocultos de sus propios actos. En este lenguaje, con la palabra oculto se alude a lo que no es inmediatamente manifiesto para el yo consciente. Se supone que el esfuerzo de hacer consciente lo que está en uno, pero que por alguna razón el sujeto no repara en ello, exige un temple moral que no es común, porque significa que en ese acto extraordinario de autoconocimiento, el sujeto está dispuesto a mirar cara a cara sin atenuantes ni autocomplacencia lo que en él no está conforme a la ética ni se corresponde con su dignidad. Se trata de lo que en el tratado Ta Hio se designa con la expresión "perfeccionar los conocimientos morales", o escrutar el "principio de las acciones".

El hombre sabio, conforme a esta enseñanza de Confucio, es aquel que tiene la calidad ética para enfrentarse a sí mismo y mantiene una relación fluida y alerta frente a su interioridad más profunda.

En esa relación no solo se trata de tener el coraje de asumir lo que Jung llama la "sombra" de la psique (ver capítulo II del libro *Aion*, contribución a los simbolismos del sí-mismo de Carl Gustav Jung), esto es, el aspecto oscuro que cada cual tiene dentro de sí en estado potencial, sino la capacidad más sutil de percibir las proyecciones que el inconsciente realiza en el acontecer objetivo, tanto a nivel individual como a nivel social. Esto incluye necesariamente en el sujeto una capacidad para percibir dónde fallan las concepciones exactas del intelecto calculador, con las que pretende definir las cosas de un modo unívoco para ordenar el mundo conforme a sus aspiraciones e intereses personales y de grupo. Pues está comprobado científicamente que las delimitaciones taxativas de las cosas que caracterizan el discurso humano civilizado, como las magnitudes de espacio y tiempo, que para la ciencia son y deben ser fijas, influidas por una función psíquica, todo puede relativizarse, y las magnitudes fijas devenir elásticas y hasta ser reducidas a cero (ver el libro *Interpretación de la naturaleza y la psique*. C. G. Jung, donde desarrolla la teoría de la "sincronicidad" y el contenido psíquico de las coincidencias significativas). Asimismo, está comprobado que una buena parte de los hechos que a los hombres les toca vivir personalmente u observar ocurren en coincidencias significativas con sus contenidos inconscientes, por lo que queda en evidencia que el acontecer así llamado objetivo no es tal en el sentido que el intelecto lo concibe, sino que es un correlato analógico del acontecer psíquico más profundo. Por eso puede afirmarse también que la realidad asume frecuentemente, para un sujeto determinado, un comportamiento simbólico capaz de reflejar su interioridad.

Con estos antecedentes provenientes de la psicología analítica y coincidentes con la cosmovisión del *Libro de las Mutaciones*, estudiado por Jung, se puede entender aspectos de la historia de la antigüedad que el positivismo científico había relegado al ámbito de las ficciones imaginativas de los tiempos precientíficos y prefilosóficos. De lo que podemos concluir que la realidad –al ser conocida no solo desde la parcela consciente de la mente, sino por una psique integrada que incluye la actividad inconsciente– deja de ser racional a la manera como lo pretende el intelecto, aunque no irracional. Así todo el conocimiento que hemos elaborado desde la razón, entendiendo por tal la facultad discriminadora de la mente que divide la realidad para distinguir aspectos, ámbitos, causas, efectos, semejanzas y diferencias, ha estado fuertemente influida por intereses y aspiraciones cuya satisfacción solo se logra encuadrando la realidad en denominaciones y magnitudes fijas, y rechazando todo lo que pueda desafiar ese modelo de representación y la actitud misma que lo ha generado.

La sabiduría o conocimiento del sentido, pues, nace del conocimiento de las mismas expresiones del sentido, y si la palabra sentido indica dirección y supone el movimiento y el cambio, las expresiones del sentido se hallan en la totalidad del mundo, considerado antes que nada como un macroorganismo en perpetuo cambio, lo cual va desde el ciclo de las estaciones y la floración vegetal, hasta los cambios más sutiles que operan en el organismo y la psique humana.

Para el hombre el sentido consiste primero en el desarrollo pleno y armónico de su potencial vital y psíquico, es decir, aquello que lo habilita para ser un habitante del mundo en plenitud. Por eso la relación del hombre con el hombre y consigo mismo será conforme al sentido, en la medida de que no obstaculice ese desarrollo pleno y armónico.

La sola existencia en el mundo de un ser como el hombre que viene a él trayendo ese potencial interior es suficiente para entender el sentido del quinto mandamiento del decálogo: "No matarás". Como también el carácter maligno del daño que los hombres se hacen mutuamente y que da por resultado la inhibición, cuando no la anulación, del complejo de posibilidades que cada cual contiene en sí, es decir, todas las formas de explotación y opresión del hombre por el hombre.

En la cultura primigenia el hombre tenía un conocimiento empírico del complejo dinámico del mundo, el cual podía ser muy profundo y vasto, aunque no como un saber al que se accede por intelección mediante la razón. Esta suposición se basa en el hecho de que las representaciones de las diferentes fases del movimiento universal en las imágenes lineales del sistema de las mutaciones de China procede de la prehistoria, y que los símbolos de los trigramas básicos que generan todo el sistema remiten a ideas metafóricas de formas y energías de la naturaleza, procedentes de la experiencia milenaria de una humanidad que vivió inserta en el orden natural sin el soporte cultural de la civilización. A la misma conclusión se puede llegar en el estudio de cualquiera cultura indígena como es el caso de la mapuche y su "mapudungun" o habla de la tierra.

Más atrás se dijo que la cultura china es la mejor dotada para darnos una idea de lo que fue la sabiduría del hombre natural antes del surgimiento de las grandes culturas, pues esa visión del mundo como movimiento o mutación, diferente de una sabiduría que ponga su énfasis en la consistencia del ser, en China no fue olvidada por los que llevaron a cabo la empresa civilizadora, sino que fue codificada y trasmitida a través de las edades, y considerada como válida para todos los tiempos, en el entendido de que la organicidad del movimiento universal está operando constantemente según leyes inherentes a la naturaleza de los seres. Por eso, en los tiempos primitivos o en la más sofisticada civilización habrá siempre movimientos cíclicos –como la sucesión de las cuatro estaciones– y movimientos lineales, que nacen y se desarrollan en etapas sucesivas sin retroceso ni repetición de la secuencia. Y en todo tiempo se generarán procesos de cambio en los cuales se puede distinguir cuándo se hallan en su estado inicial de germen, al que sigue la secuencia de su desarrollo, hasta la culminación de su intensidad propia en su etapa de auge, a la que sigue la declinación hasta su extinción o cierre del proceso. Asimismo siempre permanecerá idéntica en su índole la naturaleza de las fuerzas creativas y las fuerzas receptivas, y las variantes que resulten de la interacción de ambas. Esto se dice del comportamiento de todos los seres del universo, como también de la pareja humana y de la misma polaridad que rige la psique, y que determina su doble comportamiento consciente e inconsciente, intelectual e intuitivo.

En esta cosmovisión, que resulta obligada para una sociedad que vive inmersa en el orden natural, la sabiduría consiste en el discernimiento de la índole del movimiento y en la justa medida de los actos humanos en todas las fases de su evolución, respetando las leyes del desarrollo gradual, con lo cual el habitante del mundo ocupa el lugar que le corresponde en el concierto universal.

La codificación de esa sabiduría de la cultura primigenia en China habría empezado en el cuarto milenio antes de Cristo, y se atribuye al mítico soberano Fu-Hi o Tai-Hao la representación en símbolos lineales de todas las fases del movimiento. Esto, que fue un sistema de símbolos cuyo contenido y aplicación era parte de la tradición oral, evolucionó hasta fines del segundo milenio antes de Cristo, cuando el patriarca de la dinastía Tchou, el así llamado rey Wen, organizó el canon del sistema de las mutaciones, agregando textos epigramáticos a cada símbolo, en cuanto estos representaban fases del destino que requerían un dictamen para la guía de la conducta humana en cada coyuntura. Así nació el libro más antiguo del mundo, llamado *I Ching* o *Libro de las Mutaciones*, piedra fundacional de la cultura china, el que en el siglo VI antes de Cristo fue estudiado y comentado por Confucio y su escuela, hasta adquirir la forma que hoy tiene, estructurada en tres etapas: la etapa simbólica originaria, la guía de los dictámenes y la época de los comentarios confucianos.

Como se trata de una doctrina basada en la organicidad del acontecer en el tiempo, su texto efectivamente propone situaciones de la vida del hombre en sociedad, en el orden natural, y de la relación del individuo consigo mismo. Por su grado de abstracción como estructura del suceder es aplicable a los hechos de cualquiera época, y puede percibirse cómo su dinámica propia abarca y explica los acontecimientos de toda la historia conocida del pasado y del presente.

En esta cosmovisión, y participando de la cosmovisión de todas las sociedades que han vivido insertas en el orden natural, el acontecer universal es un solo acontecer, lo cual deriva, de una concepción unitaria del cosmos, lo que a su vez unifica el acontecer subjetivo con el objetivo. En consecuencia, todo lo que acontece influye en el todo, y todo lo que acontece en las profundidades de la psique humana influye también en el todo, y más aun, tiene el poder de polarizar el espacio-tiempo, conformando un paralelismo analógico, por el cual el acontecer objetivo deviene un reflejo del acontecer interior.

El *Libro de las Mutaciones* o *I Ching* es el desglose de la acción permanente del Tao (el sentido) en el ámbito de la sociedad humana. Su concepción del tiempo no es mecánica, es orgánica. Hay ciclos del tiempo que se expanden a manera de oleadas y que afectan a todos los hombres, de manera que lo que es posible esperar como resultado de nuestros actos en un ciclo determinado no es posible obtenerlo en otro ciclo.

A esa concepción del tiempo están referidos todos los dictámenes en los que se confronta el quehacer humano con alguna fase del acontecer global (tiempo), en la que es preciso, por ejemplo, "cruzar la gran agua", esto es, emprender la realización de un proyecto de mayor envergadura y riesgo; o abstenerse de actuar; o contentarse con pequeñas realizaciones, en atención a que, en una dimensión superior del espacio-tiempo en evolución, se dan o no las condiciones para actuar en el sentido que se desea.

Tchuang Tse (sabio Chino del siglo III a. C.), en su antología de ensayos filosóficos (*Les Péres du Sisteme Taoiste* de Leon Wieger), cuenta el caso de un joven de familia humilde cuyo talento para las artes marciales fue detectado por un prefecto local del imperio y enviado a la capital para su educación. Un tiempo después, otra familia de la localidad, al ver que el hijo de un vecino había sido beneficiado por poseer talento para el manejo de las armas, se hizo presente ante la autoridad local para recomendar a uno de sus hijos para el mismo oficio. El funcionario imperial en esa coyuntura estimó que el recomendado era un hombre peligroso dadas las condiciones políticas del momento y ordenó que le cortaran un pie.

En esta organicidad del tiempo se distinguen los conceptos de "duración", por una parte, y de "desarrollo gradual", por otra. La duración es lo propio de las creaciones humanas realizadas conforme al sentido (Tao); y el desarrollo gradual es el modo natural de crecimiento y el desafío que el tiempo orgánico opone a las pretensiones de las empresas humanas. Un dictamen del *I Ching* sostiene que una demora conveniente en la realización de un proyecto es lo que el sujeto necesita para templar su carácter, a fin de adaptar sus pretensiones al ritmo de los procesos naturales (*I Ching*, Capítulo "El Conflicto").

En la totalidad del texto del libro se presupone que el acontecer tiene raíces trascendentes y procede de un macrosistema de fuerzas combinadas cuya trama abarca el universo todo. En su conjunto ese macrosistema es la expresión del Tao como principio (ser supremo) y como sentido (ley eterna). La ley eterna antes de estar expresada en una preceptiva oral o escrita es la descripción de su manifestación en todas las coyunturas posibles que el organismo del espacio-tiempo pueda hallarse en relación con la vida y los actos humanos.

En una comparación con la Ley de la cultura israelita, esta se revela al profeta líder de los hebreos antiguos como la expresión de la voluntad de Iahvé, pero para un pueblo que se había distanciado definitivamente de la antigua conciencia participativa, por la que el acontecer humano era parte del acontecer natural. La Ley de Israel está destinada a ser el sentido del actuar humano, pero solo en un mundo de hombres, libres ya de su participación psíquica consciente en el orden natural. En ese sentido da la impresión de que la revolución monoteísta se distanció del paradigma natural en el que sus ancestros estuvieron inmersos, porque algo de la religión cósmica quedaba en los cultos paganos.

Pero el interés que puede suscitar para nosotros el *I Ching* como una codificación de la sabiduría cósmica primigenia es que fue destinada a regir como ley fundamental de un orden civilizado. En este hecho único en el historial de la cultura humana se halla la explicación de la longevidad del imperio chino y su cultura ética, aun en los tiempos más difíciles de su devenir político, como los misioneros jesuitas franceses y españoles del XVII nos informan.

Para el tema que nos hemos propuesto desarrollar en este ensayo, el *I Ching*, como libro sapiencial, presenta el interés de derivar de esa sabiduría cósmica, que emana de la organicidad original del espacio-tiempo, una concepción del deber ser humano coincidente con la concepción bíblica del hombre. Lo interesante en esto reside en el hecho de que el modelo de hombre subyacente en este libro emerge justamente del paradigma de un orden originario.

Con relación a esto, es interesante recordar que cuando los jesuitas franceses fueron a China a estudiar su cultura in situ, con el propósito de conocer las bases de un orden social que a ellos les parecía digno de ser estudiado, se cuidaron mucho de llamar la atención y ser detectados por las autoridades. Este anonimato de un grupo de religiosos occidentales en China solo pudo ser mantenido por breve tiempo. Eventualmente la información llegó a oídos del emperador, quien hizo llamar a estos religiosos extranjeros, no para hostigarlos ni amenazarlos, sino para saber cómo estos europeos habían asimilado lo esencial de la cultura china, si eso era posible. Los jesuitas comparecieron ante el emperador, quien con mucha amabilidad y protocolo los recibió en la sala del Gran Estudio. Interrogado acerca de sus investigaciones sobre el idioma y la literatura sapiencial china, el sacerdote que hacía de cabeza del grupo fue desafiado por el emperador a leer pasajes del *I Ching* y a formular comentarios pertinentes, lo cual el sacerdote hizo con entera soltura y mucha inteligencia. El emperador grandemente sorprendido le dijo que nunca se habría imaginado que un europeo fuera capaz de algo semejante. Después le formuló una pregunta interesante para el tema que nos ocupa: si él como sacerdote católico veía alguna incompatibilidad entre el *I Ching* y su Evangelio cristiano, a lo que el jesuita respondió que no veía ninguna incompatibilidad en el ámbito doctrinal, pero sí en el hecho de que este libro fuera consultado como oráculo.

Debían pasar cuatro siglos antes de que la psicología analítica moderna descubriera la fenomenología del inconsciente para explicar científicamente por qué la consulta del *I Ching*, mediante un nexo que une el acontecer objetivo y los contenidos profundos de la psique, puede describir con fidelidad la situación en que se halla una determinada persona en medio del juego de fuerzas que están conformando su destino. Con todo, dejaremos de lado este aspecto del

I Ching, por cuanto constituye una modalidad cultural ajena a nuestra estructura mental, en tanto que el contenido del texto, por las razones dadas antes, tiene una relación inevitable con el fluido del destino individual y social de los hombres de cualquiera época.

El punto en que incide la concepción ética que se desprende de esta cosmovisión reside en primer lugar en lo que este libro designa con el nombre de "hombre superior". En la versión castellana realizada por la doctora Lola Hoffmann, la traductora, después de una acucioso estudio, define al hombre superior, mencionado constantemente en el *I Ching*, en los siguientes términos: "Este representa a un sujeto capaz de examinar y corregir continuamente sus errores, de estructurar su destino (plan de vida) en forma soberana y vivir en comunión con las energías cósmicas visibles e invisibles".

En este resumen de la excelencia ética propuesta por el *I Ching* hay varios supuestos. Examinar y corregir constantemente sus errores sin abandonar nunca el trabajo sobre sí mismo supone que el sujeto busca conocerse para obrar rectamente en toda circunstancia de la vida. Esto solo lo puede hacer si antes ha tomado la decisión de seguir aquello que en filosofía confuciana se denomina la "Ley del Cielo", cuya regla de oro es hacer a los demás lo que uno quiera que los demás nos hagan a nosotros, como también la versión negativa de esta sentencia; lo que a su vez es posible solo si el sujeto ama a su prójimo como a sí mismo. Estructurar el destino en forma soberana significa que nuestro plan de vida emana de una libertad verdadera, la cual es el resultado de la visión justa de las cosas. Vivir en comunión con las energías cósmicas visibles e invisibles consiste en ajustar el orden construido al orden dado. Esto último se resume en la célebre sentencia de Confucio que reza: "La sabiduría consiste en conocer el don del cielo y lo que se debe agregar de sí".

Es interesante examinar los tratados anexos atribuidos en parte a Confucio, que se redactaron para explicar el canon original de *I Ching*. En uno de esos textos se dice que los "santos sabios de tiempos antiguos, obraron en sí mismos la concordancia con el Tao y su Virtud, y de acuerdo con ello establecieron el orden de lo recto. Al penetrar con el pensamiento el orden externo hasta el fin y la ley de su propia interioridad hasta el núcleo más profundo, arribaron a la comprensión del destino".

En otro texto se dice que "los santos sabios de tiempos antiguos hicieron el *Libro de las Mutaciones* de este modo: Ellos quisieron escrutar los órdenes de la ley interior y del destino. Establecieron en consecuencia el Tao (sentido) del Cielo y lo denominaron lo luminoso y lo oscuro (Yang y Yin). Establecieron el Tao (sentido) de la Tierra y lo denominaron lo firme y lo blando. Establecieron el Tao (sentido) del hombre y lo denominaron el amor y la justicia" (*Shuo Kua o Discusión de los trigramas*, Cap. I vs. 2).

En un pasaje de su *Gran Tratado* (Ta Chuan. Cap. I vs. 5) Confucio dice: "Lo creativo inaugura los grandes comienzos y lo receptivo consuma las cosas creadas". A este pasaje, el sinólogo Richard Wilhelm agrega el siguiente comentario acerca de lo creativo: "produce los gérmenes invisibles de todo devenir. Estos gérmenes son, al comienzo, de naturaleza puramente espiritual, por eso frente a ellos no cabe ninguna acción, ningún tratamiento. Es el conocimiento, la comprensión, frente a ellos lo que obra en forma creativa. Mientras lo creativo actúa en lo invisible y su ámbito es el espíritu, el tiempo, lo receptivo, actúa en la materia distribuida en el espacio y consuma las cosas realizadas, espaciales. Se retrotrae aquí el proceso de engendramiento y nacimiento hasta sus últimas profundidades metafísicas" (Comentario al artículo 5 del *Ta Chuan*).

A continuación de esa cita de Confucio viene inmediatamente esta otra: "Lo creativo conoce por medio de lo fácil. Lo receptivo es capaz por medio de lo simple" (Capítulo 6 del *Ta Chuan*). A lo que Wilhelm agrega: "Lo creativo es en su esencia movimiento (energía). Mediante el movimiento logra con toda facilidad la unión de lo separado. De este modo continúa sin esfuerzo guiando los movimientos iniciales de lo ínfimo. Por el hecho de que la dirección del movimiento ya queda determinada en el germen ínfimo (la semilla) del devenir, lo que sigue se desarrolla con toda facilidad conformándose a sus leyes normativas. Lo receptivo es en su esencia quietud. Gracias a la quietud se hace posible lo más simple en la existencia espacial. Tal simplicidad, surgida gracias a la pura receptividad, es luego el germen de toda la multifacética variedad espacial" (comentario al artículo 6 del *Ta Chuan*).

Con estas afirmaciones Confucio se estaría refiriendo al universo todo, aunque, de hecho, visto desde la situación del hombre como habitante del mundo, desde un centro en el espacio terrestre como referencia básica, lo que está explicando, considerado desde un punto de vista religioso, es cómo crea Dios el mundo y con qué leyes fundamentales lo pone en actividad. El pasaje es interesante en cuanto nos revela los principios de lo que fue la sabiduría cósmica de los antiguos, la cual fue común a todos los pueblos y un don de la primera dispensación, según Lanza del Vasto.

La ausencia de complicaciones intelectuales en el discurso revela que para el sabio chino la redacción de estos textos obedece solamente a lo que hemos denominado un "saber de salvación", y corresponde al propósito de un hombre civilizado y culto como Confucio, por ponerse en sintonía con lo que fueron las aptitudes intuitivas de los sabios de la antigüedad.

No es otro el tenor del siguiente párrafo del tratado confuciano que estamos analizando (Cap. I, vs. 8 del *Ta Chuan*): "Mediante la facilidad y la simplicidad se abarca y comprenden las leyes del mundo entero, en ello se ve realizada la consumación" (esto es, el verdadero logro de la vida humana). Prescindiendo de la mecánica del intelecto especulativo que hace filosofía, estamos aquí en presencia de la intuición pura.

La ciencia moderna en su esfuerzo por entender el porqué y el cómo del mecanismo del universo está limitada por una racionalidad discriminadora que solo es capaz de describir y medir los fenómenos en su diversidad, elevándose hasta un modelo matemático de representación del universo. De lo que es incapaz la ciencia es de intuir la organicidad del movimiento como la infraestructura dinámica del cosmos, en la cual va involucrada la propia psique humana que la intuye. Esa y no otra ha sido la comprensión del mundo que tuvo el hombre de la remota antigüedad, y no como un saber que se posee y del que queda un registro escrito como tal, motivado por un ansia innata de conocer, propia del civilizado, sino porque en ello le iba su vida y la de su comunidad. Es un saber para vivir. La imagen del hombre como un ser ansioso de conocerlo todo corresponde a un tipo humano de las civilizaciones hiperdesarrolladas.

La perfección estructural del *Libro de Las Mutaciones* nos sugiere cómo ha debido ser la sabiduría que compartían todos los pueblos de la tierra desde el neolítico hacia atrás. Esa sabiduría, puramente oral y de fundamento empírico, evolucionó con el desarrollo del lenguaje desde el ámbito de la pura intuición al de las formulaciones verbales, las que en la oralidad y la memoria han debido adquirir formas canónicas tradicionales de formulación. Las representaciones lineales de las fases del movimiento atribuidas a Fu Hi (quien habría vivido según la cronología histórica clásica entre el 3462 y el 3398 a. C.) corresponde a una época más evolucionada, pues se percibe en este hecho el propósito de abstraer la casuística del acontecer y representarla en un sistema que abarque todas las situaciones. Eso corresponde a una fase más avanzada de la cultura, aunque el habla no intervenga con explicaciones suplementarias.

Se dice que de esta concepción del mundo participaron todos los pueblos en la prehistoria; con esto no se pretende afirmar que esa ciencia que sistemáticamente enseña el *I Ching* estaba difundida por toda la tierra habitada, sino que tal fue la experiencia del mundo de todos los grupos humanos que vivieron insertos en el orden natural y el tipo de sabiduría que emanó de esa experiencia. Se quiere señalar que la estructura mental de todos los pueblos antiguos presupone una experiencia bipolar del acontecer natural y común a todo el género humano, de lo cual se perciben vestigios en todas las tradiciones, pues la dialéctica de lo creativo y lo receptivo comienza en el propio organismo del hombre y la mujer. La evolución que va de ahí hasta el supremo ritual del sacrificio al Cielo oficiado por los antiguos soberanos chinos en la cima del monte Tai Chan, para lo cual se elaboraba un símil de ambos términos de la bipolaridad cavando una fosa y apilando al lado la tierra extraída de ella en forma de una eminencia; corresponde a los milenios transcurridos desde la época en que el territorio estuvo poblado por etnias trashumantes hasta la síntesis cultural que generó el organismo social del imperio de los Tchou.

La constitución de un sistema de representaciones lineales de toda la casuística del acontecer, atribuida a Fu Hi, es aludida por Confucio en otro párrafo de su tratado en los siguientes términos: "Los santos sabios (Fu Hi) establecieron los signos para que pudieran percibirse en ellos visualmente los fenómenos (IV milenio a. C.). Añadieron los dictámenes (rey Wen) con el fin de mostrar la ventura y la desventura que se sigue de tales situaciones" (Capítulo II, versículo 1 del *Ta Chuan*).

Sobre el *Libro de las Mutaciones* ya constituido, establecida la secuencia de los signos y añadidos los respectivos dictámenes, Confucio emite la solemne declaración de que él "contiene la medida del Cielo y la Tierra, por eso es posible abarcar y estructurar con él el sentido (Tao)" (Capítulo IV, versículo 1 del *Ta Chuan*).

Sobre esta afirmación de Confucio, Richard Wilhelm comenta lo siguiente: "Este capítulo parte de los misteriosos nexos que guardan los símbolos del *Libro de las Mutaciones* con la realidad. Precisamente porque en este libro se da, según él, una perfecta imagen del cielo y la tierra, un microcosmos que contiene todas las relaciones posibles, resulta factible calcular con sus elementos todos los movimientos de los complejos referenciales correspondientes" (comentario al versículo, Cap. IV del *Ta Chuan*). Pero el mismo Wilhelm ante esta afirmación suya, se plantea la cuestión siguiente: "hasta qué punto el *Libro de las Mutaciones* puede constituir semejante imagen del cosmos" (en el entendido de que se trata de una de las empresas más ambiciosas del conocimiento humano de que se tiene noticia). En su respuesta el sinólogo recurre al argumento de autoridad: "se trata de una obra de hombres dotados de inteligencia cósmica que han depositado su sabiduría en los símbolos de este libro".

Y en efecto, una lectura acuciosa del *Libro de las Mutaciones* deja la impresión de que las diversas situaciones en que los hombres pueden hallarse en su vida han sido descritas exhaustivamente, cubriendo toda la casuística de la existencia. La posibilidad cierta de que este sistema generado por la interacción del principio creativo y el receptivo se aproxime a ser un modelo de la estructura del acontecer en su totalidad podría hallarse en la concepción china del cosmos, no desde el punto de vista del ser, sino del cambio, esto es, del movimiento, generado constantemente por la interacción de lo creativo y lo receptivo. Y si efectivamente, como parece, nada puede escapar a esa polaridad, es decir, todo lo que ocurre es susceptible de ser incluido en el ámbito de uno u otro de los términos de esa polaridad, el conocimiento del mundo es tal no en referencia a las cosas y criaturas en su singularidad, sino en cuanto su comportamiento tiene una determinada índole en referencia a dicha polaridad global. En relación con esto la antropología moderna ha observado que para los pueblos indígenas, cuya vida transcurre en armonía con el orden natural, la tendencia mental que formula el conocimiento del mundo incide sobre el carácter fasto o nefasto de todo lo que ocurre en el medio natural de su entorno, poniendo énfasis más en el comportamiento (o naturaleza) de las cosas que en lo que podríamos llamar su esencia.

En ese sentido es interesante la analogía que se percibe entre la antigua cosmovisión del pueblo mapuche originario de Chile con la del *Libro de las Mutaciones*. Los mapuches de Chile reconocen la existencia de un dios supremo creador del universo, el cual es una divinidad bisexual. Es padre y madre del mundo. En las rogativas solemnes llamadas "nguillatunes" en su idioma (mapudungun), los oficiantes de esos rituales invocan a este dios jefe ("Nidol") del panteón de los dioses, como si en él hubiese dos personas que son como el padre y la madre ancianos del pueblo, y otras dos personas que se supone son hijos de esos ancianos progenitores (¿divinidad familiar?). Al padre anciano lo llaman Fücha y a la madre anciana la llaman Cusé. La pareja joven está constituida por un doncel "Hueche Huentru" y una doncella "Ulcha Domo".

Del contexto de las plegarias en que se mencionan a estas cuatro personas, como integrantes de la divinidad suprema, se entiende que esa divinidad bisexual que es padre y madre de los mapuches corresponde a una representación mitológica de una intuición fundamental, es decir, la bipolaridad de lo creativo y lo receptivo, de cuya interacción se genera la infinita variedad del universo.

En el *Libro de las Mutaciones*, se habla de lo creativo y lo receptivo como si el Tao (principio) tuviese dos aspectos, uno paterno y otro materno. El aspecto paterno, que corresponde al monosílabo Yang, es lo creativo; y el aspecto materno, denominado por el monosílabo Yin, es mencionado por Lao Tse como madre de todos los seres. La analogía con la cosmovisión del pueblo mapuche reside en que a esta pareja del Yang y del Yin en el *Libro de las Mutaciones* se le agrega el calificativo de anciana, y junto a ella surge otra pareja de Yang y Yin con el calificativo de joven.

En ambas concepciones se echa de ver que la pareja anciana está formada por las vigas maestras de la creación (energía y forma) que son fijas y fundamentales, en tanto que la pareja joven corresponde a esos mismos principios pero en la acción de renovar constantemente las formas de la energía de la vida. Por eso en el *Libro de las Mutaciones* a ambos agentes de la pareja joven se los denomina "renovadores", y en las rogativas mapuches se los invoca con el mismo calificativo.

Aclarado esto, las consecuencias que se desprenden de un conocimiento del mundo basado en la mutación, esto es, la naturaleza de las cosas y criaturas según lo que enseña el *I Ching*, muestran que el Tao (el sentido) no se capta en la referencia al ser de las cosas, sino en la índole del movimiento que se percibe en las mutaciones de su comportamiento en un mundo donde matemáticamente no existe el presente; lo que existe es el cambio permanente. Da la impresión de que la sabiduría del primitivo, que es un saber empírico y de vital importancia para la vida de la tribu, abstrajo de su experiencia de la realidad los únicos principios por medio de los cuales es posible vivir la unidad del orden como una experiencia.

Este tratado de Confucio (*Ta Chuan*) se inscribe dentro del vasto ámbito de la sabiduría que regía la cultura de la dinastía Tchou, cuya doctrina religiosa había substituido al antiguo Soberano del Cielo, personificación monoteísta de las épocas más remotas, simplemente por el Cielo. Este cambio en que el pensar se vuelve más poderoso que las aptitudes de la mente humana para simbolizar, metaforizar, personificar y revelar verdades fundamentales por medio de la ficción narrativa, no le resta al Cielo de los Tchou y de Confucio su carácter de Dios supremo y único.

Por su parte, Lao Tse al estar situado, como Confucio, en una época en que la cultura Tchou entraba en decadencia, busca la recuperación del sentido perdido, postulando a un ser supremo que es conjuntamente principio único y vía de realización universal. Lo que Lao Tse anhela es un retorno al camino de los santos sabios del origen, de ahí que en vez del cielo confuciano, él ponga el énfasis en el Tao, o la "vía" por excelencia. Es lo que parece significar al emplear en su *Tao Teh King* para designar al Tao, un ideograma compuesto por la testa de un maestro, los márgenes de un camino, y sobre él, la huella de un pie humano, composición cuyo significado es claro: la enseñanza, la vía de realización y el acto de encaminarse por esa vía asumiendo la enseñanza. Aunque lo emplearan todas las escuelas de sabiduría de la época (había más de cien) en sus escritos, en el caso del *Tao Teh King* tiene una connotación especial, por cuanto desde el primer verso del primer capítulo, Lao Tse nos advierte que el Tao que puede ser explicado no es el Tao eterno (el que está por sobre el proceso histórico del auge y la decadencia, y las elaboraciones de la mente). Con relación a esto, en el capítulo IV del *Tao Teh King*, se lee lo siguiente: "El Tao fluye sin cesar, pero en sus efectos no desborda, jamás". Esta afirmación es una preparación para la conclusión final de ese capítulo: "¿Hijo de quién? No lo sé, parece anterior a Dios" (Ti).

En este capítulo se contiene un dejo de ironía respecto del ser supremo concebido por la sabiduría de Tchou, cuyo sistema religioso cayó en los mismos errores de tantos teólogos antiguos que, al traducir y explicar las verdades de la fe contenidas en el lenguaje profético de la revelación bíblica, contuvieron la palabra inspiraba por el espíritu en una matriz racional cuya lingüística difícilmente se aviene con ella.

En este contexto, los primeros versos del Capítulo IV del *Tao Teh King* antes citados conllevan la intención de decir que en el afán constructivista de la civilización de los Tchou cayó en la desmesura, la que preparó su decadencia. Esa desmesura es aludida en el texto con el verbo "desbordar". Con esas palabras Lao Tse invita a los hombres a constatar que el flujo creativo del Tao trae infinidad de cosas a la existencia, pero que todo se realiza en su perfecta medida. Esta admonición es dirigida a los gobernantes para que sus actos de gobierno sigan fielmente el Tao de los santos sabios de la antigüedad que supieron interpretar la Ley Eterna, y gobernaron conforme a ella sin desbordar los límites de las acciones humanas exigidos por la índole del movimiento perceptible en cada mutación del acontecer.

En el *Tao Teh King* hay otro capítulo concebido para devolver al ser supremo su absoluta trascendencia por sobre los condicionamientos que significaron para la doctrina de la fe de los antiguos el culto al Supremo Cielo de la cultura de los Tchou. El capítulo XXV en sus versos finales dice así: "El hombre sigue la ley de la Tierra, la Tierra sigue la ley del Cielo, el Cielo sigue la ley del Tao, y el Tao sigue su propia ley".

Lao Tse sigue la misma vía de reflexión de tantos filósofos que se han referido al ser supremo como el Uno, (capítulo XXXIX). Pero en el capítulo XLII Lao Tse pone al Tao por sobre el Uno, en los términos siguientes: "El Tao engendró el Uno, el Uno engendró al Dos, el Dos engendró al Tres y el Tres engendró todas las cosas". Siguiendo la interpretación de León Wieger, el Uno es aquí la virtud creadora del Tao considerado como principio. El Dos corresponde a la dialéctica de lo creativo y lo receptivo; y el Tres, a la totalidad de las cosas generadas por esa bipolaridad. Se discute si el primer verso figuraba en el original, pues hay versiones del *Tao Teh King* que lo omiten, identificando así al Tao con el Uno.

Pero si el original incluía ese primer verso, lo que Lao Tse estaría diciendo es que el Tao, como principio creador, escapa a toda determinación, incluso al concepto de lo Uno.

En el capítulo IV, versículo 3 del *Ta Chuan*, *Gran Tratado* de Confucio, se lee lo siguiente:

> Al tornarse el hombre parecido al Cielo y a la Tierra no entra en contradicción, con ellos. Su sabiduría que abarca todas las cosas y su sentido (Tao) ordena el mundo. Por eso no comete ninguna falta, obra por doquier, pero en ningún caso se arrebata o se apasiona, (lo que Lao Tse denomina "desbordar"). Armonizado con el Cielo, conoce el destino, de ahí que vive libre de preocupaciones. Acepta sin oponer resistencia su situación y es auténtico en su benevolencia, por eso es capaz de vivir en el amor.

La primera frase de esta cita está basada en el supuesto de que el hombre, en virtud de una ley de analogía universal, posee disposiciones psíquicas que reproducen, como en un microcosmos individual, el par Cielo y Tierra. A esta analogía se refiere Confucio cuando dice que para conocer al hombre hay que conocer el Cielo.

Si en los dos aspectos el hombre está armonizado con ambos se podría decir que en él se cumple lo que Lao Tse denomina la Ley Eterna. Las consecuencias de esta armonía entre el microcosmos humano y el macrocosmos es la posesión de una sabiduría que abarca todas las cosas y su sentido. El hecho de que el texto de Confucio no diga solo "todas las cosas", sino que agregue "y su sentido", está aludiendo al hecho de que es solo el sentido (esto es, la naturaleza de las cosas o la índole del movimiento que les son propios) lo que da la comprensión de la actividad del mundo en su totalidad, no todas las cosas ni los fenómenos en su infinita variedad.

"Conociendo el sentido de todas las cosas", dice Confucio, "el hombre está en condiciones de ordenar el mundo". En este pasaje el sabio se está refiriendo, de preferencia, al buen gobernante, aunque esa referencia tácita incluye otras que conciernen a todo hombre a quien le cabe alguna responsabilidad en el orden de la sociedad, sea gobernante, ministro, funcionario o simple jefe de hogar.

La frase en que dice "Por eso no comete ninguna falta" se puede asimilar a lo que en el Antiguo Testamento de la Biblia se entiende por "hombre justo", calificativo que deriva de la palabra "justicia", con la que se designaba la integridad de un hombre que cumple fielmente los preceptos de la Ley de Dios. Esta analogía resulta distante, por una parte; pero, por otra, puede resultar más próxima si introducimos en la teología bíblica el concepto de "sentido". Así, cabe responder a la pregunta ¿Qué es la Ley? (la Torah de Israel). Desde un punto de vista religioso, y por eso específicamente bíblico, es la voluntad de Dios en lo que concierne a su pueblo, manifestada por revelación a su profeta, Moisés. Pero desde una perspectiva histórica, esta respuesta puede resultar incompleta, pues antes de que existiera la Torah había también una Ley de los hebreos, que pudo haber tenido una forma canónica oral como expresión del orden cultural (siempre sagrado). Si por esta vía retrocedemos a los tiempos remotos, nos encontramos con que es del orden natural que los jefes espirituales y legisladores de las tribus extrajeron las enseñanzas básicas del orden normativo de la sociedad, fenómeno operado por una conciencia participativa y una mente analógica. Así nos remontamos hasta el "sentido" originario, el cual, de hecho, también es revelación en cuanto el "ser así" del mundo es el lenguaje cósmico de Dios. Y podemos desandar el camino que conduce hasta las etapas de la evolución en que la cultura se constituyó en la convivencia de comunidades cada vez más numerosas, pueblos y naciones, lo que permite definir la Torah de Israel como una expresión de la revelación del sentido, esto es, el Tao del pueblo hebreo, pero desvinculado ya de todo elemento cosmológico.

Esa desvinculación convierte lo que antes fue sabiduría intuitiva y experiencia del mundo en una revelación venida de Dios para el orden constituido al interior de numerosas comunidades. Lo que antes fue sentido del orden universal es ahora mandato de una potestad invisible y todopoderosa.

La ausencia de elementos cosmológicos explícitos en la verdad hebrea se explica entonces como una condición de la revolución monoteísta, y la razón de esta exigencia proviene del hecho de que las religiones paganas en algún sentido son derivaciones tardías de la sabiduría natural prehistórica, en las cuales ya se ha perdido la medida de lo justo. El poder único (el Uno de Lao Tse), que crea y gobierna el universo, se ha diversificado en numerosas potestades personales que inspiran a los sabios y gobernantes una sabiduría civilizadora que rompe el equilibrio de la medida y la justicia natural. Esa ruptura en el Génesis está encarnada en Caín, el héroe civilizador. La breve historia que a él concierne contiene todos los elementos para entender que con el advenimiento de ese tipo humano al mundo, el orden construido "desbordó" el orden dado originario por una motivación subjetiva del hombre.

Un ejemplo particularmente impactante de la ruptura de la justicia natural aparece en el *Tao Teh King* de Lao Tse en el capítulo LXXVII, en los siguientes términos: "El camino del Cielo se asemeja al arquero que tensa su arco, rebaja lo alto, eleva lo bajo, aminora lo excesivo, completa lo insuficiente, porque la vía del Cielo consiste justamente en aminorar lo excesivo y completar lo insuficiente. El camino del hombre es diferente: sustrae al que tiene poco para añadirlo al que tiene en demasía".

El mérito de la sabiduría china consistió entonces en la clara conciencia de que ha habido una sabiduría proveniente del orden originario, como también la clara conciencia del imperativo que se cierne sobre los hombres, sobre todo los gobernantes, de no perderla y seguir siéndole fiel aun en las condiciones históricas de una sociedad constituida como un imperio poderoso de dimensiones continentales. Esto porque el orden originario es reconocido por los sabios chinos como el orden verdadero, y la civilización como una excrecencia que se ha generado desbordando la medida por una carencia interior de los mismos hombres que la han construido.

En la cita del tratado confuciano que estamos analizando se dice también que este hombre "justo" que no comete ninguna falta "obra por doquier, pero en ningún caso se arrebata, se apasiona". Este pasaje es interesante, porque en él se establece un paralelismo estrecho entre el comportamiento del orden natural y el modelo humano propuesto. Según Lao Tse la acción del Tao, como se percibe en la actividad del orden natural, se realiza sin desbordar jamás; hace lo justo para que cada cosa participe del concierto universal sin traicionar su naturaleza, lo que contrasta fuertemente con la tendencia del hombre a desviarse del recto sendero por razones personales y de grupo y crecer en la desmesura. Esta reflexión cuadra adecuadamente con los juicios del apóstol Pablo acerca de la ley mosaica (Torah), en el sentido de que le fue revelada a Moisés para poner en orden a una sociedad compleja donde las transgresiones al orden tradicional se iban haciendo cada vez más numerosas (Gal. 3,19).

En esa misma cita, hay un pasaje que dice "Disfruta del Cielo y conoce el destino, de ahí que está libre de preocupaciones". La expresión "disfruta" para definir la relación de este tipo humano con el Cielo, según el comentario de Richard Wilhelm, "manifiesta la armonía interior en forma de perfecta sabiduría que disfruta gozosamente del Cielo y comprende sus designios". Un equivalente bíblico de este pasaje, entre otros, se halla en el extenso salmo 118 (119 de la Biblia hebrea), en cuyo versículo 11 y siguientes dice: "Yo llevo vuestra palabra escondida en el fondo de mi corazón para no pecar contra ti. Bendito seas, Señor, enséñame tus leyes, mis labios enumerarán todos los decretos de tu boca. Yo encuentro mi alegría en la observancia de vuestras órdenes, más que en toda riqueza. Vuestros preceptos son el objeto de mi meditación; yo fijo mi mirada sobre vuestras sendas, vuestras leyes hacen mi delicia, y jamás olvidaré yo tus palabras".

Con la expresión "Disfruta del Cielo", Confucio se refiere a la misma alegría que manifiesta el salmista de conocer el sentido de la vida expresado en la Ley revelada por Iahvé. Es el gozo del espíritu de saberse situado en la verdad, lo que no deja lugar alguno a la angustia existencial del que enfrenta la vida en la incertidumbre que emana de la sola confianza en sí mismo y en otros que actúan del mismo modo. La frase que dice "Por eso es que está libre de preocupaciones" expresa esa plenitud interior que da la comprensión del sentido.

El capítulo LIX del *Tao Teh King* se refiere a esta armonización de la conducta humana con los mandatos del Cielo, en los siguientes términos:

> Para cooperar con el Cielo en el gobierno de los hombres nada es mejor que la moderación (no desbordar). La moderación permite prevenir, previniendo se fortalece el espíritu, fortalecido el espíritu se está a la altura de toda situación, estando a la altura de toda situación se alcanza una capacidad sin límites. Cuando se alcanza una capacidad sin límites se está en condiciones de gobernar. Poseyendo está madre del buen gobierno se puede durar largo tiempo. Es lo bien arraigado y el sólido tronco, 1a vida perdurable y la perpetua iluminación.

Estar a la altura de toda situación es el supremo ideal de quien tiene altas responsabilidades, y eso, en lo que al gobierno de los hombres se refiere, según Lao Tse, no se alcanza por el estudio de una supuesta ciencia política; tampoco por la fuerza, por maniobras, estrategias o planes, sino por un crecimiento interior cualitativo. La expresión "capacidad sin límites" se refiere a la comprensión de una alta sabiduría, a lo que Confucio se refiere en el texto que estamos analizando cuando dice: "Su sabiduría abarca todas las cosas y su sentido". Esta capacidad sin límites implica también el uso de una energía interior que no se agota como ocurre en los quehaceres mundanos. El Mahatma Gandhi es un buen ejemplo de este tipo humano, como también el apóstol Pablo, quien explica a sus discípulos la procedencia del vigor vital que lo asiste de la siguiente forma: "Todo lo puedo en aquel que me fortalece" (Fil. 4,13).

Pero lo más interesante de este pasaje del texto que estamos comentando aparece al final del párrafo correspondiente: "Está contento con su situación y es auténtico en su benevolencia. Por eso es capaz de vivir la experiencia del amor". El interés de este pasaje reside en el hecho de que una sabiduría cósmica, basada en la estructura bipolar del acontecer, pueda culminar en el amor y la benevolencia. Y el amor en su más alto grado, a juzgar por lo que dice Lao Tse en su *Tao Teh King*, esto es, el amor a los adversarios.

De esta más alta forma de amor da cuenta Lao Tse en algunos epigramas del *Tao Teh King*. En el epigrama LXIII dice que el hombre sabio "responde al odio con la virtud". En el epigrama LXII se pregunta: "A los hombres que no son buenos ¿por qué habría que rechazarlos?". En el epigrama XXXI dice: "El que mate gran cantidad de hombres (en una batalla) debe llorarlos con pesar y con luto. La actitud del vencedor del combate debe ser la que conviene en las ceremonias fúnebres".

El autor del *Tao Teh King* se define a sí mismo como un hombre cuya vida se sustenta en la posesión de tres "tesoros". En el capítulo LXVII, en su segunda estrofa dice: "Tengo tres tesoros que cuido y conservo (como lo más preciado), el primero es el amor, el segundo es la frugalidad, el tercero es la humildad. Por el amor se puede tener coraje, por la frugalidad se puede ser generoso, por la humildad se puede ser el guía de los hombres. Pretender tener coraje sin amor, ser generoso sin frugalidad, guiar a los hombres sin humildad, eso es marchar hacia la muerte. El amor es victorioso en el ataque e invencible en la defensa. Cuando el Cielo quiere salvarnos, nos protege con el amor".

Esta cita es particularmente interesante por su final "Cuando el Cielo quiere salvarnos nos protege con el amor", pues en ella se afirma que el Cielo tiene una voluntad respecto de los hombres, y es fundamentalmente benéfico; más aun, el tesoro más preciado del hombre, que es el amor, procede del Cielo.

En el mismo sentido deben entenderse los versos finales del capítulo LXII que dicen: "¿Por qué los antiguos apreciaban tanto este Tao?" (principio creador, vía de realización). Porque se dice de él: "el que pide recibe, el que ha pecado será perdonado, he ahí por qué es el bien más preciado del mundo".

En lo que se refiere a los otros dos tesoros, la versión castellana que se ha dado puede explicarse por el contexto de todo el libro. La palabra frugalidad, si bien se usa en castellano en referencia a la moderación en la comida y la bebida, en este caso alude a la moderación o mesura, lo cual incluye también la sencillez voluntaria de la vida. Richard Wilhelm traduce la referencia al tercer tesoro como "No osar ponerse a la cabeza del mundo", traducción literal que por el tenor de los versos siguientes debe entenderse como eso que en castellano llamamos "humildad".

La referencia al poder del amor en términos figurados de estrategia militar, es decir, ataque y defensa, destacan la fuerza del amor en el sentido que Lao Tse lo concibe a lo largo de todo su libro, como "Jen", esto es "humanidad", "Teh" o "virtud" en referencia a los hombres, y como "Tzu", palabra que se traduce como "simpatía universal". Un amor que viene a ser como el estado normal de un hombre que vive la plenitud interior y que abarca todo; no solo a los hombres, sino a todas las cosas como una actitud básica de benevolencia para con todo, cuya base es la humilde aceptación de su situación en el mundo, que es mirada como voluntad del Cielo.

En el capítulo LXII del *Tao Teh King*, Lao Tse proclama la bondad fundamental del Tao (o del Cielo, según la teología de la época): "El Tao es la morada de todos los seres, el tesoro de los buenos y el amparo de los perversos. Con las bellas palabras hasta se puede comerciar con ellas, con una conducta honorable se es recibido siempre como un regalo, pero a los hombres que no son buenos ¿por qué habría que rechazarlos?".

En este pasaje se sugiere que el Cielo no hace acepción de personas, beneficiando por igual a buenos y malos. De ahí Lao Tse deduce que el hombre, para cooperar con el Cielo en el gobierno del mundo, no debe ser proclive a discriminar a los hombres rechazando a los que no son buenos sin más por ser lo que son (concordar con Mateo 5, 43-45).

Es muy sutil la relación que hay entre esos versos y los dos anteriores. Se trata de una referencia a los hombres mencionados en el tercer verso del capítulo XXXVIII: "El hombre de virtud inferior se considera virtuoso por eso carece de virtud". Así se entiende eso de las "buenas palabras" (palabras de buena crianza) y de la "conducta honorable" (hombre intachable), que configuran los rasgos del "gentleman" o del fariseo minucioso cumplidor de la Ley, de los tiempos de Jesús. Esos son tipos humanos que se dan en todas las culturas y cuya característica más relevante es la autocomplacencia que les confiere la conciencia de pertenecer a una élite de moralidad, a la que se asocia indefectiblemente un rechazo despiadado de lo imperfecto y un juicio condenatorio inexorable sobre los que se deslizan fácilmente hacia lo incorrecto.

Siguiéndole la pista a esta transferencia de la sabiduría cósmica a la convivencia humana conforme a la Virtud del Tao (o del Cielo) es que Lao Tse deduce cómo debe ser el comportamiento del verdadero hombre sabio frente al dilema del bien y del mal en la sociedad de los hombres. En el capítulo XLIX del *Tao Teh King* dice: "El sabio no tiene sentimientos propios (cuando gobierna), hace suyos los sentimientos del pueblo. Con los buenos es bueno, con los que no son buenos también es bueno. Tal es la bondad de la Virtud. Con los hombres fieles es fiel, con los que no son fieles también es fiel. Tal es la fidelidad de la Virtud". Un tal modo de proceder emana obviamente del ejemplo que da el Tao en el gobierno del mundo al no hacer acepción de personas, pues el Tao es también el amparo de los perversos.

Una aplicación de este principio es el que motiva el texto del capítulo XXXI que en un pasaje dice: "En la victoria no debe haber regocijo, porque aquel que quisiera regocijarse lo haría por dar muerte a los hombres, y quien se regocija de matar hombres no puede guiar a los hombres". Más adelante aparecen los versos antes citados que dicen: "El que mate gran cantidad de hombres (en la batalla); debe llorarlos con pesar y con luto".

De este modo Lao Tse asume en plenitud el mandamiento que dice: "No matarás". Mandamiento difundido por todo el mundo, pero permanentemente transgredido por las exigencias del ego personal y de los intereses de los diversos grupos humanos, culturas, partidos, naciones, razas, imperios, etc. Ese respeto por la vida humana per se, sin hacer acepción de personas, se entiende por cuanto el hombre es el nexo que une el Cielo y la Tierra. La cita de Lao Tse que dice "El hombre sigue la ley de la Tierra, y la Tierra sigue la ley del Cielo" está referida a la misma concepción trascendente de lo humano que se percibe en la siguiente cita de Confucio: "Al tornarse el hombre semejante al Cielo y a la Tierra no entra en contradicción con ellos. Su sabiduría que abarca todas las cosas y su sentido es capaz de ordenar el mundo". Así, lo que hoy podríamos llamar la "función consciente" de la especie humana es lo que permite decir en la China antigua que el modelo del hombre, encarnado en el soberano, es un "Hijo del Cielo"; es lo que quiere decir el autor del Génesis cuando enseña al pueblo de Israel que Dios hizo al hombre a su imagen y semejanza. En el mismo sentido debe entenderse la solemne declaración de Confucio en el sentido de que para conocer al hombre antes hay que conocer al Cielo (*El medio invariable*, Chung-Yung). Todo lo cual culmina en las palabras con que Jesús se define como un enviado de Dios que no hace nada por sí mismo, sino que es el Padre el que actúa y habla por él.

Confucio, como maestro que vivió en el seno de una gran cultura, cuando explica el contenido del *Libro de las Mutaciones* procedente de varios milenios anteriores, da la impresión de que se esfuerza por sintonizar su mente civilizada con los patrones de pensamiento de épocas remotas. En otro capítulo de su Gran Tratado dice: "Aquello que hace surgir una vez lo 'oscuro' y una vez lo 'luminoso' es el Tao" (sentido). Ambos principios son los agentes que hacen posible todo lo creado. Su máxima expresión es el par Cielo y Tierra, cuya asociación determina la imagen física y visible de la totalidad, la plataforma terrestre y la bóveda, del firmamento. Tal es el sentido de la primera frase de la Torah de Israel: En el principio creó Dios el Cielo y la Tierra ("Bereshit bara Elohim et ha shamaim veet haretz"). Es interesante el paralelismo analógico que esta frase solemne en hebreo puede tener con la cita de Confucio a que se hizo mención. La Torah nos presenta así a Dios como creador antes de toda referencia concerniente a él en sí mismo. Este texto deja la impresión de que él constituye el nexo de la ley de

Israel con toda la sabiduría que le precedió en el tiempo, pues el principio de todo es el par cielo y tierra. El hombre apareció en el mundo como un ser vivo que pobló la tierra y actuó en ella bajo la influencia trascendente de todo lo que se extendía hasta el infinito sobre su cabeza, dotado de una facultad mental que le permitía entender el sentido de su vida en el ámbito terrestre presidido por el ámbito celeste, lo que antes hemos denominado el sentido originario.

Asimismo esta analogía es interesante por las referencias que ambos textos hacen a lo luminoso y lo oscuro. Tradicionalmente todos los pueblos antiguos simbolizaban la tierra con el color negro por ser un elemento de la cosmología antigua no susceptible de ser atravesado por la luz. La oscuridad contrasta con la luz por las cavidades de la tierra y las sombras proyectadas por los cuerpos y la noche, en tanto que la luz va y viene de lo alto. Por eso en el texto hebreo la tierra es asociada a un caos tenebroso. En el mismo sentido se dice que Dios creó la luz, y enseguida separó la luz de la oscuridad, llamando a la luz día y a la oscuridad (tinieblas) noche. Esta analogía resulta tanto más próxima cuanto que hasta la cita de Confucio antes comentada, el autor ha empleado las palabras día y noche para referirse a lo que, a partir de ese capítulo, llamará en abstracto lo oscuro y lo luminoso. Richard Wilhelm atribuye este cambio de lenguaje a una versión más tardía del texto confuciano en su comentario a los tratados anexos que explican el *I Ching*.

La parquedad del lenguaje de Confucio a veces no permite entender de inmediato el sentido de su texto en ciertos pasajes. El versículo siguiente dice: "Como continuador es bueno, como consumador cabal es la esencia" (*Ta Chuan*, Cap. V, versículo 2). Aquí 1a palabra "continuador" está referida a la interacción permanente de los agentes primarios de la creación, esto es al perpetuo reengendramiento del estado de tensión provocado por esta polaridad, de la cual resurgen constantemente nuevas creaciones. Confucio califica esta actividad creativa como fundamentalmente buena. El equivalente bíblico de esto es la reflexión que el autor del Génesis pone en boca de Dios, en el sentido de que todo lo hecho en los seis días de la creación era bueno: "Y vio Dios que era bueno".

A un hombre de los tiempos actuales, que ha visto imágenes de las más remotas lejanías del universo captadas por los grandes telescopios, no se le vendría a la mente calificar de bueno o malo lo que aparece en las placas fotográficas, como las más impactantes formas naturales visibles en las diferentes galaxias, nebulosas, agujeros negros, constelaciones o cuerpos celestes de nuestro sistema solar o de otros. Porque esas imágenes, que por cierto no mienten, corresponden a un logro de la tecnología para el cual el hombre natural no está originalmente dotado. Así, tanto el texto de Confucio como el de la Torah se explican por una experiencia del todo diferente de lo que llamamos Cielo y Tierra. La estructura mental de la modernidad occidental es un constructo intelectual enteramente extrapolado del sentimiento de pertenencia al todo que el hombre de la antigüedad tenía. Es la objetividad de lo otro vista solo desde la parcela consciente de la mente y en la actitud de quien busca el conocimiento en el supuesto inconsciente de que su búsqueda afanosa del saber, de hecho, constituye un acto de poder sobre el objeto conocido; aunque sea registrando su existencia, midiendo sus magnitudes de espacio y tiempo, describiendo sus características y acumulando el saber adquirido en el archivo de los diferentes modelos de representación del universo que se vienen sucediendo desde Galileo y Newton hasta hoy.

En mi libro *La Poética del Acontecer*, capítulo 10, titulado "Del Cielo", se lee lo siguiente: "El Cielo de Galileo no es el Cielo de Confucio. Ambos levantan su mirada al mismo firmamento pero ven cosas distintas, esto es, cielos que se repelen entre sí. El cielo de Galileo es un vacío ilimitado en perspectiva demarcado por cuerpos celestes. No se compadece el cielo galileano con el 'Padre nuestro que estás en el cielo', que el sabio rezaba en sus noches estrelladas antes de dormirse, con la conciencia tranquila, ante las objeciones de la Santa Inquisición. El cielo de Confucio proyecta las imágenes primordiales de todo lo que toma cuerpo en la plataforma de la tierra, mientras Galileo con su telescopio no ve más en él que lo que está capacitado para ver todo hombre que se aventure a mirar el mundo con un solo ojo. El Cielo de Confucio gobierna sobre el Imperio gravitando sobre los soberanos y los ancestros fundadores de la dinastía reinante. El cielo de Confucio es anterior a la invención de la perspectiva. Está ahí como en la concavidad de una bóveda esférica. Es un ícono de geometría estelar dotado del poder de dar sentido al acontecer de la historia humana". Con ese lenguaje he querido expresar la diferencia que se percibe entre lo que un sabio de la cultura china de Tchou designa con el nombre de Cielo, y lo que ha llegado a ser en la modernidad, el cielo de los astrónomos y astrofísicos. Lo específico de esa diferencia reside en que, para Confucio, no obstante todo su refinamiento cultural como súbdito de un gran imperio, el sentimiento originario de pertenencia al todo está tan vivo en él como en el primitivo. El cielo para Confucio es una presencia, y su relación con él es una experiencia que se genera en lo más profundo de su interioridad. De esa experiencia los sabios soberanos vinculaban el orden terrestre con sus raíces celestes por medio de una relación personal, por una parte, y litúrgica por otra. Esas raíces son imágenes primordiales que el cielo proyecta, con las que el hijo del Cielo tiene el poder de dar forma tangible a las realizaciones de su gobierno de la sociedad.

Por eso Confucio en sus Analectas habla de la voluntad del Cielo, en el sentido de una voluntad superior de confiarle a él mismo el legado de Tchou, porque su intención manifiesta, no obstante la decadencia del imperio en el siglo VI a. C., es que esa cultura no se extinga.

En lo que se refiere al término "esencia", incluido en la cita anterior del tratado de Confucio que estamos analizando, "Como consumador cabal es la esencia", se trata de aquello que hace que una cosa sea singularmente lo que es en sí misma y permita distinguirla de otras cosas, vale decir, el mismo significado que esta palabra tiene en los idiomas europeos. Dicho así al pasar, cabe notar que en esta mención se percibe la preponderante atención que la sabiduría china atribuye al concepto de mutación por sobre el ser de las cosas como antes se dijo.

La referencia al Cielo como Tao del Cielo, o vía del Cielo en el *Tao Teh King*, muestra que Lao Tse no rechazaba esa denominación propia de la doctrina de los Tchou, y que la usaba a veces en el mismo sentido que la palabra Tao. El pasaje en que él dice que los antiguos apreciaban tanto al Tao "porque quien pide recibe, y quien ha pecado será perdonado" tiene el mismo tenor que algunos dictámenes del *Libro de las Mutaciones* que se refieren indiferentemente al Cielo o a la Divinidad. En el segundo caso se trata del recuerdo de las épocas en que la referencia de los Tchou al Cielo estaba personificado en lo que antes se llamaba el Soberano del Cielo.

Las siguientes citas del *Libro de las Mutaciones* nos sitúan frente a esa entidad trascendente y todopoderosa que los Tchou llamaban Cielo en los mismos términos con que en el relato de la Creación del Génesis y siguientes partes de la Tovah se habla de Dios como Elohim y Iahvé. En el hexagrama 14 llamado "La posesión en gran escala", en el dictamen correspondiente a la última línea, se lee lo siguiente: "Se coloca bajo la benéfica influencia del Cielo y todo marcha bien". En el hexagrama "La opresión" el dictamen correspondiente a la segunda línea contiene el siguiente pasaje: "Es importante allanar impedimentos en lo invisible mediante ofrendas y oraciones". En el hexagrama "La dispersión", en el dictamen correspondiente a la imagen, se lee lo siguiente: "El corazón debe conmoverse con una piadosa emoción abriéndose con religioso respeto hacia la eternidad. Así, se estremece al vislumbrar al creador de todas las cosas y se une con un patente sentimiento de fraternidad en el acto solemne de adoración a la divinidad".

En el hexagrama "La posesión en gran escala", específicamente en el dictamen "La imagen" se lee lo siguiente "El hombre superior reprime el mal y fomenta el bien, obedeciendo a la buena voluntad del Cielo". En el mismo capítulo en otro de los dictámenes se lee: "El Cielo lo colma de bienes", aludiendo a una de las variadas actitudes que el Cielo o el antiguo Soberano del Cielo manifiesta al intervenir en el destino de ciertos hombres virtuosos para favorecer o recompensar su virtud. En el hexagrama 16 ("El Entusiasmo"), el dictamen "La Imagen" dice: "Los reyes de la antigüedad se valían de la música para honrar los méritos. La ofrecían, espléndidamente, en sacrificio a la Suprema Deidad. Invitaban a sus ancestros a tomar parte". En este caso se trata también de un recuerdo de los tiempos en que esa Suprema Deidad llevaba el nombre de El Soberano del Cielo. En el hexagrama 20 ("La Contemplación"), en el texto introductorio, dice que el símbolo que representa la contemplación alude a un soberano que contempla en lo alto la Ley del Cielo y abajo las costumbres del pueblo, dando, al mismo tiempo, un ejemplo a las masas con un gobierno adecuado. La expresión Ley del Cielo, en singular equivale a lo que Lao Tse llama la Ley Eterna.

La cita que se puede extraer del hexagrama 20 del dictamen "El Juicio" es la que más proximidad muestra entre el Cielo como Deidad Suprema y lo que en la Biblia hebrea se llama Dios (en su denominación Adonai, esto es el Señor): "Se ha realizado la ablución, mas no la consumación. Llenos de confianza los hombres elevan su alma a Él". El comentario correspondiente a este dictamen, redactado por la escuela confuciana, dice: "El ritual del sacrificio en China se iniciaba con una ablución y una libación, invocando de este modo a la divinidad. Enseguida se consumaba el sacrificio. El lapso entre estas dos ceremonias era el momento más sagrado, el tiempo de la más profunda concentración interior. Si la piedad es sincera y firme en la fe, la Contemplación produce sobre los asistentes al sacrificio un efecto transformador, digno de respeto. También en la naturaleza se observa un rigor sagrado en la regularidad con que operan los fenómenos. La Contemplación del sentido divino de los sucesos universales confiere al hombre llamado a influir sobre los demás, los medios necesarios para producir efectos similares. Para esto se necesita de concentración interior, tal como aquella producida en la contemplación religiosa de los grandes hombres firmes en su fe. Esto les permite examinar los misterios y las leyes divinas de la vida. Así, con la más profunda concentración de la mente, el hombre consigue realizarse. De estos hombres emana un secreto poder espiritual que influye en los demás sin que ellos adviertan cómo ha ocurrido este fenómeno".

En el hexagrama 25 ("La Inocencia"), el comentario que sigue al primer dictamen dice así: "El ser humano recibe del Cielo la natural bondad que dirige todos sus actos. La devoción a este principio divino hace del hombre un ser inocente y puro. Así puede hacer el bien con sencillez y seguridad instintiva; está ajeno a pensamientos secretos con respecto a premios o conveniencias. Esta seguridad instintiva trae supremo éxito, siempre que el sujeto sea perseverante.

Sin embargo, no todo lo instintivo corresponde a lo más elevado de nuestra naturaleza, es tan solo lo justo lo que está de acuerdo con la voluntad del Cielo... Confucio dice: 'Quien se aparta de la Inocencia ¿adónde llegará? La voluntad y la bendición del Cielo estarán lejos de sus acciones'".

Este comentario deja en claro que la bondad verdadera en un hombre es un don del Cielo. Es como si la bondad atribuida al Cielo se reflejara en él. De ahí deriva indirectamente una distinción que es posible hacer entre "virtud" y "moral", lo cual proclama un sencillo y antiguo refrán popular chileno que dice: "La virtud es divina, la moral es humana". En este dicho popular subyace el supuesto, por demás inteligente, de que la moral es compulsiva en cuanto el recto obrar en ella resulta de un esfuerzo que el sujeto debe efectuar para hacer lo que espontáneamente no le nace hacer por naturaleza. En tanto que quien ha recibido el don de la virtud, se siente inclinado espontáneamente a obrar rectamente y a amar a su prójimo.

También es interesante este comentario por la imagen que contiene del ser supremo llamado aquí Cielo, como si este estuviera dotado de una personalidad que actúa reflejando su bondad en los hombres, o ejerciendo influencias específicas que actúan sobre los humanos en virtud de una voluntad e incluso bendiciendo, como se puede apreciar por el advenimiento de hechos venturosos que se avienen con la excelencia ética de ciertos seres excepcionales.

Estas consideraciones sobre el Cielo confuciano, dirigidas a homologar esta denominación con lo que en las religiones monoteísta llamamos Dios, en el caso de la cultura china de los Tchou, no obstante su envergadura como gran civilización, continúa siendo lo que fue para los soberanos sabios y santos de la prehistoria, en el sentido de que se trata de una sabiduría cósmica. En el texto del hexagrama 20 del *I Ching*, citado anteriormente, el redactor, después de referirse en los más elevados términos al solemne sacrificio al Cielo que oficiaba el soberano, investido de la dignidad sacerdotal, no podía abstenerse de asociar esta alta liturgia humana con la organización del orden natural. Esto se aprecia en el párrafo que dice: "Así también en la naturaleza se observa un rigor sagrado en la regularidad con que operan los fenómenos. La contemplación del sentido divino de los sucesos universales confiere al hombre llamado a influir sobre otros los medios necesarios para producir efectos similares". Con lo cual se confirma una vez más que la fuente de la sabiduría china antigua fue siempre el orden natural, como lo fue también de todos los pueblos de la tierra que habitaron el mundo insertos en ese orden primigenio dado por el Cielo y la Tierra en su interacción.

En ese sentido es interesante citar el pasaje del *Sagrado Libro de la Historia* de Confucio, en que se nos informa que en la campaña militar encabezada por el fundador de la dinastía Tchou, Wu Wang, en contra del tirano Tche último soberano de la dinastía Yin. Mientras el ejército libertador atravesaba el territorio del imperio en dirección a la ciudad capital, el futuro emperador Wu Wang de Tchou iba dando respetuosas explicaciones de su proceder a los bosques, los ríos, las montañas y las bestias del campo que encontraba a su paso (*Chou King*, cuarta parte, capítulo primero), actitud en la que se transparenta una visión del mundo como una totalidad. El soberano no reinaba solo sobre hombres, sino que también era mediador entre el Cielo y la Tierra con respecto a todos los seres vivos y elementos que se hallaban dentro de las fronteras de su imperio, pues ha sido mediante la observación espiritual de los procesos naturales, incluido el proceso de la vida humana como correlato de todo acontecer, que los sabios y santos soberanos de la prehistoria captaron el sentido (el Tao) que todo lo mueve. En este punto reside la diferencia entre la espiritualidad bíblica y la de la sabiduría cósmica de esos siglos en China.

En el hexagrama 51 ("Lo Excitante o El Remezón" por su referencia al trueno y el rayo), el comentario que sigue al primer dictamen dice: "El remezón, que es una manifestación de la divinidad desde las profundidades de la tierra, atemoriza al hombre, mas el temor de Dios es benéfico; la felicidad y la alegría pueden venir enseguida. Cuando el hombre ha comprendido en su corazón lo que es el temor y el temblor, se halla resguardado contra cualquier terror proveniente del exterior".

Este pasaje interesa por cuanto en él se hace mención de lo que en la Biblia hebrea se denomina con el mismo nombre, esto es, el "temor de Dios", lo que los libros sapienciales del Antiguo Testamento califican como el comienzo de la sabiduría (Prov. 1, 7). Temor que es inherente a la fe en un ser supremo que recompensa la virtud y castiga la maldad y la insensatez.

Por último incluimos la cita del comentario al segundo dictamen del hexagrama 59, titulado "La Dispersión". En un pasaje se lee lo siguiente: "El egoísmo y la codicia aíslan a los hombres. Por eso el corazón debe conmoverse con una piadosa emoción, abriéndose con religioso respeto hacia la eternidad. Se estremece al vislumbrar al creador de todas las cosas. Se une a otros con el potente sentimiento de fraternidad generado en el acto solemne de adoración de la divinidad".

Volviendo a la revisión del *Gran Tratado* (*Ta Chuan*) de Confucio, en otro pasaje define al sentido, o Tao, como creativo y receptivo simultáneamente; tal como Lao Tse lo proclama en el primer capítulo de su *Tao Teh King* (base de la bisexualidad mitológica de la divinidad suprema). El texto correspondiente dice: "Como consumador cabal de las imágenes primarias se le llama Lo Creativo;

como reproductor se le llama Lo Receptivo" (*Ta Chuan*. Cap. V, vs. 7). Este texto es el que permite atribuir directamente a Confucio el largo comentario sobre Lo Creativo que aparece en el primer hexagrama del *Libro de las Mutaciones*. Richard Wilhelm, en su reconocida traducción del *I Ching*, sintetiza el contenido de ese texto en los términos siguientes: "La realidad se fundamenta en un universo de imágenes primarias (arquetipos), a las cuales en el mundo corpóreo corresponden sus reproducciones: precisamente las cosas reales. El universo de las Imágenes Primarias lo constituye el Cielo, el universo de las reproducciones es la Tierra. Allá la energía, aquí la materia, allá lo creativo, aquí lo receptivo, pero es el mismo sentido o Tao que cumple su actuación tanto en lo Creativo como en lo Receptivo".

El párrafo siguiente se refiere al conocimiento de lo por venir, pero no en el sentido de un texto mágico de adivinación, sino como una sabiduría que deduce acertadamente hacia dónde evolucionarán las cosas que han sido definidas por las Imágenes Primarias en el presente. Al respecto el texto dice que el debido conocimiento del Sentido (Tao) se vuelve una revelación. Esta aptitud del hombre sabio y santo devino don de profecía en el monoteísmo bíblico, mediante el cual Dios adelanta el conocimiento de los hechos por venir a ciertos servidores elegidos, sean o no autores de libros específicamente proféticos. Un ejemplo de esto es la certera visión que José, hijo de Jacob, tuvo de los años por venir al interpretar el sueño del faraón egipcio sobre las vacas gordas y las vacas flacas.

Richard Wilhelm, refiriéndose a este encadenamiento de sucesos cuyo resultado puede preverse, lo califica como un acontecer que puede devenir fatal como cerrado en sí mismo. Confucio anticipó esa fatalidad a juzgar por lo que sigue de su texto: "Como sirve para conocer las modificaciones mediante nexos vivientes, se le llama 'la obra'" (*Ta Chuan*. Cap. V, vs. 8). El comentario de Wilhelm a estas palabras se refiere a situaciones de congelamiento o estancamiento o rigidez por el debilitamiento del principio creativo, situaciones que constituyen la materialización de una fatalidad provocada por el sentir común de una comunidad que se ha alejado del sentido (Tao). Para salir de esos estados en que la evolución se detiene, el sentido (Tao) introduce una modificación que licúa por así decirlo, la rigidez soplando sobre el hielo un aliento primaveral, un espíritu de renovación y de retorno a la fluidez armónica de la vida. El hombre que logre por su ascendiente espiritual desmantelar el entramado de la rigidez, introducirá una fuerza regenerativa y según Wilhelm "creará algo orgánico, y la obra así creada tendrá duración en sí misma".

Por la validez universal de la bipolaridad de lo luminoso y lo oscuro (lo creativo y lo receptivo), por cuya misma naturaleza nada creado que pertenezca al mundo de la manifestación y entre en el vasto ámbito de lo mutante puede quedar fuera de ella, era necesario que Confucio concluyera sus reflexiones sobre este tema dejando en claro que hay algo que "no puede ser ponderado ni medido mediante lo luminoso y lo oscuro", eso se llama el "espíritu" (Ta Chuan. Cap. V, vs. 9). Richard Wilhelm agrega a estas palabras el siguiente comentario: "Las dos fuerzas fundamentales sirven, en su cambio y su recíproca acción, para explicar la totalidad de los fenómenos del mundo. Pero queda un ámbito superior que no puede ser explicado por este juego antagónico, el último ¿por qué? Esta última profundidad del sentido (Tao) es el espíritu, lo divino, lo inescrutable, aquello que debe honrarse con callada devoción. Con estas palabras lo que es sabiduría entra en el ámbito de la fe y el culto.

En otro pasaje anterior a este (*Ta Chuan*, Cap. V, vs. 4) Confucio se adelanta a llegar a este punto situado en la instancia anterior a la bipolaridad de lo luminoso y lo oscuro. Dice que ese aspecto del sentido, es decir, su raíz misma, "se revela como benignidad, pero esconde sus efectos (la percepción de su acción benéfica es conocida a posteriori). Vivifica todas las cosas, pero no participa de las preocupaciones del sabio santo. Su modo soberano, su gran campo de acción son lo más elevado que existe". Richard Wilhelm en su comentario a este pasaje dice: "Pero este efecto vivificante, al que todos los seres deben su existencia, es algo puramente espontáneo. No se asemeja a la consciente preocupación del hombre que, mediante sus afanes interiores, aspira al bien". Este comentario se explica en la medida en que los hombres viven en un mundo mezclado, que conserva parte de la virtud creadora del Tao, pero que en parte la ha perdido. La divinidad está fuera del tiempo y de la evolución que provocó el desborde de la medida originaria de las cosas en el orden humano. El mito chino de la desvinculación antigua del Cielo y la Tierra lo dice en síntesis. En ese sentido el texto del Génesis que comienza con la creación del Cielo y la Tierra parece partir de la base de que el Cielo está en la plenitud, mas no la Tierra, que yace en un caos tenebroso, el cual las palabras hebreas "Tohu va bohu" parecen expresar. Si tales palabras corresponden a vocablos referidos indirectamente a una lucha mitológica del genio del orden y del genio del caos, el texto, aunque aparentemente sería objetivo en su intención, podría contener veladamente el propósito de aludir a la creación de la luz como al advenimiento de la Torah (asociada siempre a la luz) a un mundo que hasta entonces se había mantenido en tinieblas por una concepción que desde sus orígenes es dualista y tenebrosa. Tal es el caso de la mitología mesopotámica cuya cosmogonía resulta precisamente de la lucha del genio del orden y el del caos, Marduk y Tiamat.

Para cerrar este capítulo sobre el tratado de Confucio que estamos analizando, cabe citar finalmente un texto en el cual el maestro sostiene que cada cual, según su propia estructura psíquica, considera al Tao poniendo énfasis en aspectos que se armonizan con su carácter personal (*Ta Chuan*, Cap. V, vs. 3). El texto dice: "El bondadoso lo descubre y lo llama bondadoso. EI sabio lo descubre y lo llama sabio. El pueblo lo emplea día tras día y nada sabe de él, pues el sentido del hombre superior es infrecuente".

En lo que se refiere a las dos primeras frases, es un hecho que la actitud de los hombres frente al ser supremo tiende veladamente a destacar aquello que se armoniza con las ideas fuerza y supuestos que se hallan previamente en su cosmovisión, dadas las inclinaciones de cada cual.

La visión de Dios que se trasmitió desde milenios de generación en generación en la confederación de principados de la India, por la proliferación de sus dioses, y por el ritualismo en extremo complejo y severo de sus prácticas religiosas, todo eso vino a ser atemperado después por una tendencia unificadora en la preeminencia (desde los Upanishads) de Brahmán, quien ha creado a los mismos dioses, los que al fin pasaron a ser solo representaciones parciales de sus atributos, los cuales nos proyectan una imagen de Dios que participa de todas las características de un ser supremo, pero al cual se llega mediante una sabiduría y unas prácticas que en última instancia son de la iniciativa y la responsabilidad del devoto. De ahí surge el concepto de "realizar a Dios" que es característico de las enseñanzas de los grandes maestros espirituales de India (Aurobindo, Isha, Kena y Mundaca, Upanishad).

La cultura china al poner su énfasis en la sabiduría nos trasmite una imagen del ser supremo impregnada de un conocimiento lúcido y profundo de sus manifestaciones en el orden universal, para acercarse con fe, devoción y confianza al Ti, esto es la Divinidad o "espíritu" que preside el concierto de su creación.

El cristianismo, al centrar toda su visión de mundo en la fe en Jesucristo, en principio trascendió la imagen del Dios legislador del Antiguo Testamento para substituirla por el Dios del amor y la misericordia: Dios, padre de los hombres, poniendo fin a ese miedo que nunca dejó de estar presente en los israelitas de los tiempos bíblicos. Lo mismo ocurrió en la concepción china del ser supremo que corona todo el entramado de su conocimiento del mundo. Concepción que vincula estrechamente lo visible y lo invisible, visualizando al Soberano del Cielo a través de la misma trama del cuerpo de su creación, mediante un conocimiento que trasciende la aparente consistencia de los fenómenos para unir todo el acontecer universal en la estructura de sus incesantes mutaciones. Esto es justamente lo que Confucio expresa en otro pasaje de su tratado explicativo:

"Lo que se sitúa por encima de la forma, se llama el sentido. Lo que se encuentra en la forma se llama el objeto" (*Ta Chuan*. Cap. XII, vs. 4).

Es la concepción del ser supremo como el "espíritu" inescrutable que preside desde un más allá todo el concierto universal. En el caso del *Libro de las Mutaciones* y de todo lo concerniente al rito y al culto en la cultura Tchou, presenta una característica que parece ser única y exclusiva de la espiritualidad china, la cual puede definirse como un conocimiento del mundo que, en sí mismo y en su progresivo desarrollo, va mostrando una imagen cada vez más clara, presente y próxima del ser supremo. El único que no puede ser discernido mediante las mutaciones generadas entre lo creativo y lo receptivo (su brazo derecho y su brazo izquierdo). Esta forma de aproximación a lo divino al parecer está ausente en las otras tradiciones espirituales del mundo, especialmente en la que es propia del monoteísmo hebreo y sus derivados, Cristianismo e Islam. La sabiduría hebrea no parece apta para formular una verdad tan profunda y a la vez sencilla como la formulada en la anterior cita de Confucio, pues este sabio, como todos los de la raza, nacieron con un carisma especial para la captación del sentido tras la apariencia de los fenómenos. Por su parte, los hebreos, como tantos otros pueblos, se sitúan ante los fenómenos como ante el mundo en que los situó Dios para que sacaran provecho de sus riquezas, pero el mundo para ellos no es nada fuera del sentido fijado por la Ley. No hay verdad en la sabiduría de las culturas ajenas a la Torah, no hay búsqueda de la verdad a partir de la observación que el hombre pueda hacer de los fenómenos del mundo. El mundo es una creación de Dios y su grandiosa apariencia da testimonio de su sabiduría y de su amor. En tanto que Dios, en la perspectiva de la Ley de Israel, al que Isaías califica de "oculto" (Is. 45, 19), es el ser supremo al que se accede por la palabra escrita en la Torah, la cual deviene como un reemplazo de lo que para los chinos fue el concierto universal. Así esta poderosa palabra separa a los israelitas de la sabiduría primigenia. Por eso la cita previa de Confucio es inconcebible en la mente de un doctor de la Ley.

Tal es la hegemonía de la Ley como cuerpo único del saber humano, que por ser una revelación de Dios, por una parte, y dada la vocación del pueblo de Israel, por otra parte, cuya misión fue la de traer al mundo la fe y el conocimiento del Dios único, creador y señor del universo, centró la mente de sus patriarcas, jueces, reyes, profetas y maestros en la realización de esa misión, con exclusión de los otros quehaceres de la cultura humana.

Diferente ha sido el caso de la misión sapiencial de los soberanos y maestros del pueblo chino, quienes desde los albores de la historia, e insertos en el orden natural, se abocaron con piadosa diligencia al estudio de la estructura dinámica del acontecer cósmico, explicitando en un conocimiento sistemático del orden mundial, el destino, los patrones de conducta y de pensamiento de los hombres en su contexto natural y social.

Ambos pueblos tuvieron así su ley fundamental y, con ella, el conocimiento del deber ser del orden humano. Solo que los chinos debieron conocer para la formulación de su ley, en la experiencia directa y la intuición pura, el ser así del mundo en que sus antiguas etnias estaban insertas desde la remota prehistoria, en la religiosa actitud de quien percibe tras la apariencia a aquel que los ancestros llamaron el Soberano del Cielo.

Pero volviendo a la cita de Confucio, "Lo que se sitúa por sobre la forma se llama el sentido. Lo que se encuentra en la cosa se llama el objeto", entendemos que se trata de una conclusión específicamente sapiencial, germen del sistema de las mutaciones que realiza el sentido global y eterno (*Tchang Tao*, Lao Tse), tras el cual está el espíritu inmutable e inescrutable que genera la trama del movimiento universal.

Por eso el reconocimiento que se halla en la Biblia de que el universo da testimonio de la sabiduría divina tiene más un carácter apologético que realmente sapiencial. En lo que se refiere a la sabiduría china se entiende bien que su actitud ante el cosmos es sabiduría real y no magia. Aunque de la doctrina del Yin y del Yang hayan derivado después algunas escuelas de magos (Richard Wilhelm. *Lao Tse y su obra*, capítulo IX).

Resulta esclarecedora esta distinción que pone a la cultura china en un lugar único entre todas las grandes culturas. Esa sabiduría, capaz de descubrir la clave que explica la actividad del mundo en su globalidad, deduciendo de ella las proyecciones del destino a partir de una situación dada, es la que permite comprender el verdadero significado de los hechos que ocurren hasta en la insignificancia de la rutina cotidiana de los seres anónimos. Y no solo comprender, sino también ponderar la verdadera magnitud e importancia de los hechos y las cosas en relación con su contexto. Contrariamente a lo que podría pensarse por la actitud de quienes hoy en Occidente se interesan y estudian el *Libro de las Mutaciones*, en su contexto histórico de los tiempos antiguos, ese conocimiento tan profundo como sutil de la actividad del mundo es el que tuvo el poder de revelar al ser supremo, no para culminar solo en alabanzas, sino para conocer su voluntad hasta en los más ínfimos sucesos. De ahí deriva la afirmación que hizo la doctora Lola Hoffmann, traductora del *Libro de las Mutaciones* al castellano, cuando, conforme a sus profundos estudios del texto, define al hombre superior propuesto como modelo humano como "un sujeto capaz de examinar y corregir continuamente sus errores, de estructurar su destino (plan de vida) en forma soberana y vivir en comunión con las energías cósmicas visibles e invisibles".

Por el contexto de lo que hasta aquí se ha tratado acerca del *Libro de las Mutaciones*, se entiende que esa comunión con las energías cósmicas tampoco es magia, sino conciencia del deber ser conforme a las situaciones mutantes de la existencia. Esto se dice con el propósito de evitar todo prejuicio proveniente, sobre todo, de la teología católica, muy sensible a todo lo que pueda presentar una apariencia mágica o panteísta. En ese sentido hay que decir que la magia que derivó de la doctrina Yin-Yang es una degeneración de la sabiduría contenida originalmente en ella, lo cual se dio de preferencia en el ámbito del taoísmo degradado de siglos posteriores a Lao Tse (R. Wilhelm).

Lo que sí pudiera objetar la teología católica es esta estrecha unión entre el Cielo y la Tierra, al punto de que durante la misma dinastía Tchou se designaba al ser supremo con el par Cielo-Tierra; como también esta misma estrecha vinculación entre el "espíritu", "uno" y autónomo que trasciende a su creación, con el ámbito bipolar de lo creado que se halla en perpetuo cambio. La objeción insinuada incidiría sobre la posibilidad de que en esa concepción del ser supremo y del mundo hubiese un trasfondo o supuesto fundamental panteísta. De tener que enfrentar una objeción de ese tipo, objeción que solo resulta válida en el ámbito del pensamiento bíblico, la respuesta no incidiría sobre la objeción misma, sino sobre lo de falso problema que se percibe en el planteamiento mismo. Para el pensamiento bíblico Dios ha creado el Cielo y la Tierra, lo visible y lo invisible; para el pensamiento chino del *Libro de Las Mutaciones* también el "espíritu", la "deidad" y "el Uno", el Soberano del Cielo, ha creado todas las cosas, pero a nadie que sea al menos un hombre medianamente sabio se le viene a la mente introducirse con su arsenal de conceptos en la naturaleza del vínculo que une al creador con su creación. Este vínculo existe y opera eficazmente, pero no se puede definir de manera conceptual. Existe porque el espíritu preside el movimiento y la bipolaridad que lo genera, pero entrar a definir si hay identificación entre el creador y lo creado, como si se pretendiera afirmar que Dios extrajo la materia prima del universo de su propia "substancia", eso sería entrar en el ámbito vano e indeseable de todas las construcciones intelectuales que el pensamiento helenístico de la teología europea elaboró para racionalizar la revelación contenida en las sagradas escrituras. Como decía Albert Einstein, "el universo se mueve"; frente a ese hecho todas las tradiciones espirituales del mundo se hallan en igualdad de condiciones. También todas esas tradiciones se hallan en igualdad de condiciones frente a la verdad de que el universo ha sido creado, y quien lo creó para todos es eso que podemos denominar con la expresión común de "ser supremo". Todos nos hallamos en igualdad de condiciones ante el hecho ineludible de que hay un cielo y una tierra, y que la relación entre ambos es de una naturaleza que todos pueden percibir igualmente. Que algunos saquen de eso conclusiones en un sentido o en otro no cambia una realidad que ha permanecido igualmente misteriosa para el hombre desde los milenios en que hizo su aparición sobre la tierra hasta hoy.

Pero en la cita de Confucio que se ha comentado quedó pendiente una última parte en la que el maestro parece emitir sobre el pueblo anónimo un juicio que no parece favorable. Se entiende que hay individuos de menores recursos mentales que los así llamados "hombres superiores" y que viven abocados a la rutina del quehacer cotidiano sin hacer consciente el hecho de que se están moviendo en un espacio donde todo lo que tocan sus manos y ven sus ojos son formas mutantes de un complejo dinámico universal movido por la constante interacción de lo creativo y lo receptivo (el Cielo y la Tierra). Pero esa clase de hombres insensibilizados para lo trascendente no se halla solo en la masa del pueblo, sino también entre los ricos comerciantes y las familias de castas superiores de la sociedad, pues el nacer en un clan de la nobleza no garantiza la posesión de la sabiduría.

La forma como Confucio ha redactado su texto en ese pasaje procede de la experiencia personal de haber vivido siempre rodeado de hombres provenientes de familias aristocráticas (como lo era él mismo) y que la mayor parte de sus discípulos pertenecieron a ese nivel social. No creo que Confucio, quien estaba consciente del aporte importante que la tradición folklórica de China hizo a la constitución del *Libro de los Versos*, haya ignorado que existe una sabiduría popular elaborada y formulada sobre las mismas intuiciones fundamentales en que se basa la sabiduría ilustrada consignada en los libros canónicos heredados del pasado y los que él mismo redactó para trasmitirla a las generaciones venideras. Es lo que cualquier antropólogo contemporáneo llega a saber si investiga "el texto hablado" de cualquiera tradición oral popular, especialmente en las paremiologías (refranes y sentencias) y en los cuentos. No otro era el rango de los ancianos del pueblo con quienes el emperador dialogaba en su viaje quinquenal por todas las regiones del imperio, pues esos hombres laboriosos y longevos, de quienes el soberano y sus letrados recibían información y enseñanza, eran los que en cualquiera tradición cultural del mundo podemos llamar "sabios populares anónimos". Y Dios sabe cuánto aportaron ellos a la misma constitución de la primera versión canónica del *Libro de Las Mutaciones*, elaborada por el patriarca de la dinastía Tchou, el así llamado rey Wen o Conde el Oeste, cuando fue arrestado por el tirano Tche. Esto pues se sabe que durante tres años recibió información de innumerables sabios anónimos que lo visitaron en el lugar de su exilio y contribuyeron con algún aporte a la constitución del libro en su primer ordenamiento con los dictámenes que él redactó para cada capítulo (*El I Ching*, traducción de Richard Wilhelm. Introducción sobre la historia del libro).

En la tradición oral popular de Chile hallamos refranes tales como: "No hay una sin otra"; "No hay primera sin segunda, ni segunda sin tercera"; "La virtud es divina, la moral es humana"; "El ojo verá bien siempre que la mente no mire por él"; "Los vicios son virtudes que se volvieron locas"; "La verdad corre por cauces de mentira"; "Cuando Dios no quiere ni con todos los vientos llueve"; "Cada uno en su casa y Dios en la de todos"; "Al más sabio se le va una punta"; "Echa a rodar la naranja, ella buscará su centro"; "Al cabo de los años mil vuelve el agua a su cubil"; "Vivimos sobre nuestras raíces, no sobre nuestras ramas"; "Siempre lo que ocurre es lo mejor"; "Todo puede suceder y nada también"; "Malo vendrá que bueno te hará"; "Para el hombre completo son mis respetos". Pensamientos de esta naturaleza dan testimonio de que el pueblo menudo vive en el contexto de una cultura de fundamento espiritual, y cualquiera sea el credo oficial vigente en la nación, hombres sabios y sencillos que no procuran sobresalir del nivel común han sido sus iluminados maestros, pues sin sabiduría no se puede vivir. Eso explica la limpieza moral que ha caracterizado a las familias de la gente sencilla de China, en cuyo seno la abuela ha ocupado un lugar destacado como autoridad y fuente de enseñanzas para el buen vivir del clan. Un eventual estudio de la paremiología popular china de seguro hallaría eco en la chilena y en la griega antigua si pudiera reconstituirse, pues es el pueblo campesino y no las élites del poder y la cultura lo que la humanidad ha tenido siempre en común, no obstante las diferencias de sus expresiones culturales superiores.

La sabiduría bíblica

El hecho de que la sabiduría del orden originario, donde la bipolaridad de lo creativo y lo receptivo (Cielo y Tierra) fuera la base del funcionamiento mental del hombre de la remota antigüedad en todas las latitudes del mundo y que solo con al advenimiento de las grandes civilizaciones los hombres alteraron ese orden, "desbordando" la medida, plantea la posibilidad de investigar de qué manera en la Biblia hebrea es posible percibir la vigencia inconsciente de esa actividad de la mente en las narraciones y aún en las reflexiones contenidas en los libros sapienciales. Esto no obstante la hegemonía de una fe que refiere todo al actuar de Dios como explicación única.

Al respecto, conocido es el pasaje del Eclesiastés (capítulo 3), donde el autor parece querer definir todo el acontecer conforme a una bipolaridad en los términos siguientes: "Hay un tiempo para todo; hay un momento para cada cosa bajo el Cielo":

> Hay un momento para nacer y otro para morir.
> Un tiempo para plantar y un tiempo para arrancar
> lo que se ha plantado.
> Un tiempo para matar y un tiempo para curar.
> Un tiempo para demoler y un tiempo para construir.
> Un tiempo para llorar y un tiempo para reír.
> Un tiempo para gemir y un tiempo para danzar.
> Un tiempo para lanzar piedras y un tiempo para recogerlas.
> Un tiempo para abrazarnos y un tiempo para alejarnos.
> Un tiempo para buscar y un tiempo para perder.
> Un tiempo para guardar y un tiempo para botar.
> Un tiempo para rasgar y un tiempo para coser.

Un tiempo para callar y un tiempo para hablar.
Un tiempo para amar y un tiempo para odiar.
Un tiempo para la guerra y un tiempo para la paz.

A continuación, en el versículo 11 del mismo capítulo el texto proclama que "todas las cosas que Dios ha hecho son buenas en su tiempo". Con lo cual entendemos que el autor reconoce una organicidad del acontecer, según la cual algunas cosas buenas podrían resultar dañinas fuera de su tiempo. Esto viene a ser una característica del discurso de los libros sapienciales y de todas las narraciones bíblicas en general, una característica de la concepción antigua del tiempo como una secuencia orgánica que trasciende la secuencia matemática del tiempo mental útil, en que todos los momentos son cualitativamente iguales, como en el tiempo de la Física.

Aparte de este pasaje y otras pequeñas alusiones a lo mismo, en los libros sapienciales se alude a la sabiduría en referencia a la voluntad divina y se tiende a identificarla con la Ley. El trabajo de reflexión que resulta sobre aquello en que consiste la sabiduría apunta a inteligencia, prudencia, justicia, sobriedad y sentido de la proporción en lo que se refiere a ponderar el valor real y la importancia de las cosas. El hombre debe ser dueño de sí mismo, controlar su conducta y hablar poco, pues el mucho hablar es la más clara manifestación del descontrol mental del necio.

Con todo, hay un pasaje en el así llamado "Libro de la Sabiduría" en el que se la describe enumerando sus características; enumeración sorprendente por lo que sugiere, aunque pocas de esas características están presentes en el texto que continúa y antecede. El texto aludido pertenece al capítulo 7 del libro antes mencionado. Del versículo 16 hacia adelante se lee lo siguiente: "Nosotros estamos en su mano, nosotros y nuestros discursos, toda nuestra inteligencia y nuestra habilidad. Es él (Iahvé) quien me ha dado la verdadera ciencia de todas las cosas, que me ha hecho conocer el ordenamiento del mundo y las virtudes de los elementos, el comienzo, el fin y el medio de los tiempos, la sucesión de los solsticios y las mutaciones de las estaciones, los ciclos del año y la posición de los astros…". Este párrafo concluye así: "Todo lo que está oculto y todo lo que es aparente, yo lo conozco, porque es la Sabiduría creadora de todas las cosas la que me lo ha enseñado" (vs. 21).

Esta declaración en nada impersonal, contiene pasajes que aluden claramente al saber intuitivo del orden originario de la humanidad. Incluso hace una distinción entre lo no perceptible y lo aparente, al igual que un pasaje del mismo tenor que figura en el Gran Tratado de Confucio. Aunque nada de eso aflora en los largos discursos de estos sabios, los que tienden constantemente a la apología, limitándose al temple ético prudente y piadoso del hombre de fe.

Sorprendente es la continuación de este discurso desde el versículo 22 en adelante: "Hay en ella (la sabiduría), en efecto, un espíritu inteligente, santo, único, múltiple, sutil, móvil, penetrante, puro, claro, inofensivo, inclinado al bien, agudo, libre, bienhechor, benevolente, estable, seguro, exento de inquietud, que puede todo, que considera todo, que penetra todos los espíritus, las inteligencias, los puros, los más sutiles. Más ágil que todo movimiento es la Sabiduría, ella atraviesa y penetra todo, gracias a su pureza. Es un soplo del poder de Dios, un resplandor limpio de la gloria del Todo Poderoso".

Los desarrollos posteriores de estas reflexiones no superan lo ya dicho sobre el énfasis puesto en la prudencia, la sobriedad, la benevolencia, la justicia y otras virtudes de las que se hace el constante elogio.

Si el pasaje en que se dice "Todo lo que está oculto y todo lo que es aparente yo lo conozco" tuviera la misma connotación que tiene el pasaje en que Confucio dice "Lo que se sitúa por sobre la forma se llama, el sentido y lo que se encuentra en la forma se llama el objeto", base de la inteligencia del orden universal, se notaría en el desarrollo posterior del texto.

Con todo, no deja de ser interesante que al comienzo del mencionado libro aparezca el consejo de buscar a Dios con un corazón sencillo. Pues si el temor de Dios que todos los sabios de Israel proclaman como el comienzo de la sabiduría se discierne en referencia a la preceptiva de la Ley, cuya racionalidad establece el orden del mundo del que resulta la medida justa de los actos humanos, el temor resulta de saber que más allá de esos límites se cae en la reprobación de Dios y sus penosas consecuencias. Ahora bien, que el autor del libro aconseje buscar a Dios con un corazón sencillo supone la humildad que corresponde como actitud básica ante el creador. Psicológicamente supone un vaciarse de sí mismo para que la sabiduría divina pueda alcanzarnos, pero siempre como una revelación sobre el recto obrar que se exige del hombre en todas las situaciones en que pueda hallarse. Así Dios y la experiencia de hallar su presencia en un acto de humildad reemplazan la sabiduría que resulta de la experiencia que los hombres antiguos tuvieron directamente con el orden natural, tras cuya trama fenoménica gravita su presencia.

Jesús de Nazaret y el taoísmo

Siguiendo la secuencia de la vida de Jesús de Nazaret, desde su concepción virginal y nacimiento hasta su resurrección de entre los muertos, es posible percibir una estructura del acontecer en lo que a él concierne, que revela la interacción de lo que la sabiduría china define como el agente creativo y el agente receptivo, mencionados en capítulos anteriores como lo luminoso y lo oscuro, lo duro y la blando, el Yang y el Yin (El Cielo y la Tierra).

Esta estructura se da en todo suceder, objetivo o personal, porque la misma naturaleza de las cosas y los seres inmersos en el movimiento universal demuestran estar constituidos por esa mecánica bipolar, como lo afirma el autor del Eclesiástico (capítulo 42, versículo 25): "Todas las cosas se dan en pares, una opuesta a la otra" (versión de la biblia francesa de los monjes de Maredsous; según la Biblia de Jerusalén, la traducción sería "Cada cosa consolida el bien de la otra"). El autor del Eclesiastés lo proclama en el capítulo 3 antes mencionado, donde cita por vía del ejemplo catorce situaciones en que se percibe la bipolaridad de todo acontecer. Ahora bien, analizar la secuencia de los evangelios con este criterio podría considerarse, no obstante, como una violencia que se hace a un texto concebido conforme a patrones de pensamiento que emanan de la tradición espiritual del pueblo de Israel, cuyos sabios no conocieron el mundo basándose en esas premisas. Era necesario hacer consciente este problema ahora, porque constituye el punto clave para abrir el texto de los evangelios hacia otras posibilidades de interpretación, no agregando a ellos algo que no contienen, sino justamente haciendo consciente algo que ellos contienen en forma implícita y que es posible investigar en todos los libros de la Biblia, pero que en la persona de Jesús, sus actos y sus palabras se expresan con la mayor claridad.

Si, como antes fue dicho, la dialéctica estructural del orden originario fue la base de la sabiduría primigenia, la revolución monoteísta trajo como novedad la abolición consciente de esa sabiduría remota. Esto separa, de hecho, al creador de sus obras, para centrar la vida de los hombres solo en el autor de la vida, quien enseña a su pueblo su Ley, ahorrándole, por así decirlo, el esfuerzo de extraerla de la observación del orden natural en que nuestra especie fue situada para vivir en plenitud su condición humana como habitante del mundo.

El propósito de esta investigación es aproximar el evangelio de Jesucristo a la sabiduría del extremo Oriente, por una parte, y por otra, hacer consciente que la sabiduría primigenia, que la revolución monoteísta de hecho abolió, solo lo hizo en el plano consciente, pues la realidad misma sigue evolucionando conforme a su propia dialéctica. Esto aunque los hebreos no lo hayan hecho consciente, porque la gravitación del Dios único y autor de la Ley sobre ellos hace inútil, en su concepto, todas las búsquedas del conocimiento del mundo emprendidas por los hombres antes y después de su alianza con él.

Posteriormente el aporte judío a la ciencia, el pensamiento y las artes ha sido posible por la incorporación de los judíos a la cultura europea de los dos últimos milenios, lo que no fue posible en la Judea anterior a Cristo.

Si ese propósito con que se emprende este trabajo puede en efecto dejar en evidencia que la sabiduría basada en la estructura bipolar del acontecer está implícita en el texto de los evangelios, cabe decir también que de él deriva forzosamente la proposición de que esa sabiduría primigenia, tal como nos ha llegado sistematizada y desarrollada en la sabiduría de China de los tiempos de Confucio y Lao Tse, viene a ser como el trasfondo no visible que fundamenta en última instancia los dichos y los hechos del maestro Jesús.

Esto se explicaría por la consideración previa de que Jesús es el segundo Adán, como lo enseña el apóstol Pablo (1 Cor. 15, 45), y que en él se cumple la plenitud de lo que Dios se propuso crear cuando trajo al hombre a la existencia. Si eso es así, si Jesucristo es el único que no padece el así llamado "pecado del mundo", de algún modo este segundo Adán inicia una nueva creación del hombre, por la cual los humanos podemos llegar a ser hijos de Dios, como lo es él. Por eso su humanidad viene revestida de ciertas características que remiten al orden primigenio, aunque este aspecto del evangelio no se perciba en una lectura directa de él; pues el entorno en que Jesús aparece realizando su misión por medio de la predicación, la enseñanza, los milagros, es siempre un enfrentamiento con los representantes del orden establecido en su patria en tiempos de su vida pública, que lejos de recordarnos el paraíso nos deja más bien un sabor amargo.

Por eso hay que saber separar con cuidado y sutileza lo que demuestra ser la virtud, el poder o el espíritu que actúa en él y lo hace decir y hacer cosas significativas, de lo que es su enfrentamiento con el mundo, deduciendo por reflejo la estructura de la secuencia de sucesos que se encadenan en el continuo de vida humana en que ocurrió todo lo que sabemos de él por el texto de los evangelios.

Por ejemplo, un momento tan cargado de significación como el de la crucifixión interpretado sobre el supuesto de que, aparte de ser lo que es en la secuencia narrativa directa, simbólicamente nos dice algo más que trasciende el hecho en su materialidad. En efecto, la crucifixión ocurrió en un lugar preciso llamado Calvario o Gólgota, que significa "cráneo", y que la tradición identifica como la tumba de Adán (Comentarios bíblicos San Jerónimo. Evangelio de Marcos p. 153). Así, Jesús crucificado nominalmente sobre la tumba del primer hombre –entre dos malhechores, uno supuestamente bueno que se arrepiente de sus fechorías, reconoce a Jesús como mesías y le pide que se acuerde de él cuando esté en su reino, y otro supuestamente malo que se suma a los asistentes sacrílegos que lo vituperan– representa la superación de la caída original por el advenimiento al mundo del espíritu que da la vida y la restaura. La misma cruz en su simbolismo tradicional lo está expresando, en cuanto el brazo horizontal representa la plataforma terrestre y el brazo vertical, más largo, representa la influencia del cielo que desciende sobre la tierra. Sobre este particular cabe decir que todos los pueblos han usado el símbolo de la cruz con ese sentido. En la historiografía china se dice que fue un soberano antiguo de nombre Hien Yuen quien instituyó la cruz para honrar al altísimo. El contenido simbólico de esta imagen del Hijo de Dios crucificado entre dos malhechores, y que según Carl Gustav Jung es una de las más impactantes que jamás se han dado en la historia de la humanidad (*Aion*. Carl G. Jung), en el evangelio de Marcos se dice que esto ocurrió de tal modo para que se cumpliese la profecía de Isaías (53) del Siervo de Dios que sería confundido con los malhechores.

Esta visión del profeta Isaías tan contraria a la esperanza de un mesías heroico que triunfa sobre sus enemigos, liberador y juez de su pueblo, es, por cierto, una revelación (un apocalipsis) en lo que no hay que descartar un aporte personal del profeta en el sentido de adelantarse a cómo deberían ocurrir los hechos a juzgar por lo que ya estaba ocurriendo en la sociedad de su tiempo. Esta situación límite en que el ser perfecto confrontado con la deformidad del mundo deviene algo despreciable y maligno, que es preciso erradicar del mundo de la gente "normal", es recurrente en los evangelios a juzgar por las actitudes irreverentes, hipócritas, groseras y cargadas de odio de sus oponentes más enconados, quienes en el desenlace de este drama, cuando llevan a Jesús preso ante Pilato, lo califican de malhechor. Esa confrontación trágica que conlleva una inversión radical de valores fue destacada con especial lucidez por Lao Tse en más de un pasaje del *Libro del Tao*.

En el capítulo XLI, en su parte pertinente Lao Tse dice: "El camino claro parece oscuro, el camino del progreso parece retrógrado, el camino llano parece irregular, la virtud suprema parece vacía, la suprema pureza parece manchada, la virtud cumplida parece incapacidad, la virtud más sólida permanece oculta, la verdadera rectitud parece deshonesta...". Todas estas características del hombre verdaderamente virtuoso, para Lao Tse, en el contexto de la decadente sociedad del imperio antiguo en el siglo VI (a. C.), se vuelven defectos y carencias que toda persona normal de esos tiempos reprueba. En el capítulo XLV en su primera frase Lao Tse parece querer resumir sus ideas sobre este punto: "Lo perfecto parece defectuoso". Un reflejo de esta misma idea aparece en el refrán chileno que dice: "La verdad es bella pero mal vestida". Es como si quisiera decir que dentro de un vestido despreciable se esconde una mujer muy bella, pero que por su apariencia será rechazada en un mundo donde "El río de la verdad corre por cauces de mentira".

La crucifixión de Jesús paradójicamente, por lo que se entiende del hecho por su simbolismo, contiene una referencia muy parabólica al orden originario. Si la ciencia del bien y del mal entró en el mundo causando la desarticulación espiritual y ética de la sociedad humana, Jesús crucificado sobre el cráneo de Adán dando voluntariamente su vida para salvarnos de esa dualidad sin solución, entre dos hombres ajusticiados como él, quienes representan justamente esa dualidad, nos presenta la solución que solo él puede dar a un mundo que en sí es un problema insoluble. El hombre será salvo solo acogiendo el espíritu que él trae al mundo. Y así como en todo problema relevante para la humanidad la solución verdadera se sitúa en una instancia espiritual superior, que lo trasciende como tal, el hecho de que Jesús mismo en el diálogo que, según la versión de Lucas, sostuvo con el así llamado "buen ladrón", haga en ese preciso momento una mención directa del "paraíso", "En verdad te digo hoy estarás conmigo en el paraíso" (Lc. 23, 43), agrega un elemento más a la situación como para completar su significado.

Si Jesús es el hombre perfecto, y por eso, el segundo Adán, como sostiene el apóstol Pablo, algo de impoluto y puro como el ancestro mítico antes del pecado hay en su ser que pueda vincularse a lo que se supone fue el orden originario. Sobre este punto cabe decir que son muchos los aspectos de su actuar que podrían dar pie a esta investigación. Por de pronto el uso permanente de un razonar analógico para formular grandes enseñanzas por la vía indirecta de la parábola. Y en este género de ficción narrativa, la tendencia a recurrir al ejemplo de los procesos del orden natural, como reconociendo que esos procesos por analogía remiten a situaciones que se dan en la vida de las personas, hasta en los ciclos del acontecer histórico (con base en esas analogías se constituyó todo el texto del *I Ching*).

Uniendo el fin con el principio de la crucifixión retrocedamos ahora a la concepción virginal de Jesús y a su nacimiento en las condiciones que los evangelistas nos informan. Es efectivo que este punto en los relatos evangélicos constituye un hecho que en todos sus aspectos es extraño a la tradición espiritual del pueblo de Israel, el cual vincula estos relatos con la historia espiritual de otros pueblos. En esta aproximación que intentamos hacer entre los evangelios y la sabiduría del extremo Oriente, prescindamos de los mitos del Medio Oriente y Egipto en los que se mencionan varios casos de concepción virginal de seres extraordinarios y reyes divinizados, para examinar los casos de los así llamados sabios y santos soberanos de la antigüedad de China.

La razón última que se podría invocar para explicar el hecho de que haya habido seres que nacieron de una virgen sin la previa consumación de un acto sexual con un varón sería esta: el hijo del espíritu no es el hijo de la carne. En el caso de la historia de China lo que quedó hasta el fin del imperio como recuerdo de esos hechos milagrosos del origen es la designación "Hijo del Cielo" que se daba a todos los soberanos chinos. El origen de esta designación se halla en las crónicas que nos relatan la vida y obra de aquellos hombres excepcionales a los que la cultura china debe los fundamentos en que se sustentó durante muchos milenios hasta el fin del orden imperial.

Los relatos sobre estos santos soberanos de los tiempos prehistóricos fueron transcritos de las crónicas de los historiadores clásicos chinos (Lo Pi, Se Ma Tsien) por el jesuita francés padre "de Prémare" en el siglo XVIII bajo el título de "Recherches sur les temps anterieurs au Chou King", publicados en el libro *Livres sacres de l'Orient,* París, 1843.

Entre ellos cabe mencionar a Fu Hi (3462-3398 a. C.) a quien se atribuye la creación del sistema de símbolos que constituyen el que después se llamaría *Libro de las Mutaciones*. En el tratado confuciano *Ta Chuan*, en el capítulo titulado "Historia de la cultura", se le menciona con el nombre de Pao Hsi. Hoy se le considera un personaje mítico, aunque los historiadores lo sitúan en la cronología histórica del imperio y Confucio habla de él como de un personaje real.

Según lo que nos informan los historiadores clásicos, quienes trasmiten para la posteridad la más antigua tradición oral sobre los tiempos remotos, el nacimiento de Fu Hi ocurrió así: "La hija del Señor, llamada Hoa Su, esto es, 'la flor esperada', paseándose por la ribera de un río caminó sobre las huellas del 'gran hombre' y al instante sintió una gran emoción. Enseguida un arco iris la rodeó y por la virtud de este prodigio, ella concibió". En la lista de estos soberanos sabios y santos, a Fu Hi le sucede Chin Nong, cuyo nombre significa el 'labrador divino', porque enseñó la agricultura al pueblo chino. Las antiguas crónicas relatan así su concepción: "La joven doncella llamada Niu Tong, paseándose un día en Hoa Yang, al sur de la Colina de las Flores, concibió por la operación del Cielo en un lugar llamado Tchang Yang, y al cabo de un tiempo dio a luz a Chin Nong en una caverna al pie del monte Li".

En la lista de soberanos hegemónicos antiguos, a Chin Nong le sigue el famoso Hoang Ti, apodado el "Emperador Amarillo", abuelo de la raza china y ancestro único de todos los linajes imperiales posteriores a él. Según las antiguas crónicas el nacimiento de Hoang Ti ocurrió así: "Fascinada por el aspecto de una nube, Fo Pao, la madre, quedó encinta por la operación del Cielo. Al cabo de un largo tiempo dio a luz sobre una colina llamada Hien Yuen, por eso a Hoang Ti se le llamó también Hien Yuen".

Algunas precisiones suplementarias agregarán a estos breves relatos otros elementos para su mejor comprensión. En lo que respecta a Fu Hi el relato de su nacimiento agrega lo siguiente: "Doce meses después de su concepción su madre dio a luz. Por eso el niño fue llamado Sui que significa el 'año', es decir Júpiter, planeta que describe su órbita en doce años y también porque este planeta corresponde al elemento 'madera'. Por eso este soberano fue llamado Mu Huang, esto es, 'señor de la madera'. Su nombre de familia era Fong que significa el 'viento'. También se le dieron Los nombres de Tai Hao, que significa 'irradiación suprema'; Tchung Hoang, el 'señor de la primavera'; Tien Hoang, 'señor del Cielo'; Jen Hoang, 'señor de los hombres'; Fu Hi, 'el que sacrifica la víctima'. Fue el primer soberano en ser llamado 'Hijo del Cielo', porque su madre lo concibió por la operación del Cielo".

Respecto a Chin Nong cabe precisar que el nombre de su madre Niu Tong significa "la doncella que asciende y se eleva". En los tres casos las crónicas antiguas hacen notar que la venida al mundo de estos seres ocurrió en medio de una situación anterior de desorden y que, gracias a su ascendiente espiritual, pudieron gobernar la nación hasta poner todo en orden, a lo que siguió un período de perfecta paz.

En lo que se refiere a Hoang Ti, el hecho de que su madre lo parió sobre una colina llamada Hien Yuen, por lo cual su hijo llevó entre otros ese nombre, recuerda al antiguo soberano del mismo nombre quien instituyó el símbolo de la cruz para "honrar al altísimo". Con esto se está diciendo que, al igual que en otros pueblos, el símbolo de la cruz en la prehistoria china simboliza el maridaje de la fuerza receptiva de la tierra con la fuerza creativa del cielo que desciende sobre ella.

En lo que se refiere a la concepción virginal de Jesús, el hecho milagroso quedó solo en conocimiento de los íntimos y los mismos evangelistas, aparte de incluirlo en dos de los evangelios sinópticos (Mateo y Lucas), no lo incluyeron en los desarrollos posteriores de la narración ni lo utilizaron como argumento en apoyo de sus concepciones teológicas.

Con todo, Jesús al declarar que Dios mismo es su padre, y eso con mucha reiteración, desde el episodio de la infancia cuando después de la Pascua se quedó en el templo dialogando con los doctores de la Ley, parece insinuar que él en su predicación y en su enseñanza se apoyaba en la conciencia plena de que él procedía de Dios y que al término de su misión volvería a Él.

Todo esto no quita el hecho de que el milagro operado en María es algo que no pertenece al estilo con que han ocurrido todos los hechos milagrosos o no milagrosos en el ámbito de la alianza que Dios hizo con Israel desde los tiempos de Abraham.

Tampoco pertenece a ese estilo la famosa visita de los así llamados "reyes magos". El evangelio de Mateo dice solo "magos"; el apelativo de reyes pertenece a la tradición popular. En este episodio debemos ver un hecho simbólico por el cual la sabiduría antigua reconoce el don perfecto de Dios en el mensajero del amor que envía para salvar al mundo. Así se comprueba que lo que enseña al respecto el maestro Lanza del Vasto es correcto, esto es, que Dios viene en ayuda de la humanidad caída enviando primero la sabiduría. Agotado el ciclo de la sabiduría, Él perfecciona su obra enviando su amor encarnado en Jesucristo.

Sobre lo que se quiere decir con la palabra "mago" en el texto de Mateo, es más amplio que el significado con que hoy se emplea este término. Originalmente el título de mago se otorgaba a los miembros de la casta sacerdotal ilustrada de los persas. Después degeneró hacia un tipo humano que posee poderes y conocimientos ocultos. Pero el hecho de que se haga una mención especial de la estrella que apareció en el cielo anunciando el nacimiento del rey de los judíos, y que ellos observaron y supieron interpretar como señal, vincula a estos sabios de Mesopotamia con la astrología. Que ellos digan que han visto "su estrella" se debe a que antiguamente se creía que toda persona tenía una estrella que la identificaba en el cielo, la cual aparecía el día de su nacimiento. En este caso lo que pone en evidencia la sabiduría de los visitantes es que ellos supieron interpretar la señal y no vacilaron en postrarse ante el niño para adorarle. En los presentes que ellos ponen a sus pies, más la postración, se configura el homenaje que los visitantes extranjeros hacían a los reyes en esas épocas. Conforme a la tradición de sabiduría a la que ellos pertenecían, los presentes de oro, incienso y mirra simbolizarían respectivamente la iluminación, por la identificación que se hacía entre ese metal y la luz solar, la plegaria y la purificación.

En lo que se refiere a la estrella hay un antecedente escritural que la anuncia desde un milenio antes. Se trata del pasaje del capítulo 24 de Números, en el cual se narran las maniobras que intentó el rey Malaq de Moab para detener el avance del pueblo de Israel por la tierra de Canaán. Para esto contrató los servicios de un mago llamado Balaam, hombre de reconocido prestigio entonces. Malaq le pidió que desde la cima de un monte maldijera a los hijos de Israel acampados en una llanura, pero ocurrió que Balaam no pudo formular su maldición, porque Dios solo puso en su boca palabras de bendición. Entre esas palabras surgió la siguiente profecía: "Oráculo del que escucha los dichos de Dios, del que conoce la ciencia del Altísimo, del que ve lo que le hace ver el Señor, del que obtiene la respuesta y se le abren los ojos. Lo veo pero no para ahora, lo diviso, pero no de cerca: de Jacob avanza una estrella, un cetro surge de Israel". El tono mesiánico de estas palabras es evidente. Y es un caso más en que la sabiduría antigua de Oriente se muestra capaz de reconocer al mesías, y como rey mesías (un cetro surge de Israel).

Volviendo al milagro de la concepción virginal de Jesús, como prodigio que trasciende la fenomenología bíblica y que remite a tradiciones espirituales de otras culturas, cabe revisar las citas que antes se hicieron de los historiadores chinos clásicos (Se Ma Tsien, Lo Pi) para establecer un paralelo de semejanzas con lo ocurrido en el caso de María. En el caso de la concepción virginal de Chin Nong se dice que su madre Niu Tong es "la doncella que asciende y se eleva". En el caso de María su nombre hebreo Miryam significa la "exaltada", es decir, la que siendo un ser humano como todos es llevada a lo más alto. Asimismo cabe considerar que esta doncella china dio a luz en una caverna, lo cual coincide con una de las condiciones en que se dio el parto de María. El texto del evangelio deja en claro que José no encontró alojamiento en ninguna posada y que el momento de dar a luz era inminente, por eso ambos se refugiaron en una de las cuevas que los pastores de la región solían cavar para abrigo de sus animales, por eso María depositó al niño Jesús sobre un pesebre.

Este hecho, normalmente pasado por alto en lo que se refiere a una posible significación simbólica, tiene el mismo carácter que las famosas vírgenes negras que abundan en los santuarios europeos medievales, con las cuales los artistas agregan a la ortodoxia doctrinaria de los evangelios, elementos procedentes de tradiciones antiguas de los pueblos europeos, especialmente célticas. La virgen negra de Chartres en Francia fue obra de los druidas para honrar en ella el aspecto materno de la divinidad (Belisama), asimilada a la tierra madre. Los cristianos se hicieron eco de la vieja tradición por la cual estos sacerdotes galos decían que en la colina de Chartres se apareció a sus ancestros una virgen que declaró ser la madre del salvador del mundo. Así la antigua imagen pagana se cristianizó y fue colocada en una capilla subterránea perteneciente a la antigua catedral románica que precedió a la actual de estilo gótico (fue incinerada en la Revolución Francesa). El mismo significado tiene la virgen negra de Monserrat, y tantas otras. Se llama la atención sobre este hecho para entender que la caverna como un lugar de nacimiento de un hombre excepcional conlleva un simbolismo que apunta a la tierra como madre, esto es, el aspecto receptivo materno del par Cielo-Tierra. El nacimiento de Jesús de una virgen es ya un hecho cuya naturaleza trasciende la estructura mental de los Israelitas y la fenomenología bíblica, es por eso que parece vinculado también al hecho de que él comparta con otros hombres santos que le precedieron el hecho simbólico de nacer en las entrañas de la tierra.

En lo que se refiere a Fu Hi, su madre Hoa Su, llamada "la flor esperada", aparece también como una virgen honrada por el cielo al elegirla para ser la madre de este sabio y santo soberano. "Flor esperada" es una expresión que supone una profecía. Como si estuviese anunciado previamente que el mundo la necesitaba por la virtud trascendente del hijo que daría a luz.

La forma en que quedó encinta es interesante; caminó sobre las huellas del "gran hombre". Por lo que se lee en el *Libro de las Mutaciones* sobre el hombre superior, puede entenderse este calificativo como el "arquetipo" del hombre. Pero también se dice de ella que era la "hija del Señor", entendiendo por Señor al Soberano del Cielo o a su representante terrestre, el santo soberano que precedió a Fu Hi en el gobierno del imperio.

Los calificativos con que se procura caracterizar a Fu Hi son interesantes también. Fu Hi significa "el que sacrifica la víctima", con lo cual se nos informa que este soberano estaba investido con la dignidad sacerdotal, que era un rey sacerdote, dignidad en extremo elevada, como es el caso del antiguo rey de Salem, Melquisedec, y del mismo Jesús. Confucio lo menciona en su tratado antes comentado con el nombre de Pao Hsi. También se le atribuyen nombres que lo constituyen como "señor del Cielo" y "señor de los hombres", como los mapuches de Chile que a su divinidad suprema lo llaman "Huenu rey Fücha", esto es, "anciano rey en lo alto del Cielo", y "Nguenechén", "Señor de las gentes".

En lo que se refiere al nacimiento de Hoang Ti, su madre quedó encinta por el hecho de contemplar con fascinación una nube de extraña forma. En el caso de María, el ángel de la anunciación le dice que "El Espíritu Santo vendrá sobre ti y la virtud del altísimo te cubrirá con su sombra". En este caso con la expresión Espíritu Santo se está aludiendo al soplo de Dios que engendra la vida. En lo que se refiere a la continuación de la frase, con esa manera de decir parece aludirse a lo que en varios pasajes del Antiguo Testamento figura la gloria de Dios manifiesta en una nube que proyecta sombra y en la cual los hebreos reconocen la manifestación característica de la presencia de Dios.

Un detalle interesante de este pasaje es la alusión a la cruz como símbolo, lo cual resulta por el recuerdo del soberano Hien Yuen quien instituyó la cruz justamente como representación de la interacción de lo creativo y lo receptivo, pues la madre de Hoang Ti dio a luz sobre la colina llamada Hien Yuen.

En los tres casos se hace notar que los recién nacidos demostraron estar dotados de aptitudes trascendentes desde su más tierna infancia, lo cual se dice de Jesús en el episodio de su diálogo con los doctores de la Ley a los doce años.

El pasaje del evangelio de Lucas en que se narra el diálogo de Jesús niño con los doctores de la Ley sugiere que él había hecho ya estudios de las escrituras a esa edad, por su cuenta o bajo la dirección de alguien; aunque el propósito de ese pasaje parece ser el de dar a entender que Jesús, como hijo del Espíritu, nacido de una virgen al igual que los otros antes mencionados, manifestó en su infancia poseer dotes extraordinarias de inteligencia. La forma en que se refiere a ello el evangelista nos hace suponer que él sabía que su verdadero padre era Dios, por eso cuando María y José volvieron a Jerusalén después de tres días de búsqueda y lo hallaron en medio de los doctores de la Ley, le dirigieron el reproche de haber sido desconsiderado con ellos, pues él se había apartado sin autorización y sin pensar en la angustia que eso les provocaría. La respuesta de él para justificar esta irregularidad de su conducta suena con un dejo de leve altanería: "¿No sabíais que es preciso que yo me ocupe de las cosas de mi padre?". Esa réplica contiene una contradicción con el reproche que le dirigió su madre, pues María le dijo: "Tu padre y yo te hemos buscado con angustia". La respuesta contiene, pues, la intención de dejar en claro quién es su padre.

Pero en la respuesta más que altanería puede haber inexperiencia, pues a la frase interrogativa antes citada le precede otra pregunta: "¿Por qué me buscabais?", como si la conciencia que él podía tener de su misión ya a esa edad, por su poca experiencia, le hubiese hecho incurrir en una falta conforme a la obediencia debida de los hijos a los padres. Por eso no hay otra referencia en los evangelios a intentos que Jesús haya hecho de predicar antes del día señalado por el Cielo para comenzar su ministerio público. El término de este episodio no deja lugar a dudas: "Y descendió con ellos, y volvió a Nazaret y les estaba sujeto". Frase que sugiere que él entendió y aceptó el reproche de su madre.

Su silencio durante dos décadas de anonimato es un tiempo de preparación y maduración necesario.

La situación en que Jesús aparece involucrado en este intento de comenzar a entregar su mensaje al mundo antes del tiempo señalado está claramente tipificada en el primer hexagrama del *Libro de las Mutaciones*. En el pasaje pertinente el texto dice: "El Gran Hombre que aún no ha sido reconocido como tal. A pesar de esto permanece leal a sí mismo. No se deja influenciar por éxitos externos ni por fracasos. Fuerte y sereno, confía y aguarda su hora". Más adelante agrega: "Es importante no malgastar fuerzas prematuramente con el objeto de obtener a todo trance algo que aún no ha madurado en el tiempo". Cabe preguntarse cómo Jesús aguardó su hora. El evangelio de Lucas no agrega nada más a la mención que hizo de la vida obediente que llevó junto a sus padres en Nazaret. Es por otros escritos apostólicos que sabemos algo más sobre su tiempo de preparación. La referencia se halla en la Carta a los Hebreos, en su capítulo 5, versículos del 7 al 10. "Y Cristo en los días de su carne ofreció ruegos y súplicas con gran clamor y lágrimas al que podía librarle de la muerte, y fue escuchado a causa de su piedad. Y aunque era el Hijo, por lo padecido aprendió la obediencia, y habiendo sido llevado a la perfección, vino a ser el autor de la eterna salvación para todos los que le obedecen". Según este texto, aplicable también a su momento de agonía en Getsemaní, la maduración de Jesús no se hizo sin desgarramiento. Las tres clásicas tentaciones a que Satanás sometió a Jesús, según el pasaje pertinente de Mateo (Cap. 4), están referidas no tanto a su sabiduría como a sus poderes paranormales. Convertir las piedras en panes para saciar su hambre simbólicamente significa utilizar sus poderes en beneficio propio. Dar un salto desde el pináculo del templo y llegar a tierra sin ningún daño corporal simboliza la tentación de la espectacularidad como arma de convencimiento. A este respecto vale recordar que las autoridades religiosas de Jerusalén que presenciaron la crucifixión insistían en que utilizara su supuesto poder mesiánico para descender de la cruz como prueba irrefutable de que era quien pretendía ser. En lo que se refiere a la tercera tentación, la más grave, en que Satanás le ofrece todos los reinos del mundo a condición de que le adore postrado en tierra, resume en un breve párrafo lo que habría sido la realeza mundana de un hombre dotado de poderes tales como para lograrla, lo que nos permite calificar esta tentación como la de Adán cuando comió del fruto prohibido, o como la de Caín quien inició en el mundo el ciclo de los "reinos", al edificar la primera ciudad de que se tiene noticia en la historia. Por eso incluir el episodio de Jesús disertando inteligentemente ante los doctores de la Ley configuraría una prueba de autocomplacencia como la de los niños prodigio, lo cual, no obstante la poca edad, tipifica una actitud explicable en un niño y por eso excusable. Tal sería la razón de por qué este pequeño desborde del hijo de María y José ocurre en un acto de desobediencia y desconsideración hacia sus padres.

La cita anterior de la Carta a los Hebreos deja en claro que Jesús pasó por un proceso evolutivo de perfeccionamiento en el cual "aprendió" la obediencia. Esa obediencia por la cual él confiesa que no dice ni hace nada por iniciativa propia, sino según se lo enseña y se lo ordena su Padre que lo envió al mundo. Esa obediencia que le permite rechazar las tentaciones, las que de ser tales nos muestran a un Jesús que desde su adolescencia entendió por experiencia propia lo que es ser tentado.

El comienzo de la vida pública de Jesús, desde el día señalado en que comenzó su ministerio, es caracterizado por Mateo, quien explica que, desde el encarcelamiento del Bautista, Jesús se alejó y se fue a habitar la ciudad de Cafarnaúm en Galilea, ciudad marítima en la región de Zabulón y Neftalí. A lo cual agrega una cita del profeta Isaías que dice: "Tierra de Zabulón y tierra de Neftalí, camino del mar al otro lado del Jordán, Galilea de los gentiles; el pueblo asentado en tinieblas vio una gran luz, y a los asentados en sombras de muerte la luz les resplandeció" (Mt. 4, 12-16).

Este contraste tan fuerte entre la ausencia absoluta de luz y la llegada súbita de la gran luz, como el paso brusco de la medianoche al mediodía, aparece tipificado en el *Libro de las Mutaciones* bajo el nombre de El Retorno. Se ha impuesto la gran oscuridad y la luz ahuyentada regresa en este caso después de varios siglos de espera. El ministerio profético de Israel se ha agotado en Juan el Bautista, y, a juzgar por su predicación, ya no quedan hombres justos en la nación capaces de cambiar ese estado de cosas, el cual Jesús calificará después como el de un rebaño sin pastor.

En el primer dictamen llamado El Juicio se dice que el movimiento que caracteriza al retorno es natural, esto es, conforme a las leyes del tiempo. Jesús comienza a crear un mundo nuevo, distinto. El comentario al Juicio dice: "La transformación de lo antiguo se realiza fácilmente. Se termina con lo viejo, adviene lo nuevo. Ambos hechos se realizan en conformidad con el tiempo. Lo viejo se va, esto es, el Dios legislador y adviene lo nuevo, el Dios del amor.

Jesús desde el comienzo de su predicación insistió en que la hora señalada había llegado, porque el Reino de los Cielos se había acercado. En el versículo 23 del capítulo 4 de Mateo se deja en claro que en esta primera predicación Jesús transitaba sin obstáculo de un lugar a otro, "enseñando en las sinagogas y predicando el evangelio del reino y sanando toda enfermedad y toda dolencia en el pueblo. Y se difundió su fama por toda Siria... Y le siguió mucha gente de Galilea, de Decápolis, de Jerusalén, de Judea y del otro lado del Jordán".

Este éxito inicial sin contrapeso de Jesús como profeta constituye la primera parte de su ministerio. La segunda está caracterizada por la confrontación que generó su ministerio con las autoridades religiosas y políticas de su nación. Por eso el dictamen del *Libro de Las Mutaciones* se refiere a un retorno que se realiza fácilmente y sin obstáculos inmediatos.

A lo dicho se puede agregar otra cita correspondiente el hexagrama 2 del mismo libro, que dice así: "Al Gran Hombre se le abre una esfera donde pueda desarrollar su influencia. Su fama comienza a extenderse. Las masas se congregan en torno a él. Su poder interior se manifiesta en una creciente actividad exterior. Muchos grandes hombres se han arruinado al ser arrastrados por la corriente de las masas. La ambición termina por deteriorar su integridad. Empero, a la verdadera grandeza no le afectan las tentaciones. Aquel que permanece en contacto con los nuevos tiempos y sus exigencias es intachable".

El sentido de este texto es plenamente aplicable al ministerio público de Jesús. Como paso previo a su predicación del evangelio del reino de Dios está el episodio de las tentaciones, en el que se prevé todo lo que este texto del *I Ching* señala como peligroso en el cumplimiento de la misión del Gran Hombre. Enseguida está lo que la Cristología llama el "secreto mesiánico". Con esta expresión se alude a reiteradas actitudes en las que Jesús ordena a sus discípulos mantener en secreto su identidad. El propósito de este exceso de prudencia se debe justamente al peligro señalado por el texto del *I Ching* antes citado, pues se entiende que en un pueblo que vivía en la expectación mesiánica, la cual, basada en las antiguas profecías, conformaba una imagen del mesías en la que se ponía énfasis en su poder para liberar a su pueblo aunque lo juzgara con vara de hierro. Es una concepción del mesías con una fuerte carga nacionalista, por lo cual se acentuaba el hecho de ser "hijo de David". Todo esto podía generar un movimiento de masas más de partidarios que de convertidos a la nueva fe. Contra esta concepción del Mesías estaba la profecía de Isaías sobre el Siervo de Dios, el que debía padecer de un modo infamante y morir como víctima propiciatoria por nuestros pecados, los cuales él asumiría como propios para nuestra redención. Nunca un "Gran Hombre", según la terminología empleada por el *I Ching*, se había hallado ante una misión de tal envergadura, por eso entendemos también la envergadura de la tercera tentación, de llegar a ser el rey del mundo, en el sentido mundano de la palabra. Con todo, la problemática presentada en abstracto sobre la misión del Gran Hombre sigue siendo la misma, se trate de un santo soberano chino de la antigüedad o del redentor del mundo.

Este pequeño resumen de la primera predicación y enseñanza de Jesús acerca de eso que él llama el "reino" nos muestra a un profeta de gran autoridad, poder y excepcional aceptación masiva, en la que se mezcla el interés que en algunos suscitaba su buena nueva, con el de quienes le seguían principalmente para ser sanados de enfermedades y dolencias. Ese pasaje es seguido de otro en que el evangelista describe ahora el contenido de su predicación. Se trata del célebre Sermón del Monte en el cual Jesús comienza proponiendo un ideal de hombre justo que constituye una tremenda novedad para su auditorio. El hecho de que el sermón más extenso y el primero en que se contiene su doctrina comience de este modo convierte su proposición de hombre justo en una condición para entender todo el resto de sus enseñanzas, y tanto que él mismo, al caracterizar a ese modelo humano, dijo que tales eran sus "preceptos", sin los cuales los de la Ley de Israel se volvían poco menos que letra muerta. Se trata de las "Bienaventuranzas", enumeradas en el capítulo 5 de Mateo, en los siguientes términos:

> Bienaventurados los pobres en espíritu,
> porque de ellos es el reino de los cielos.
> Bienaventurados los que lloran, porque ellos serán consolados.
> Bienaventurados los mansos porque ellos heredarán la tierra.
> Bienaventurados los que tienen hambre y sed de justicia,
> porque ellos serán saciados.
> Bienaventurados los misericordiosos,
> porque ellos alcanzarán misericordia.
> Bienaventurados los limpios de corazón,
> porque ellos verán a Dios.
> Bienaventurados los pacíficos, porque ellos
> serán llamados hijos de Dios.
> Bienaventurados los que padecen persecución
> por causa de la justicia,
> porque de ellos es el reino de los cielos.
> Bienaventurados seréis cuando por mi causa os vituperen y os persigan, y digan toda clase de mal contra vosotros, mintiendo. Gozaos y alegraos, porque vuestro galardón es grande en los cielos; porque así persiguieron a los profetas que fueron antes de vosotros.

La trascendencia que tiene el encabezamiento de este sermón nos induce a considerar estas "Bienaventuranzas" como la espina dorsal de las enseñanzas de Jesús como maestro. Así parece entenderlo Mateo al situarlas al comienzo de su evangelio, antes de la transcripción de cualquiera otra enseñanza o discurso de Jesús. La exégesis ha hecho notar que este comienzo ha sido concebido como una confrontación que el mismo Jesús quiso establecer entre la iniciación de su ministerio y la revelación del Decálogo a Moisés en la cima del monte Sinaí (Comentarios bíblicos San Jerónimo Evangelio de Mateo, pág. 182). El Decálogo es el código fundamental del pueblo de Israel. Es por antonomasia un saber de salvación para todo israelita, para todo cristiano e islámico, pero la prueba del tiempo ha demostrado que no es perfecto y que necesita una reformulación que llene los vacíos de significación que conllevan algunos de sus mandamientos. En efecto, la ambientación descrita por el evangelista para el momento en que Jesús formuló sus bienaventuranzas contrasta deliberadamente con aquel en que fue revelado el Decálogo en el Sinaí. En la cima del monte, cubierta por la nube de Iahvé, se desencadenó una gran tormenta que el pueblo atemorizado interpretó como una manifestación del poder de Dios, pero de un Dios temible que, por sobre otras características, aparece como un legislador exigente. En contraste con esa imagen Jesús sube a un monte pequeño y accesible, y la multitud que lo sigue se acerca a él sin miedo. Si el apelativo con que el profeta Isaías identifica a Jesús, cinco siglos antes, es Emanuel, que quiere decir "Dios con nosotros", en ese solo gesto de Jesús para con sus primeros seguidores ha expresado que el tiempo del miedo ha pasado, porque él es ahora el amor de Dios presente en el mundo, amor misericordioso que acoge y sana. La formulación de estas bienaventuranzas que son características del nuevo modelo humano propuesto por él, se encabeza con la expresión "bienaventurados" o "dichosos", en contraste con el "no" que encabeza cada uno de los mandamientos de Decálogo referidos a la relación del hombre con su prójimo.

Si se extrae de cada bienaventuranza la virtud que la caracteriza quedan en evidencia los rasgos que Jesús proclama como propios del nuevo hombre "justo". Esos rasgos son la sencillez voluntaria en su modo de vivir; el hecho de condolerse por la decadencia espiritual de los tiempos presentes; la mansedumbre, la aspiración intensa por alcanzar la perfección; el obrar con misericordia ante el comportamiento de su prójimo; el buscar la paz en las relaciones humanas; el tener una conciencia limpia que rechaza los pensamientos, los sentimientos y planes siniestros; el aspirar a la verdadera justicia, aun a riesgo de ser perseguido por los guardianes oficiales de la ortodoxia doctrinaria, esto es, fariseos, escribas, doctores de la Ley y pontífices.

En suma, el nuevo hombre rechaza la riqueza por razones espirituales y éticas. Este desasimiento le confiere la libertad para vivir en justicia y santidad; no participa de la alegría mundana porque comprende el abismo de oscuridad en que pena la sociedad de su tiempo. Vive sereno y confiado, por eso practica la mansedumbre y está libre de agresividad; busca sobre todo que sus actos coincidan con la voluntad de Dios para ser un "justo". Es comprensivo porque tiene amor y el corazón bien puesto, por eso no juzga con severidad a su prójimo; entiende que él mismo es débil y puede cometer las mismas faltas que cometen otros; ha purificado su corazón de toda tendencia oscura y maligna; es un artífice de la paz, no solo porque él es pacífico por naturaleza, sino porque entiende que es su responsabilidad el esforzarse por establecer la paz en su entorno; es firme en su propósito de seguir esta senda aun si eso pone en riesgo su seguridad personal y la de su familia.

A eso debemos agregar el mandamiento de amarse los unos a los otros como él nos amó (esto es, hasta el punto de dar la vida por nosotros), y de extender este amor incluso a los enemigos, aquellos que persiguen y calumnian a sus discípulos, de lo que se sigue el imperativo de extirpar toda violencia de nuestra vida hasta el punto de devolver bien por mal en toda circunstancia, con coraje y benevolencia; no resistir la agresión de otros sino actuar siempre mediante una conducta no violenta para dar un testimonio que permita un vuelco de conciencia en el agresor. Todo eso es alcanzar el grado supremo del amor.

En la teología del amor del Nuevo Testamento se nos enseña que Dios es amor y que en consecuencia el amor procede de Dios (Juan), y que quien alcanza a vivirlo como lo vivieron los discípulos de Jesús es porque su conversión es lo suficientemente profunda como para llegar a participar en ese amor con que Dios ha creado el mundo y cuida de él.

Tal es así que con Jesús llega lo nuevo mientras lo viejo va quedando atrás, como se dice en el *Libro de las Mutaciones*. En el fondo, todas las bienaventuranzas no son otra cosa sino formas en que el amor de Dios se manifiesta en el actuar de un hombre. El apóstol Pablo, en su célebre descripción del amor de la primera carta a los corintios (Cor. 13, 1-13), nos resume la esencia de las bienaventuranzas en los siguientes términos:

"El amor es sufrido, es benigno; el amor no tiene envidia, el amor no es jactancioso, no se envanece, no hace nada indebido, no busca su interés, no se irrita, no guarda rencor; no se goza de la injusticia, mas goza de la verdad. Todo lo sufre, todo lo cree, todo lo espera, todo lo soporta".

Ese es el temple del nuevo hombre que Jesús nos muestra en las primeras enseñanzas que impartió a la multitud de sus primeros seguidores, y eso para que tuvieran un punto de referencia inicial sin el cual todo lo que sabían acerca de la "justicia" según las escrituras queda en nada.

Cabe preguntarse qué mundo se puede visualizar a partir de este principio, pues es un hecho que el mundo establecido en la patria de Jesús, al que podemos suponer como protegido de la injusticia y la violencia de los reinos paganos, a pesar de la "alianza", había venido a parar en lo mismo. La respuesta a esa pregunta no es otra sino el así llamado "reino" o "reinado" de Dios, a que ninguna forma de sociedad humana de la historia se le puede aproximar, ni aun lo que pudo ser la iglesia cristiana europea, la cual generó una nueva cultura asentada sobre las mismas bases fácticas de los demás reinos del mundo

En todo eso consiste la novedad del mensaje del maestro Jesús, lo cual se vuelve impactante en una sociedad cuyos conductores estaban muy lejos del amor y practicaban un culto explotador para mantener al pueblo controlado, de lo cual hasta obtenían ganancias.

Para la finalidad con que se ha escrito este ensayo es interesante constatar que una "teología" (Taología) semejante se percibe en la concepción que Lao Tse demuestra tener sobre este punto.

En el capítulo LXVII del *Libro del Tao y la Virtud* se dice que "cuando el cielo quiere salvarnos nos salva con el amor". Esta cita contiene el supuesto de que el tesoro más preciado del hombre, el amor, procede del Cielo, por eso los tres términos referentes al amor usados por Lao Tse en su libro: Teh, la virtud; Jen, la humanidad o bondad; y Tzu, la simpatía universal. Para la virtud del hombre verdaderamente virtuoso se usa la palabra Teh, la misma que se usa para la Virtud del Tao, y la Virtud del Tao es el medio por el cual el mundo es creado.

En el capítulo XXI los dos primeros versos dicen: "El contenido de la Virtud procede enteramente del Tao". La palabra contenido aquí significa la fuerza creativa, el poder de la Virtud, como diciendo que todo lo que la Virtud es procede del Tao. En ese sentido se identifica con lo que en el Antiguo Testamento (Proverbios 8, 22-31) aparece como la "sabiduría" de Dios, que todo lo ha creado. A esa Virtud del Tao Lao Tse le atribuye el carácter de una madre amorosa, como se percibe en el capítulo LI del *Tao Teh King*: "El Tao engendra las criaturas, y la Virtud, las nutre. Ella hace crecer, cuida, desarrolla, conserva, abriga y protege". Tal es lo que la Biblia entiende por amor de Dios, pero visto desde una perspectiva cósmica.

Lao Tse aprecia por sobre todo la Virtud, como reflejo del poder creativo del Tao en un hombre. En el capítulo XXXVIII dice que "el hombre de virtud superior no se considera virtuoso"; es inocente acerca de su propia calidad humana, que le ocurre espontáneamente como quien respira sin hacerlo consciente. En cambio el hombre de virtud inferior se considera virtuoso y por eso carece de Virtud. Con esto Lao Tse se refiere a la élite moral de los estamentos altos de la sociedad; por eso más adelante dice: "Cuando se perdió el Tao se perdió también la Virtud, perdida la Virtud se echó mano a la Bondad (Jen), perdida la bondad se echó mano a la justicia, perdida la justicia solo quedó el ritual".

Esta caída en cuatro etapas es un reflejo de lo que llegó a ser la élite religiosa y política que enfrentó a Jesús en su patria. Perder el Tao significa, literalmente, perder el camino, la vía y también el "principio". En el caso de los oponentes de Jesús significa no cumplir la Ley de Dios, particularmente los mandamientos referidos a la relación del hombre con su prójimo. Perdida esa vía se disipó el espíritu que hacía de la sociedad un cuerpo solidario, conforme al mandamiento que aparece en Levítico 19: "Ama a tu prójimo como a ti mismo". Perdido ese espíritu, surgió la élite moral formalista y supuestamente intachable que vive en la complacencia y el convencimiento de estar justificado ante Dios. Pero Jesús les hizo ver su hipocresía especialmente a fariseos y escribas. Sus palabras a este respecto están cargadas de un apasionamiento sorprendente: "Ay de vosotros escribas y fariseos hipócritas que sois semejantes a sepulcros blanqueados, hermosos por fuera, mas por dentro, llenos de huesos de muertos y toda suerte de inmundicias"; "guías de ciegos que coláis un mosquito y os tragáis un camello"; "Ay de vosotros escribas y fariseos hipócritas, que pagáis el diezmo de la menta, el anís y el comino, y no cuidáis de lo más grave de la Ley: la justicia, la misericordia y la fidelidad" (Mt. 23).

La última frase de la cita anterior de Lao Tse rubrica bien lo que fue la sociedad religiosa de Jerusalén sobrepasada por una religión de actos de cultos en que el ritual y los sacrificios del Templo mantenían la fachada de una alianza con lo divino que hacía mucho tiempo que se había desvirtuado en sus bases. De ahí el enfrentamiento de Jesús con el templo mismo, hasta su fatídica profecía: "No quedará piedra sobre piedra".

Lao Tse, en el capítulo XXXVIII del *Libro del Tao*, refiriéndose al aparato ritual de una sociedad cuya espiritualidad ya no es auténtica, nos dice: "El ritual es apariencia de lealtad e indigencia de la fe, y el principio de todas las discordias". Con estas palabras el sabio chino toca el punto neurálgico del violento choque de Jesús con las prácticas religiosas de la sociedad de su tiempo, que le valieron la repulsa de las autoridades.

Algo semejante llegó a ser la sociedad china ilustrada en tiempos de la decadencia de la dinastía Tchou, cuya alta cultura terminó sumiendo a la nación en el caos por la desmesura de sus realizaciones. Por eso él se refiere a su saber solo como "una apariencia del conocimiento del Tao y el principio de todas las locuras". Otro tanto podríamos decir de la cultura cristiana europea en los momentos álgidos de su empresa civilizadora cuyo saber teológico da la impresión de haber sido solo una apariencia del conocimiento de Dios y del evangelio de su héroe fundador, Jesucristo. En esto se incluye muy especialmente la administración religiosa de la Iglesia que nos enseñó que la salvación se obtiene haciendo "méritos para el cielo" mediante la práctica de los sacramentos y el cumplimiento de sus mandamientos. Es aquella Iglesia que terminó por consolidarse en el Concilio de Trento después de un proceso de quinientos años en que la fe devino poco menos que una ideología, formulada en el canon de sus creencias (dogmas).

Pero no se puede dejar sin comentario el tenor tan subido del lenguaje empleado por Lao Tse para enjuiciar la sabiduría de la cultura de Tchou, pues él la califica como el principio de todas las locuras. Es un hecho que en ciertos momentos de la evolución de una gran civilización, el hervidero de su actividad puede ser visto como una locura que, en el fondo, está erradicando toda sensatez y aboliendo todo verdadero valor, ecualizando las mentes de los hombres en patrones de pensamiento y acción que reducen su lucidez a nada. Esto es así para quien toma la distancia necesaria para una buena observación, aunque se trate de un acontecer asumido como normal, incluso aquello que se destaca como habilidad, inteligencia y responsabilidad, probidad e imperativo irrenunciable.

El haber puesto el dedo en la llaga en ese sentido, en medio de un equipo de altos mandarines, es quizás lo que pueda explicar en último término la decisión de Lao Tse de abandonar la vida de la corte y refugiarse fuera de las fronteras occidentales del Imperio (antes de que lo crucificaran).

Con relación a lo anterior, cabe hacer notar que Lao Tse, en los capítulos XXIV y LIII del *Libro del Tao y la Virtud*, expresa ciertas invectivas contra quienes podríamos llamar los "fariseos" de la sociedad de su tiempo. En el capítulo XXIV dice: "Quien se alza en la punta de los pies pierde la estabilidad. Quien da grandes zancadas no avanza. Del mismo modo quien se exhibe no es esclarecido. Quien procura destacarse pierde su reputación. Quien se jacta no puede realizar exitosamente su obra. Quien se enorgullece de lo que hace no realiza nada perdurable. Estos, desde el punto de vista del Tao, son como restos de comida y tumores purulentos. Cosas que todos aborrecen". En paralelo con este texto se puede poner el pasaje del capítulo 23 de Mateo en que Jesús lanza sus invectivas contra los escribas y fariseos. En su parte pertinente el pasaje dice: "Todas sus obras las hacen para ser vistos de los hombres. Ensanchan sus filacterias, y alargan los flecos, gustan de los primeros puestos en los banquetes y de las primeras sillas en las sinagogas y de los saludos en las plazas y de ser llamados 'maestro' por los hombres". En el capítulo 6 del Sermón del Monte, a propósito de la caridad y la oración, Jesús les dice a sus discípulos que lo hagan en secreto sin la ostentación que caracteriza a los hipócritas (fariseos y escribas), quienes lo hacen como una exhibición de su virtud en las sinagogas y en la calle, o se quedan de pie en las esquinas orando para ser vistos por los hombres.

En ambos pasajes se ve que Jesús, como el sabio chino que le precedió seis siglos antes, se enfrentó con repugnancia a un mismo tipo humano. Lo de específicamente repugnante que hay en ese tipo de hombres es una ausencia de virtud que se esconde tras un actuar de ficción, cuya finalidad es la simulación mediante actos externos de poseer aquello de que carecen. Las filacterias mencionadas por Jesús son pequeños envoltorios de cuero para contener los rollos de la escritura que los fariseos llevaban consigo, con lo que procuraban simular su fidelidad a los preceptos de la Ley de Dios. Alzarse en la punta de los pies, dar grandes zancadas, exhibirse, esforzarse por aparecer y ser admirado, jactarse de lo que se pretende ser, envanecerse hasta la soberbia por la posición que se ocupa y la obra que se realiza, todo eso son simulacros de los que nada perdurable ni bueno resulta para la comunidad, según Lao Tse. Los epítetos con que Jesús caracteriza a esos hombres nos dan la medida de la repugnancia que sentía por ellos; los llama "sepulcros blanqueados", los cuales están llenos de podredumbre disimulada por una apariencia decorativa. La repugnancia de Lao Tse es un poco más serena, "tumores purulentos, restos de comida". En ambos casos se percibe una fina sensibilidad espiritual.

Pero lo que más les reprocha Jesús a esos falsos maestros es haberse sentado en la cátedra de Moisés, pero impidiendo que otros accedan al Reino de los Cielos, por impartir una enseñanza sesgada sin autoridad espiritual, e incluso inventando preceptos que los beneficiaban en bienes y en dinero, relativos a las garantías que se daban a quienes contribuían pronta y generosamente al tesoro del templo. (Recordar a este respecto la venta de indulgencias en la iglesia católica en el siglo XV, lo cual indignó a Lutero).

En el capítulo LIII del *Libro del Tao*, Lao Tse se refiere a los opresores del pueblo en los siguientes términos: "Mientras las costumbres de la corte son suntuosas, en los campos proliferan las malas hierbas y los graneros del pueblo están vacíos. Pero ellos continúan vistiéndose con magníficos atuendos, ciñendo afiladas espadas, hartándose de manjares y licores, y amasando grandes tesoros". En la rúbrica final, el sabio los homologa a los bandidos, en tanto que en las altas esferas sociales eran príncipes y señores de gran prestigio.

La repugnancia de Jesús por los que detentaban el poder y se movían en las altas esferas sociales se observa cuando se refirió a Juan el Bautista, y pregunta "¿qué salisteis a ver al desierto, acaso un hombre vestido con molicie? Los que así visten en palacios de reyes están". La comparación contrastante que parece diseñarse aquí apunta a la persona de Herodes, el prototipo del hombre vano y carente de virtud. La comparecencia de Jesús ante este personaje, a quien él calificó de zorro, lo refleja plenamente. El monarca lo interrogó, pero Jesús no le respondió ni una palabra, es decir, lo ignoró, diciendo sin decirlo que en ese momento se hallaba ante la nada.

En lo que se refiere a eso que Lao Tse llama locura, por el alto grado de alienación mental que conlleva, cabe situar todo lo que en los evangelios se dice de la reacción que suscitaron en la casta dirigente de Jerusalén los milagros de Jesús. Dos de ellos bastan para entenderlo. Jesús le devolvió la vista a un ciego de nacimiento y resucitó a un muerto (Lázaro) que yacía desde hacía cuatro días en el sepulcro. El consenso que había entre todos acerca de esto era que nadie puede realizar actos de esa naturaleza si Dios no está actuando a través de él, como se lo manifestó el fariseo Nicodemo, quien visitó a Jesús de noche para conversar con él por las inquietudes y dudas que su ministerio le estaba provocando. Pero la reacción de la mayor parte de las autoridades no fue la de maravillarse por el hecho de que Dios le haya dado a alguien tal poder, sino la de negar la evidencia. En el caso del ciego de nacimiento, declaran que el autor del milagro es un pecador, porque hizo el milagro de curar a un enfermo en día de sábado, violando el precepto que prohíbe trabajar en ese día de la semana... En el caso del resucitado, la reacción fue la de dar muerte a Jesús y al mismo Lázaro que era la evidencia viviente del poder divino que asistía a Jesús.

En ambos casos se sugiere que la alienación mental de esos hombres es de tal magnitud que los induce a actuar contra la evidencia del actuar de Dios, justamente lo que Jesús llama el "pecado contra el espíritu". Esa alienación es como una locura generada por la ideología religiosa, enseñada por gente formalista y ritualista a quien Jesús califica de ciegos que guían a otros ciegos. Según el *Libro de las Mutaciones* corresponde a un congelamiento e inmovilidad de muerte para una sociedad (Wilhelm, comentario al Cap. V del *Ta Chuan*).

Si bien el caso de la China antigua es históricamente muy distinto al de Israel contemporáneo de Jesús, en ambos casos se ve que una sociedad entera ha perdido la lucidez en forma casi absoluta y se apega a sus gastadas formas culturales al precio de perder la medida de sensatez que caracteriza a un ser humano normal.

La rúbrica final de Lao Tse se expresa en los últimos versos de este capítulo en los términos siguientes: "El hombre sabio se atiene a lo sólido y no a lo fútil, se atiene al fruto y no a la flor, rechaza esto y toma aquello". Jesús parece haber utilizado esa misma imagen cuando se refiere a los lobos con piel de oveja o a los hombres que por las apariencias de su vida pasan por ser grandes maestros o gente honorable. Sobre este particular, Jesús dijo: "por sus frutos los conoceréis". En el caso del texto de Lao Tse, la flor es solo una apariencia hermosa, que atrae a los insectos para la polinización, pero lo que se come finalmente no es la flor, sino el fruto.

En los así llamados "tres tesoros" de Lao Tse el maestro chino se aproxima al ideal de hombre justo propuesto por Jesús en sus bienaventuranzas.

En su capítulo LXVII él parece adoptar un estilo confidencial al referirse a las virtudes que más aprecia personalmente. Ellas son: la pobreza voluntaria o sencillez en el modo de vivir, la humildad y, por sobre todo, el amor. Las dos primeras están ligadas la una a la otra como la causa al efecto, porque la humildad supone el modo de ser de un hombre que no desea enriquecerse, y es el amor el que las genera.

Es interesante lo que él dice sobre los rasgos de carácter en un hombre que posee dichos tesoros. Por la pobreza voluntaria se puede ser generoso, plantea, pues el que está dominado por el apetito de posesión, como ya lo ha dicho en otro pasaje, incrementa su tesoro "sustrayendo al que tiene poco para añadirlo al que tiene en demasía"; contradiciendo la justicia del orden natural que consiste justamente en aminorar lo excesivo y completar lo insuficiente. La humildad capacita a un gobernante para ser el verdadero guía de su pueblo. Y el amor confiere coraje al hombre que sustenta su vida en él. En lo que se refiere a la humildad, que según Lao Tse, capacita al "gran hombre" para ser el guía de su pueblo, cabe citar el capítulo 11 de Mateo, versículos 25 al 30, en que Jesús dice: "Venid a mi todos los que estáis fatigados y cargados, que yo os aliviaré. Tomad sobre vosotros mi yugo y aprended de mí, que soy manso y humilde de corazón, y hallaréis la paz para vuestras almas, pues suave es mi yugo, y mi carga ligera". En esta exclamación Jesús, como Lao Tse, se refiere a los rasgos de carácter que definen a su persona. A la humildad él asocia la mansedumbre y la paz. La referencia al "yugo" se debe a que la Ley mosaica era designada con este apelativo, a la que Jesús opone ahora la ley del amor que da al hombre coraje, lucidez, confianza y paz.

Pero la humildad, virtud muy apreciada por los hombres sabios, no es solo un achicarse a la manera de un sacrificio de expiación autoimpuesto como castigo del yo autorreferente y proclive a la soberbia. La humildad tiene, al igual que la pobreza voluntaria, un fundamento cósmico. Confucio se refiere a ello en un pasaje del Gran Tratado: "El *Libro de las Mutaciones* es la obra mediante la cual los sabios santos elevaron su modo de ser y ampliaron su campo de acción. La sabiduría eleva, la costumbre moral torna humilde. La elevación emula al cielo. La humildad sigue el modelo de la tierra". En consecuencia, no es que los hombres sabios hicieran consciente el imperativo de ser humildes solo porque la tierra está abajo y el cielo, arriba; sino que entendieron lo bajo y lo alto como dos instancias fundamentales de lo creativo y lo receptivo. Así pudieron dar a una virtud humana su razón de ser en referencia al concierto universal. Por lo demás la misma palabra humildad (del griego humus=tierra) significa literalmente hacerse igual a la tierra que siempre se sitúa bajo el cielo.

El hecho de que Lao Tse se refiera a esas tres virtudes predilectas con el nombre de tesoros, y que en otros epigramas se refiera a la acumulación de bienes y ganancias de los poderosos, revela la misma intención que Jesús tenía cuando se refirió explícitamente a ambos tipos de tesoros en el capítulo 6 de Mateo en los siguientes términos: "No acumuléis tesoros en la tierra, donde la polilla y el orín los corroen y que los ladrones perforan y roban; sino que juntad tesoros en el cielo, donde ni la polilla ni el orín corroen ni los ladrones perforan ni roban. Porque donde esté vuestro tesoro, allí estará también vuestro corazón". La última parte de esta cita sugiere que si nuestro tesoro es material nuestro corazón estará cautivo de él, y si nuestro tesoro es espiritual nuestro corazón estará recibiendo del cielo amor y sabiduría de Dios.

La idea de que la posesión de las riquezas mundanas es una servidumbre aparece en el versículo 24 del mismo capítulo de Mateo: "Ninguno puede servir a dos señores; porque o aborrecerá al uno y amará al otro, o estimará al uno y menospreciará al otro. No podéis servir a Dios y a las riquezas".

En el capítulo XV del *Libro del Tao*, Lao Tse dice que quien sigue al Tao "no desea la abundancia de bienes, porque solo estando libre de posesiones se puede ser humilde". Así el maestro chino asocia, inseparablemente, la pobreza voluntaria con la humildad. Tal es el sentido que conlleva la frase con que Jesús inicia sus bienaventuranzas según el evangelio de Lucas: "Bienaventurados vosotros porque sois pobres", sugiriendo que su sencillez de vida y la ausencia en ellos del apetito de posesión es una bendición que los capacita para entrar en el reinado de Dios.

Lao Tse reitera en varios pasajes del *Libro del Tao* que el apetito de posesión es nefasto. En el capítulo XLIV formula en abstracto las preguntas: "¿Qué es más importante, tu vida o tus riquezas? ¿Qué te daña más la pérdida de ti mismo o la pérdida de tus bienes?". Los supuestos que hay en ambas son verdaderamente dramáticos. En la primera se sugiere que el que amasa riquezas pierde su vida en eso, es decir, muere espiritualmente. La segunda lo confirma, pues la ganancia de bienes se homologa a la pérdida de sí mismo. Enseguida recapitula lo dicho en la frase: "Quien atesora mucho, mucho pierde".

En el mismo sentido Jesús en un célebre pasaje de su Sermón del Monte, se pregunta: "¿De qué le sirve a un hombre ganar el mundo si al final pierde su alma?".

En el capítulo XXII del *Libro del Tao*, Lao Tse se ubica en una posición semejante a la de Juan Bautista cuando comenzó su ministerio predicando el bautismo de arrepentimiento. El Bautista en su predicación citaba al profeta Isaías, en ese pasaje en que dice: "Voz del que clama en el desierto; preparad los caminos del Señor; enderezad sus sendas. Todo valle será colmado y todo monte será allanado. Los caminos torcidos serán enderezados, y los caminos ásperos allanados" (Lc. 3, 4-3).

El texto correspondiente de Lao Tse dice: "Lo incompleto será completado, lo torcido será enderezado, lo vacío será colmado, lo viejo será renovado. Quien tenga poco recibirá, quien tenga mucho perderá".

En ambos casos hay una declaración de carácter escatológico. En el evangelio se trata de la cercanía del reino de Dios por la llegada de Jesucristo; por eso es llegada también la hora del arrepentimiento para una sociedad que ha torcido los caminos de Dios.

En el texto de Lao Tse se entiende que hay también una profecía subyacente sobre el restablecimiento del orden divino del universo, lo cual se expresa aquí mediante metáforas que restablecen el equilibrio en un mundo básicamente desequilibrado por la injusticia y la insensatez de los poderosos. Las metáforas del texto de Isaías citado por el Bautista parecen tener el mismo sentido.

En lo que al apetito de posesión se refiere, el texto de Lao Tse agrega a su declaración escatológica dos versos que parecen configurar una especie de juicio final. Como si el restablecimiento del orden divino (reinado de Dios) llegara súbitamente y sorprendiera a los hombres, volviéndose propicio para algunos y nefasto para otros. Esta coyuntura para la que parece ya maduro el mundo de hoy, en que una pequeña élite de talentosos, astutos y temerarios emprendedores controlan toda la riqueza del mundo para desgracia de miles de millones que carecen de lo necesario para vivir (tres mil millones según la ONU).

En los últimos versos del capítulo XXII Lao Tse nos informa que en su tiempo existía un viejo adagio conocido de todos que rezaba: "Lo incompleto será completado". Siguiéndole la pista a esa escatología nos encontramos con la vieja tradición de los doce períodos zodiacales y las diez edades, al término de los cuales el mundo entrará en el caos del que saldrá un Cielo nuevo y una Tierra nueva, donde quedará restablecido el orden divino de una vez y para siempre. A esa misma tradición es probable que pertenezcan las profecías que aparecen en los clásicos confucianos sobre el advenimiento del hombre perfecto quien será el agente de la salvación del mundo y cuyas características son descritas con lujo de detalles, tema que será tratado más adelante.

Hay como una lógica misteriosa en este encadenamiento de ideas, por la cual entendemos que el hombre que posee la Virtud de Tao, la cual es el soplo de vida y la efusión del amor con que el universo ha sido creado, es protegido por esa fuerza de amor y se vuelve invulnerable. Es lo que Lao Tse sugiere en el capítulo XVI en el pasaje que dice: "Conocer la Ley Eterna es ser esclarecido, no conocer la Ley Eterna, es atraerse la desgracia". En los versos finales de este capítulo dice: "Conduciéndose conforme al Tao es eterno. Durante toda su existencia estará libre de peligro". La Ley Eterna es el Tao, el gran sentido del mundo, y el hombre que lo sigue es porque la Virtud del Tao actúa en él. Esta adecuación al orden divino vuelve al hombre inmortal e invulnerable.

Volviendo al pasaje en que el sabio chino sostiene que el amor es victorioso en el ataque e invencible en la defensa, esa afirmación puede reflejarse plenamente en la obra de Jesucristo, quien, por así decirlo, atacó al mundo con el arma del amor. Visualizamos así lo que significa que un hombre modesto y desconocido salga de un completo anonimato y simplicidad de vida, de una ciudad de ínfima importancia ubicada en una pequeña provincia del imperio romano y predique una doctrina que en todo contradice al mundo en que yacían cautivos los hombres bajo el poder de príncipes, hombres de armas, señores opulentos, pensadores talentosos, hombres de ciencia, juristas, políticos astutos e ingenieros capaces de llenar el mundo de megaconstrucciones. Entra desarmado al campo de batalla y obrando con una lógica que es justamente lo opuesto de todo lo que harían los hombres comunes para lograr su cometido. Y ese hombre completo en sí, en la Plenitud del amor de Dios, logra desarticular toda la maquinaria del mundo hasta cambiar el paradigma cultural en que se asentaba el orden civilizado de su tiempo. Así queda plenamente confirmada la afirmación profética de Lao Tse de que "el amor es victorioso en el ataque".

Asimismo se entiende, según lo que sugiere Lao Tse en textos antes citados que se aproximan al concepto de inmortalidad, que quien fue en vida una encarnación plena del amor de Dios no podía ser aniquilado por la muerte, porque, como dice el sabio chino, nada había en él vulnerable a la muerte. De esta manera el sabio chino se aproxima a lo que en los evangelios se designa con la palabra resurrección, aunque, a juzgar por los términos con que se expresa, no se trate en su caso de algo tan explícito y preciso como la doctrina enseñada en el Nuevo Testamento sobre el logro supremo de la obra redentora de Cristo. Con todo cabe observar que Lao Tse, al presentarnos una semblanza de modelo del hombre, por la misteriosa lógica con que él parece prever a Jesucristo, no podía menos que asociar el amor supremo que la virtud del Tao infunde al hombre con la idea de que esa fuerza trascendente vence a la muerte.

Para terminar esta reflexión acerca de la pobreza voluntaria o sencillez de la forma de vida y lo nefasto del apetito de posesión, en relación con la primera bienaventuranza del Sermón del Monte, cabe recordar que Jesús fue tan estricto en la formulación de este enseñanza que llegó a decir que "antes pasará un camello por el ojo de una aguja, que un rico entre en el reino de los cielos". Un eco de esta afirmación perentoria se halla en la primera carta de Pablo a Timoteo en la que le dice: "Raíz de todos los males es el amor al dinero" (Tim. 6, 10).

Las razones que se han dado para explicar por qué el apetito de posesión es contrario al Tao (en el concepto de Lao Tse) y un obstáculo mayúsculo para acceder al reino de los cielos (en el evangelio) parecen insuficientes. Es un hecho que amasar riquezas transforma al hombre en servidor de los bienes que amasa, y más que de los bienes, del mismo apetito posesivo que él alimenta, día a día, como en un estado de tensión mental permanente que se posesiona de todo su ser.

El famoso mito del Rey Midas representa bien, a través de un lenguaje metafórico, el drama en que se desarrolla la vida del amasador de riqueza. Sobre el infortunado Midas cae la maldición de no poder comer porque su alimento, al ser tocado, se transforma en oro, y la de dar muerte involuntariamente a su hija, a quien abrazó y convirtió en una estatua del mismo precioso metal. Con esto se está diciendo, por una parte, que quien se propone como finalidad en la vida amasar riquezas cierra la posibilidad de que su espíritu reciba el verdadero alimento; y, por otra, que en su esfuerzo constante por incrementar sus tesoros puede hasta sacrificar a sus seres queridos.

Pero solo la explicación que da Lao Tse puede abrir un horizonte más amplio para llegar a descubrir cuál es la raíz última del problema, el cual trasciende las enseñanzas que se han dado al respecto en el ámbito específicamente religioso, pues solo una sabiduría cósmica posee la clave para este tipo de investigaciones.

Lao Tse juzga como nefasto el apetito de posesión por razones que en parte coinciden con los puntos de vista del Nuevo Testamento, pero da otra que nos sitúa más allá de toda consideración moral o espiritual. La clave está en la respuesta a la pregunta ¿por qué hay pobres en el mundo? Y esa respuesta es obvia: porque hay ricos. El fundamento de la pregunta y su respuesta se halla, pues, en la afirmación de Lao Tse de que el camino del cielo consiste en aminorar lo excesivo y completar lo insuficiente, lo cual ocurre normalmente en todos los ámbitos del universo; salvo en el ámbito de la vida humana. Por eso Lao Tse dice que el camino del hombre es diferente: "Sustrae al que tiene poco para añadirlo al que tiene en demasía". Con esto estamos en presencia de lo más preciado de la sabiduría cósmica. Por eso en el texto del sabio chino se percibe una serenidad y una lucidez que no necesita de ningún arranque pasional para destacar la verdad que quiere comunicar, lo cual se extiende a toda la temática tratada en el *Tao Teh King* (y en los clásicos confucianos). La verdad tiene pasión, dirá un cristiano, un islámico, y en general todo hombre perteneciente a alguna de las razas blancas, y eso porque en la revolución monoteísta la verdad se revela a una comunidad humana inserta en un paradigma cultural que constituye el fundamento de un orden que opera solo para los hombres, con prescindencia del vínculo vital que antes hacía de la Tierra, el Cielo y el Hombre una tríada indisoluble. Con todo, hoy, por la coyuntura histórica en que se vive, en la separación de Dios y sus obras, por una parte y por otra, llevando al mundo al borde de un despeñadero, se impone reconsiderar la línea de pensamiento de quienes, como Lao Tse y Confucio, razonaban desde un paradigma cultural en el que hombre y cosmos estaban integrados.

Cabe observar que es lo que por sí mismo nos enseña el mito del origen de la condición humana, aunque no parezca ser esa la intención del profeta cuando se vale de él para iniciar la formulación canónica de la Ley de su pueblo.

En esta perspectiva, es un hecho que el estado paradisíaco, aunque parezca un cuento para niños (el niño necesitado de protección y afecto que hay en todo hombre), contiene la enseñanza implícita de que en los orígenes, la primera humanidad vivió en la plenitud de su ser inserta armónicamente en el orden natural y entendió el sentido sin esfuerzo captando por intuición espontánea el carácter del acontecer en el que estaba comprometido todo su ser.

Porque no se ha de pasar por alto ni menospreciar la mención directa y explícita del relato correspondiente del Génesis en el sentido de que la pareja primordial estaba desnuda. Así en ese pasaje inicial de las sagradas escrituras el profeta le enseña a su pueblo, y a través de él a la humanidad toda, que Dios creó al hombre completo sin una psique deficitaria de cuyas carencias y vacíos surgieran deseos contrarios a la voluntad divina (Tao). El hecho de que eso ocurra posteriormente se debe a un desvarío mental proveniente de una fuente extraña al sentido que guía el desarrollo del plan de la creación.

Es interesante constatar que en las dos versiones que hemos comentado sobre el origen de la condición humana, la hebrea y la china, el resultado de ese desvarío mental es el mismo porque introduce a la humanidad toda en un proceso lento de degradación interior que se compensa exteriormente con los ropajes de la civilización. Así la historia humana se desarrolla por la vía del progreso de los medios creados por el ingenio humano, para palear el empobrecimiento de sus aptitudes psíquicas en desmedro de su valor intrínseco. Por eso es que los momentos álgidos de la empresa civilizadora coinciden con las más graves aberraciones morales. Es lo que indujo al pontífice romano Juan Pablo II a declarar que el siglo XX pasará a la historia, como aquel en que se cometieron los peores crímenes contra la vida. Verdad incómoda para todos, la cual apunta al valor real de la ciencia que ha permitido al hombre llenar el mundo de megaconstrucciones y consumir la energía de la naturaleza para gigantescos complejos urbanos cuyas formas de existencia son la causa de la desarticulación de la biosfera. Y también de la necesidad imperiosa de poseer el armamento adecuado con que cada país poderoso pretende defender su modelo de civilización sacralizado por una mística política que en vano procura vincular sus pretensiones con los supuestos de trascendencia que antes sustentaron el poder monárquico y la filosofía social con que se dio legitimidad a la democracia en sus inicios (los derechos del hombre y del ciudadano, la soberanía y la autodeterminación de los pueblos, el mito del progreso indefinido, el ascenso del hombre, el Punto Omega, el maximalismo de las grandes potencias, el paraíso comunista, el paraíso capitalista, la hegemonía de la raza superior y el retorno de la hiperbórea de los arios, la sociedad del conocimiento, la conquista del universo, etcétera).

Así se entiende al fin que era necesario llegar hasta este extremo del drama de la historia para entender el fundamento último de lo que Jesús y Lao Tse llaman pobreza voluntaria, y que ambos la consideren como indispensable para que en nuestra vida se opere una transformación espiritual, la que siempre apunta hacia la completitud de la naturaleza humana original.

Esto explica por qué no obstante vivir en ese estado venturoso, el hombre, según el capítulo 3 del Génesis, necesitó que Dios le advirtiera sobre el peligro que se cierne sobre su vida si come del fruto de un árbol cuya ingestión introduce en él una visión distorsionada de la realidad, y por la cual ambicionará conocer lo que antes conocía, pero de otra manera y para otra finalidad. Por ello deberá juzgar su estado de plenitud como si fuera una carencia, y hasta avergonzarse de haber vivido de ese modo, porque la verdad es que ahora todas las cosas deben ser conocidas por él desde afuera. La expulsión del paraíso no significa otra cosa que la pérdida de la armonía del hombre con el orden natural. Porque el nuevo hombre, formado según los patrones de pensamiento de una ciencia que lo hará digno devoto de los dioses civilizadores paganos, debe comenzar a vivir la interminable aventura del conocimiento. Eso, porque en esa escuela de aprendizaje debe partir de cero, por así decirlo, pues se trata en síntesis del plan constructor del mundo tal como lo conocemos desde los comienzos de eso que llamamos historia. El mito chino de la antigua desvinculación del cielo y la tierra tiene el mismo significado.

Mirado Jesús desde ese punto de vista resulta poseer todos los atributos originales de su especie, libre de la alteración radical que se operó en los hombres cuando abandonaron el estado de armonía originario. Él no tiene nada, no ambiciona nada, se mueve entre las cosas y los seres de este mundo en el estado de una libertad absoluta. Su ser está completo, no hay en él vacío alguno que deba compensar agregando a su persona y a su vida elementos externos (desnudez adámica). Su ser mismo y su vida son la enseñanza de la pobreza voluntaria, encarnada en un hombre pero ya no como pobreza, palabra que por sí misma sugiere una carencia y supone su contrario, sino como el "ser así" del hombre conforme a la voluntad divina. Jesús en sí mismo es el estado paradisíaco en el segundo Adán.

Estamos en presencia de una de esas enseñanzas vivas que, como dice Lao Tse, se comunican sin palabras, lo que constituye lo más precioso que un maestro puede enseñar.

En el capítulo II del *Tao Teh King*, Lao Tse dice, en efecto, que el verdadero sabio enseña sin palabras: "Los seres vienen a él, y él no los rechaza. Él produce y no posee, realiza y no se apropia de nada. Una vez cumplida su obra no se la atribuye, y justamente porque no pretende que se le reconozca el mérito, es que el mérito no puede serle desconocido". En estas palabras se configura algo que se parece mucho a una semblanza del carpintero de Nazaret. Con eso de que él produce y realiza, pero no posee ni se apropia de nada, tocamos el punto de la plenitud en que vive Jesús, quien no tiene ningún vacío que compensar con eso que la psicología moderna llama "relaciones objetales", esto es, necesidad de pertenencia, impulso de posesión.

Nótese que en la cita anterior Lao Tse se refiere a la ausencia del apetito de posesión conjuntamente con la ausencia del sentimiento de ser el gestor real de las realizaciones que el "gran hombre" lleva a cabo en beneficio de la comunidad. Este desasimiento por el cual él no se atribuye el mérito de lo realizado proviene, en el caso específico de Lao Tse, de la concepción del "hombre superior" que se halla en el *Libro de las Mutaciones*. Este hombre obra como mediador entre el Cielo y la Tierra, pues es a él a quien el Cielo revela las imágenes primordiales que deben materializarse en la tierra.

Estas dos formas de desasimiento definen al así llamado "hombre superior" en términos de completitud. Es probable que la intuición que los sabios populares anónimos han tenido del hombre superior tenga el mismo sentido. Por eso en la paremiología chilena se halla un refrán que dice: "Para el hombre completo son mis respetos". Esto se entiende mejor si se concuerda con otro refrán que dice: "Del que es por naturaleza señalado, hazte a un lado". Como diciendo que hay algunos seres completos en medio de una gran masa de otros incompletos, lo que viene a ser lo mismo que decir que hay seres "señalados" por naturaleza que deben cumplir una misión superior, lo cual ocurre en medio de una gran masa de seres que solo se atienen a sus propios recursos, y a quienes el sabio popular aconseja no interferir en el camino que el "señalado" sigue en cumplimiento de la misión que se le ha confiado.

A este respecto vale recordar que cuando el Mahatma Gandhi se dio cuenta de que el camino que a él se le revelaba como el que era preciso seguir para liberar a su patria del dominio británico, basado en la fuerza de la verdad, el amor y la no violencia, entonces se hizo consciente en él la necesidad de hacerse nada como persona autorreferente. Su gesto de no estar presente en el gran acto público de la transferencia del poder, y retirarse de la vista de todos para ir en ayuda de comunidades hinduistas y musulmanas en pugna, es como una cita tácita del capítulo II del *Tao Teh King*, y no solo por eso, sino porque constituye lo que en ese mismo capítulo se denomina una enseñanza sin palabras.

A la luz de estos antecedentes se entiende entonces que el desasimiento de no poseer ni apropiarse de nada y lo que llamamos humildad constituyen un mismo desasimiento, cuyo fundamento es la completitud del hombre que conserva en sí algo que Lao Tse llama la "gran imagen".

En ese sentido considerar la pobreza y la humildad como sacrificios ascéticos, como ha sido el caso de algunos santos venerados por la iglesia católica, no resulta ser algo asentado en un fundamento convincente, pues en tales casos la pobreza y la humildad siguen siendo privaciones que el yo se impone a sí mismo como castigo, pero sin entender el fondo del problema.

Con relación a esto, en el capítulo XXXV del *Tao Teh King*, Lao Tse acuña el concepto de la "gran imagen", expresión con que procura aproximarse a la noción de arquetipo, modelo humano de perfección. En su parte pertinente dice: "A quien conserva en sí la gran imagen, el mundo entero acude. Acude y no sufre daño alguno, y permanece en salud, paz y armonía".

El hecho de que el sabio chino se refiera a la "gran imagen" como a algo que algunos seres extraordinarios conservan supone que es algo que se ha perdido. Por eso cuando aparece alguien que no ha perdido esa virtud, el hecho resulta excepcional; y los seres incompletos, necesitados y agobiados por sus problemas acuden para recibir algo de él. Lao Tse se refiere a eso que reciben con los términos "salud, paz y armonía".

Cabe señalar que justamente el auditorio de Jesús en el comienzo de su ministerio acudía a él para recibir "salud". Paz y armonía resultaban de la novedad de que un hombre sabio y santo profeta levantara el ánimo abatido de grandes multitudes dándoles esperanza y haciéndoles entender que en su condición afligida, pobre, y oprimida estaban en mejores condiciones que los ricos y poderosos para entender la buena nueva.

En lo que se refiere a la humildad, cuyo modelo promueve Jesús aludiendo a su propia persona, lo más significativo de ello se da en referencia a lo señalado por Lao Tse en el sentido de que el hombre superior no se atribuye el mérito de lo realizado. A ese respecto conocidas son las declaraciones que Jesús hizo para hacer entender a su auditorio que él no hacia ni decía nada por sí mismo, sino lo que le había enseñado y ordenado a hacer su Padre. Una cita pertinente en ese sentido es la que se halla en el evangelio de Juan, capítulo 5, versículos 19 al 30: "En verdad os digo: El Hijo no puede hacer nada por su cuenta, sino lo que ve hacer al Padre. Lo que el Padre hace eso lo hace igualmente el Hijo. Porque el Padre ama al Hijo y le muestra todo lo que Él hace. Y le mostrará obras mayores que estas para que os asombréis". En este sentido el apóstol Pablo en su carta a los colosenses (Cap. 2, versículos 9-10) dice: "En él (Jesucristo) habita corporalmente toda la plenitud de la divinidad. Ustedes tienen todo plenamente en él". Esas palabras se ajustan a la perfección al hecho de que Jesús demostró ser siempre un ser completo para sí mismo que, siendo lo que era, no necesitaba nada. Usando otras palabras se puede decir, con Lao Tse, que inconscientemente todos veían en él a la "gran imagen" ("mesías" o gran profeta anunciado por Moisés) y seguían el modelo. En ese sentido cabe pensar, conforme a lo que dice Jung sobre Jesucristo, en que no habría sido posible que los hombres adhirieran al evangelio si no hubiesen tenido en sí mismos, inconscientemente, el arquetipo del hombre divino, del hombre completo y total cuya semblanza se hace constante en el *Tao Teh King* y en *El Libro de las Mutaciones*. Es aquello que el apóstol Pablo hizo plenamente consciente, conforme a la cita anterior de su carta a los colosenses.

En lo que se refiere al desarrollo de esta idea en otros capítulos del *Tao Teh King*, cabe citar el capítulo VII en el que se dice: "El hombre sabio excluye su persona y siempre se halla en el primer lugar. Se despoja de sí mismo y por eso permanece. Porque no busca su provecho es que logra su provecho". En esta cita la palabra persona alude al yo autorreferente y sus exigencias. Todas esas autorreferencias y esas exigencias inciden en una identidad disminuida y distorsionada del hombre de la que está libre quien viene al mundo completo y acabado conforme al modelo de perfección._La palabra "permanece" se refiere a la duración en el tiempo que tienen todas las obras realizadas conforme al Tao, lo que solo puede hacer el hombre "señalado", el que conserva en sí la "gran imagen". Aunque en otros capítulos Lao Tse se aproxima al concepto de inmortalidad en lo que se refiere al modelo del hombre. En el capítulo XXXIII el texto correspondiente termina con la siguiente frase: "Morir y no perecer, tal es la verdadera longevidad". Esto también está referido a la larga memoria que deja tras de sí el hombre superior después de realizar cosas de gran trascendencia, pero en un segundo plano de significación parece aproximarse a lo que se dice del gran hombre en el capítulo L: "He oído decir que quien sabe cuidar su vida va por su camino sin temor al tigre ni al rinoceronte, entra desarmado al campo de batalla. El rinoceronte no hallaría dónde hincarle el cuerno, ni el tigre hallaría dónde asestarle el zarpazo, ni el arma hallaría dónde herirlo con su filo. ¿Y por qué? Porque en el gran hombre no hay nada vulnerable a la muerte".

Es el coraje que da el amor, según las mismas palabras de Lao Tse, y la conciencia de que el amor, como antes se dijo en una cita del *Tao Teh King*, "es victorioso en el ataque e invencible en la defensa".

Con relación a eso que hemos denominado el "desasimiento" fundamental que es inherente a la completitud del hombre, lo que en Jesús se da en su plenitud, por sobre toda otra figura histórica que puede asemejársele, también pertenece a ese desasimiento a que alude Lao Tse en su capítulo IX cuando dice: "Retirarse de la obra acabada, en eso consiste el camino del Cielo". Estas palabras están concebidas sobre un supuesto de gran trascendencia. Porque cabe observar que quien realiza algo en beneficio real de un pueblo o de una otra forma de comunidad, si lo hace con la plena conciencia de que el poder que él detenta solo tiene sentido como servicio, nada de la obra realizada le pertenece a él como individuo, pues además ese mismo poder no es de él, sino del Cielo que ha hecho posible su acceso a él.

Así la noción de que el poder solo se justifica como servicio es inherente a la concepción del mismo como don de lo alto, porque si el Cielo es el que da el poder, lo da no para beneficio de quien lo detenta, sino para que este actúe siguiendo el ejemplo del Cielo y de la Tierra, como dice Lao Tse en el capítulo VII: "Si el Cielo y la Tierra duran desde siempre es porque no viven para sí mismos". La conclusión que saca el sabio chino de este ejemplo de la sabiduría cósmica es que el hombre verdaderamente sabio "excluye su persona, pero siempre se halla en el primer lugar". Y es porque la excluye que puede ocupar el primer lugar, como dando a entender que es el Cielo el que lo exalta. De ello se sigue necesariamente la obligación moral de retirarse de la obra acabada, lo cual es una demostración más del desasimiento del hombre completo.

La actitud contraria a ese desasimiento es la tendencia que tiene todo hombre a sentirse autónomo en sus actos. Así, lo que ocurre en el ámbito menor del individuo, llevado al macromundo en que actúa el guía de un pueblo, es lo que caracteriza a los actos de gobierno de la casi totalidad de los reyes de la historia universal. En principio los soberanos ascienden al trono y adquieren el poder por consagración, con lo que manifiestan reconocer que el poder les es dado desde lo alto y que al Cielo, o a Dios, o a los dioses, deben rendir cuenta de ello. Pero, en los hechos, la casi totalidad de los reyes terminan actuando como si su acceso al poder fuera cosa de ellos, por sucesión o por conquista lisa y llana. Guillermo el Conquistador se tomó el poder que antes de él ejercían los reyes anglosajones en Gran Bretaña. Fue consagrado rey en Westminster, pero él y todos los soberanos de su estirpe actuaron siempre como si el poder hubiese sido un expediente que está al alcance de su mano. La tendencia expansionista de los Plantagenet pone de manifiesto el apetito del poder, aquel que dominó a Carlos V, disimulado por la supuesta responsabilidad que ponía sobre sus hombros la fe católica. Lo cual queda plenamente al desnudo cuando acuñó su célebre frase: "En mis dominios no se pone el sol".

Quien hizo plenamente consciente que el poder de los reyes, no obstante la consagración que los autoriza para gobernar, es ejercido de hecho en forma autocrática, fue Napoleón I. Su autocoronación en la catedral de Notre Dame de París fue el acto emblemático mediante el cual él cortó la relación sacramental que en principio unía el ejercicio del poder monárquico con el poder divino.

Jesús, ante las pretensiones de sus discípulos Santiago y Juan de sentarse a la derecha e izquierda de su trono, cuando él ejerciera el poder en Israel conforme a la errada concepción que tenían del reino mesiánico, les dijo estas reveladoras palabras: "Ustedes saben que los príncipes de las naciones se enseñorean de ellas y los grandes las someten a servidumbre. No sea así entre vosotros, el que quiera ser el primero entre vosotros que sea el último y el servidor de todos" (Mc. 9, 35).

Sobre este punto corresponde citar el capítulo LXVIII del *Tao Teh King* en el pasaje que dice: "El buen guía de los hombres se comporta como su servidor. Tal es la fuerza, que no lucha, la fuerza propia para conducir a los hombres, lo que se asimila al Cielo, la más grande virtud de los antiguos". En el capítulo LXVI dice: "Si quiere ser señor de su pueblo debe tratarlo como si fuera su servidor. Si quiere ser cabeza de su pueblo debe ubicarse el último".

Con relación a eso de retirarse de la obra acabada, cabe recordar que el ministerio público de Jesús fue extremadamente breve y que cuando su obra fue acabada, conforme a lo declarado por él en la Última Cena, dijo: "Os conviene que yo me vaya" (Jn. 16, 7). En el caso de la cita de Lao Tse se entiende como desasimiento, pero también se entiende en el sentido de que toda obra de fundamento espiritual que el gran hombre realiza en beneficio de los hombres genera un proceso de desarrollo que se deriva de la misma virtud trascendente que actuó en su gestación; y ese proceso se realiza en el tiempo, en un período que se supone largo y porque la duración es lo propio de las obras que se realizan conforme al Sentido (Tao). Confucio después de realizar una misión de enseñanza en casi todos los reinos feudales en que estaba dividido el imperio chino entonces, a insinuación de un sabio taoísta itinerante que lo abordó sorpresivamente, se retiró a la vida privada con sus discípulos y recapituló toda su experiencia en los libros clásicos que dejó para la posteridad. Solo la trascendencia espiritual subyacente en su obra explica los resultados milagrosos de su misión, aparentemente desesperada, pues tres siglos después de su muerte, sus enseñanzas pasaron a ser la estructura espiritual de la más grande nación de la antigüedad por dos mil años. Esto dio lugar a que los misioneros cristianos (jesuitas) que visitaron China, después de su larga experiencia en esas latitudes, concluyeran que habían conocido una sociedad en la que imperaba la más alta cultura moral.

En el caso de Jesús, el cumplimiento de su obra y su retiro de la obra acabada pueden tener una explicación en los mismos términos, pero por sobre eso está el hecho de la resurrección, solo atribuible a él, lo que refuerza lo dicho antes sobre los efectos en el tiempo de las obras realizadas sobre un auténtico fundamento espiritual. Porque el Jesús resucitado deviene un espíritu vivificante que asiste a la comunidad de discípulos de un modo desconocido en el mundo antes. En los escritos apostólicos se dice que el Espíritu a partir de cierto momento posterior a la resurrección de Cristo fue "dado" (Jn. 19,30), y esa recepción del Espíritu cambió la naturaleza, por así decirlo, de los apóstoles y de toda su obra misionera a partir de la efusión de Pentecostés. Así la sabiduría, la profecía y los milagros comenzaron a manifestarse en el pequeño grupo de sus atemorizados seguidores.

Con todo, el aparente fracaso de Confucio al concluir que el mundo en que le tocó vivir era totalmente refractario a la sabiduría ancestral, el cual se desangraba en permanentes guerras rivales y sediciones, deviene asimismo un acontecimiento de carácter milagroso. Esto si se considera que la luz ahuyentada de la vida nacional retornó al cabo de tres siglos, como un árbol de crecimiento tardío cuya simiente cayó en mala tierra, lo que no daba esperanza cierta de que podría brotar. A eso se suma el acontecimiento sincrónico de que los cazadores del rey del estado de Lou dieron muerte a un kilín, esto es, un unicornio; y que en el momento en que el animal muerto fue presentado al rey, este se hallaba en compañía del sabio, quien al verlo entendió que el hecho estaba anunciando su próxima partida de este mundo. El kilín era un animal semifabuloso que solo se dejaba ver cuando un santo soberano ascendía al trono del imperio. Por eso el hecho de que cazadores groseros con jabalinas y flechas dieran muerte a ese emblemático ser fue un acontecimiento simbólico de que al único hombre de aquellos tiempos que el kilín vivo podía estar señalando era Confucio. Por la muerte del animal, Confucio exclamó que ya no se veía por dónde podría surgir un soberano santo y sabio con el carisma capaz de poner por obra sus enseñanzas, que no eran otras sino lo esencial de la cultura creada por los fundadores de la dinastía Tchou.

Cito este episodio de la biografía de Confucio, pues el unicornio como animal emblemático se relaciona con el mito del andrógino, el cual a su vez proviene de la concepción arcaica de Dios como un ser bisexual, esto es, que se comporta conjuntamente como padre y como madre. Como dice Lao Tse en el capítulo LI de su libro: "El Tao engendra las criaturas y la Virtud las nutre. Ella hace crecer, cuida, desarrolla, conserva, abriga y protege". El unicornio, al tener un solo cuerno en su frente siendo que lo normal en los animales cornudos es la cornamenta doble, está simbolizando la unificación de los pares de opuesto de la biunidad humana, justamente lo que Jung denomina proceso de "individuación" (*Aion*. Barcelona, 1992). Mediante dicho proceso los seres humanos se integran, logrando un equilibrio entre lo consciente y lo inconsciente, y enfrentando con coraje lo que él llama su "sombra", es decir, el doble maligno, antisocial y oscuro de la personalidad; como también lo que él llama la "persona", esto es, la falsa identidad que resulta del hecho de estar sometido inconscientemente a los impulsos de la sombra (persona significa máscara), hasta lograr la autenticidad y la transparencia en las relaciones con otros seres humanos. Justamente es lo que Confucio denomina "inocencia" (Cap. 25. *I Ching*), y Jesús denomina "autenticidad", según su manera de elogiar esa virtud en su discípulo Nathanael (Jn. 1, 47). Otros traducen esta última palabra como doblez y artificio. En todo caso se trata de la trasparencia del hombre superior que al presentarse ante otros no simula nada. Es lo que el Mahatma Gandhi entendía por "verdad", de la que no daba una definición filosófica, sino ética; vale decir, la verdad es ser un hombre verdadero que no aparenta nada y que tiene el coraje de decir la verdad (Testimonio directo de Lanza del Vasto).

Para la mente analógica de la antigüedad las relaciones que presentaba el par Cielo y Tierra se daban sobre todo en la psique humana, lo cual explica bien la psicología analítica moderna, especialmente la escuela de Jung, que percibe la bipolaridad de lo creativo y lo receptivo en el comportamiento anímico del hombre. En ese sentido es que Jung distingue en la psique humana el eje central del Yo, asistido por dos vertientes de energía psíquica, una de sello paterno creativo y otra de sello materno receptiva, inconsciente, pero en constante proyección hacia la actividad consciente.

El mito del andrógino es arcaico porque procede de la bisexualidad mitológica de la divinidad, pero eso no quiere decir que no apunte hacia una verdad válida para todo el que no quiera renunciar a la capacidad simbolizadora inherente a la actividad inconsciente de la psique (siempre activa en los sueños), y la cultive como una aptitud preciosa que le pertenece como parte del potencial interior con que nace.

El hombre puede desentenderse deliberadamente de varias aptitudes que forman parte de esa potencia para concentrase más en sus objetivos materiales. Pero eso no implica que las anule, puesto que esas aptitudes nos pertenecen y siguen operando desviadas de su dirección normal, al ser sepultadas en el inconsciente por el hiperdesarrollo del intelecto utilitario. Justamente ese hiperdesarrollo del intelecto es tal por la energía desviada de toda la base inconsciente de nuestra psique. Por eso siempre bajo las apariencias de una representación intelectual del mundo subyacen las imágenes primordiales que en la trastienda de nuestras definiciones configuran la actividad consciente, conforme a patrones invisibles y solo discernibles mediante una inteligencia analógica. Es lo que podríamos llamar el paradigma subyacente. Así, por ejemplo, la primera frase del Génesis "En el principio Dios creo el Cielo y la Tierra". Aquí la mención del Cielo y la Tierra, como antes se dijo, en la primera frase de la Torah, es una resonancia de lo que fue la cosmovisión común a todos los hombres, solo que en este texto, escrito para un pueblo monoteísta, la palabra "principio" que inaugura el tiempo está precedida por Dios. Al par Cielo y Tierra siguen los continentes y los mares, la noche y el día, el sol y la luna y las estrellas, plantas y animales, árboles frutales, hasta el advenimiento del hombre.

En este relato se rastrea la antigua concepción del Cielo y la Tierra como los dos demiurgos capaces de traer a la existencia todo lo que existe, solo que el profeta impone a esa tradición la acción directa de Dios en etapas taxativas. Lao Tse en el capítulo V del *Libro del Tao* se refiere a ello en los términos siguientes: "El espacio entre Cielo y Tierra se asemeja a un fuelle, porque está vacío pero nunca se agota. Más se le activa y más se obtiene de él". Aunque por el contexto del libro se entienda que antes del Cielo y la Tierra está el Tao como principio de todo, que engendra y trae a la existencia las criaturas mediante su Virtud creadora Teh.

El mismo Confucio, imbuido de la concepción de la divinidad como el Cielo (y a veces el par Cielo y Tierra), establece la analogía que proyecta la misma polaridad en el hombre, como se percibe en un pasaje del tratado que él escribió para explicar el *Libro de las Mutaciones*: "Al tornarse el hombre semejante al Cielo y a la Tierra, no entra en contradicción con ellos. Su sabiduría abarca todas las cosas y su sentido" (*Ta Chuan*. Cap. IV, vs. 3). Este pasaje ya fue comentado antes. En él se percibe la analogía que el sabio establece entre la bipolaridad cósmica del cielo y la Tierra, y la bipolaridad de lo creativo y lo receptivo en la constitución misma del ser humano.

En un pasaje posterior Confucio parece querer restablecer el lenguaje original prehistórico que después generó los conceptos más abstractos del *Libro de las Mutaciones*. El texto dice: "El *Libro de las Mutaciones* por su vastedad y grandeza corresponde al Cielo y a la Tierra. Por sus modificaciones y sus nexos corresponde a las cuatro estaciones. Por el significado de lo luminoso y lo oscuro corresponde al sol y la luna" (*Ta Chuan*. Cap. VI vs. 3).

En lo referente al pueblo de Israel, se entiende que al serle confiada la revolución monoteísta en el mundo debió sumergir la sabiduría cósmica en el inconsciente colectivo, por así decirlo, y proclamar la hegemonía del Dios único, con lo cual toda la experiencia del mundo que los hombres habían tenido a manera de una revelación tangible de la voluntad divina en el espacio y el tiempo quedó en el subsuelo de la actividad psíquica, pero siguió operando en la estructura profunda del pensar y el actuar, como se puede apreciar en la cita del Génesis antes comentada.

En lo que se refiere a la bisexualidad de Dios, a juzgar por el comportamiento de las criaturas y los elementos y su evolución en el tiempo, siempre se puede y se podrá decir que Dios engendra como un padre, alimenta, hace crecer, cobija y protege, como una madre y que esa bipolaridad resuena con otra subyacente en la interioridad del hombre. De lo cual se deduce que si lo que Jung llama el proceso de individuación corresponde al hecho de que un hombre pueda integrar todos los elementos que concurren a formarlo como una unidad, eso precisamente constituye la característica más relevante de lo que el *Libro de las Mutaciones* llama "hombre superior". Y en eso consiste el misterio de los grandes guías espirituales de la humanidad, de lo cual Jesús no es una excepción. Es lo que se percibe indirectamente en sus palabras y sus actos, sobre todo en eso de predicar una doctrina que contradice en todo los patrones de pensamiento y acción que imperaban en el mundo en que le tocó nacer, regido solo por la autoridad de lo masculino. Ese mundo en el que imperaba la ley del más fuerte y la más detestable explotación del hombre por el hombre y la discriminación de estatus, nacionalidad, raza, cultura, Jesús impone el código de las bienaventuranzas, no solo contra ese orden en su dimensión mundial, sino también en lo que se refiere al código fundamental de su propio pueblo. Aconseja no resistir la agresión ofreciendo la otra mejilla a quien nos ha abofeteado, y eso en el contexto de un mundo militarizado, en el que la guerra era como el estado normal de la sociedad. Aconseja amar a los enemigos y orar por quienes nos maldicen y persiguen (Mt. 5, 38-48).

Así, en su carácter, él nos muestra una curiosa asociación de fuerza y debilidad. Es capaz de calmar una tormenta increpando a los vientos y al mar, es capaz de resucitar a un muerto, dice que todo el poder le ha sido dado en el cielo y en la tierra, proclama que quien no está con él está contra él, porque él es el camino, la verdad y la vida. Dice a sus discípulos que quien lo ve a él ve al Padre; es capaz de hacer frente a sus oponentes con un coraje que solo puede tener quien es dueño y señor de la vida, por eso es capaz de vencer a la muerte. En contraste con todo eso, él es, en el sentido lato de la palabra, ese que Lao Tse señala como uno que entra desarmado al campo de batalla (Cap. L). Ya lo había anunciado el profeta Isaías quien nos dice que fue conducido al martirio sin oponer ningún tipo de resistencia, como el cordero que se mantiene en calma frente a quien lo esquila y mientras lo clavan en la cruz, él ruega a su Padre por sus verdugos (Is. 53).

Su fidelidad a la no violencia es absoluta. Solo el Mahatma Gandhi, dos milenios más tarde, nos ofrecerá un ejemplo más cercano y proporcional a sus objetivos de lo que es esa acción destinada a desarticular el orden imperante, pero sin lucha, sin enfrentamiento armado de unos contra otros. Porque si quien detenta el poder y es guía de su pueblo se anula a sí mismo como sujeto autorreferente y solo concibe el poder como servicio, el único modo de que ese poder pueda ser considerado como un don de lo alto es renunciando a toda autoafirmación como individuo y como grupo. Así Gandhi demostró saber que el poder que lo llevó a ser el guía de su pueblo no venía de él, y que su lucha no violenta con la sola fuerza de la verdad, era el único modo de dejar actuar al brazo de Dios.

Según la más arcaica concepción de la bipolaridad del acontecer como bisexualidad de Dios, está subyacente en los actos de los seres que vienen al mundo a cumplir una misión trascendente. Por eso la extraña y misteriosa asociación de fuerza y debilidad en Jesús y en Gandhi revela en ellos un reflejo del antiguo mito, del andrógino: ser mitológico que posee en sí mismo los dos principios de la biunidad universal. Si lo masculino es creativo activo lo femenino es receptivo pasivo, solo en los seres excepcionales, llamados "señalados" por la sabiduría popular, se da un equilibrio de ambos términos de esa polaridad. Así en contraste con las características que en Jesús nos muestran a un hombre fuerte a quien asiste en plenitud el poder de lo alto, se muestran también las características del aspecto materno de la psique y de la divinidad, aquello que Lao Tse llama Teh, la Virtud del Tao que actúa como una madre amorosa con las criaturas engendradas por el Tao, y traídas por ella a la existencia.

Cuando Jesús les dice a sus discípulos "Quien me ve a mí ve el Padre" es el Padre el que actúa en él. Pero cuando les dice "Hijitos míos", cuando se compara a una gallina que cobija a sus pollos bajo sus alas o cuando da de comer a cinco mil hombres mediante el milagro de la multiplicación de los peces y los panes, es el lado materno de la divinidad el que se manifiesta en él.

Pues entre las características propias de un buen rey, en la concepción más antigua de la monarquía, estaba la de ser un buen proveedor de alimentos. Eso justamente es lo propio de una madre, pues para eso dotó la naturaleza a la mujer con los órganos que son fuente de nutrición para sus hijos. Así debemos entender el hecho que siguió al milagro de la multiplicación de los peces y los panes operado por Jesús como se lo narra en el evangelio de Juan, capítulo 6, versículo 15, el cual concluye así: "Pero entendiendo Jesús que iban a venir para apoderarse de él y hacerle rey, volvió al monte solo". La multitud que presenció el prodigio movida por una convicción casi instintiva vio en Jesús al proveedor de alimentos para el pueblo, sinónimo de lo que es un buen rey. Tal es la razón de por qué en China se le atribuía la naturaleza andrógina a los soberanos santos de la remota antigüedad, representándolos con pechos de mujer o ubres de una hembra animal, aunque esa androginia metafórica tenía raíces más profundas que se afincaban en la integración de las virtudes paternas y maternas en un hombre (Oncken, *Historia de la China antigua*, 1946).

Justamente esos a quienes Lao Tse se refiere en su capítulo LXVIII: "El buen guía de los hombres se comporta como su servidor. Tal es la fuerza que no lucha, la fuerza propia para conducir a los hombres, lo que se asimila al Cielo, la más grande virtud de los antiguos". Es sorprendente que el viejo maestro nos diga que tal fue la más grande virtud de los "antiguos", pues tratándose de un taoísta, esos antiguos no son siquiera aquellos que impulsaron la empresa civilizadora de China, sino los príncipes tribales de las etnias y clanes anteriores al segundo milenio antes de Cristo, incluso anteriores a Fu Hi, y esto plantea un problema interesante relacionado con la vida aborigen en la China prehistórica.

Porque da la impresión de que la primacía del amor y los patrones de conducta que se desprenden de él (las bienaventuranzas), la no violencia, la abstención y la pasividad sabia de quienes actúan conforme a la voluntad del Cielo, corresponden a una maduración espiritual que se supone puede darse al cabo de un largo tiempo de evolución cultural en una sociedad. Pero la plena, conciencia de que tal es el camino del hombre santo y sabio, y, en consecuencia, del "deber ser" para todos, ocurrió en el pueblo de Israel solo con la aparición de Jesús en el escenario de su historia.

Por eso, en gran parte del Sermón del Monte, Jesús procura hacer entender a sus seguidores que la Ley de Israel debe ser perfeccionada y llenados sus vacíos, en el sentido de adecuarla al nuevo modelo de hombre justo propuesto por él. El modo con que Jesús desarrolla su discurso se hace destacando siempre un contraste entre lo que "habéis oído" con lo que "yo os digo". En esta enseñanza Jesús dice que le está dando a la Ley su perfecto cumplimiento. Por ejemplo, en lo que se refiere al quinto mandamiento del Decálogo.

A este respecto Jesús dice: "Oísteis que fue dicho a los antiguos: No matarás; y cualquiera que matare será culpable de juicio. Mas yo os digo que cualquiera que se encolerice contra su hermano será culpable de juicio; y cualquiera que le diga necio a su hermano, será culpable ante el concilio, y cualquiera que le diga estúpido, quedará expuesto al infierno del fuego" (Mt. 5, 21-22). Con esta enseñanza, Jesús, no obstante la hipérbole, no es que quiera que la ira sea objeto de una acción legal, sino perfeccionar el patrón de conducta que se sigue del quinto mandamiento, pues es un hecho que al homicidio, le precede el odio y la cólera. Y si el mandamiento mismo está referido solo al hecho consumado de dar muerte a un ser humano, Jesús quiere poner al mismo nivel del homicidio los oscuros sentimientos que alimenta un hombre en su corazón para terminar poniendo por obra su agresividad contra su prójimo.

Esto no contradice el hecho de que antes de él hubo entre los hebreos profetas, jueces y patriarcas que manifestaron en su comportamiento los mismos patrones de conducta y la misma pureza ética como fue el caso de José, hijo de Jacob, y el profeta Daniel. Pero que esta síntesis de la más alta sabiduría haya sido realizada por Lao Tse y Confucio en un tiempo de alta cultura, y sea atribuida a los fundadores de la cultura china en tiempos de las etnias y los clanes más antiguos, es algo único en la historia del mundo y un anuncio para los períodos históricos de que en esa nación imperaría una alta cultura moral, como lo sostienen los jesuitas que fueron a China a estudiar su cultura.

Una explicación que podría darse de por qué los más altos exponentes de esa sabiduría en China se divisan desde una antigüedad remota puede hallarse reflexionando sobre lo que es en sí la condición aborigen, en el sentido de una sociedad que vive inserta en el orden natural y asentada en una cultura cuya sabiduría deriva de la observación del comportamiento de los elementos y criaturas del medio cósmico en que vive integrada al gran todo.

Si con el par Cielo y Tierra para un primitivo se designa la totalidad de lo que es, el Génesis en su primer versículo se remonta a esa concepción antigua. Si en la lista de los órdenes de criaturas creadas gradualmente aparece el hombre al fin, cuyo cuerpo fue hecho del barro de la tierra, la intención subyacente de ese lenguaje es remitirse indirectamente a una tradición común a todos los pueblos no extrapolando al hombre del orden dado, sino integrándolo a la familia cósmica; y más aun, la descripción de la pareja primordial habitando el mundo en armonía con todas las criaturas, en la plenitud de su ser, para lo cual la desnudez como hecho real, y como metáfora, alude a la completitud original de la naturaleza humana.

La condición aborigen en principio tiene algo de todo eso, aunque un estudio de las culturas no civilizadas del mundo no nos permite definir el mito del paraíso de la humanidad basándonos solo en esa condición aborigen, porque eso nos llevaría a una simplificación naturalista inaceptable, pues son los mismos aborígenes quienes sostienen que los ancestros remotos vivieron en un estado de plenitud y perfección que sus descendientes perdieron. Las versiones mitológicas de esa pérdida nos permiten rastrear el fenómeno universal de la degradación espiritual y ética de la especie humana, cuyo paliativo hasta hoy ha sido el fenómeno de la civilización. Pero solo la versión china y la versión hebrea nos dan los elementos de juicio para formarnos una idea de lo que realmente aconteció, lo cual es refrendado por la misma revolución monoteísta. En ese sentido parece que la más antigua versión de la divinidad, conforme a lo que sostienen algunas escuelas antropológicas, fue monoteísta (Teoría del monoteísmo primordial de Ad. Jensen. "Mito y culto entre pueblos primitivos". México, 1966). La misma sabiduría cósmica china, reformulada por el lenguaje sapiencial de una alta cultura en el siglo VI antes de Cristo, nos está indicando que en el par Cielo y Tierra, que contiene el gran todo considerado desde el punto de vista de su actividad permanente, micro y macrocósmica, impone la presencia de un Soberano del Cielo. Esto pues siempre se percibe una tendencia a unificar ambos términos de la polaridad cósmica en una instancia espiritual anterior, como acontece en el Génesis. Dios creó, en el principio, el cielo y la tierra. Es aquello a lo que se refiere Confucio, cuando establece la primacía del espíritu, por sobre el mundo manifestado regido por la bipolaridad de lo luminoso y lo oscuro, dialéctica que no rige más allá de lo creado (*Ta Chuan*, Cap. 5, vs. 9).

Ahora bien, si el título de nuestra investigación es *El Cristo Preexistente*, lo cual nos lleva a rastrear el pasado remoto en busca de modelos humanos que reflejan sus patrones de conducta y la virtud que actuaba en él y determinaba la semblanza de su carácter, es interesante constatar que esos modelos, en el caso de la China, serían prehistóricos y se habrían dado en el estadio aborigen de las etnias y clanes que concurrieron a formar lo que hoy es la raza china. Poco sabemos de los soberanos de esa prehistoria dorada a la que hacen referencia los historiadores clásicos transcribiendo documentos históricos más antiguos.

Solo la referencia permanente que hacen a ellos Lao Tse y otros taoístas posteriores a él nos permite entrever vagamente lo que fueron esas épocas. Lo cierto es que Lao Tse y Confucio, ya en el siglo VI antes de Cristo, demuestran estar enteramente familiarizados con una concepción del hombre y sus imperativos espirituales y éticos que no es una elaboración de su autoría, sino una síntesis y reformulación de un mensaje sapiencial cuyo origen se percibe como muy remoto y cuyas fuentes escritas más antiguas estaban en los documentos sagrados del archivo del palacio imperial de los Tchou, de los que Confucio extrajo el material para su Chou King (*Sagrado Libro de la Historia*).

Tal es el alcance de una declaración de Confucio en el sentido de que los tiempos en que le tocó vivir no son tiempos para crear un nuevo cuerpo de doctrinas, sino un tiempo para trasmitir. Este trasmitir está referido siempre a la sabiduría ancestral, aquello a que alude Lao Tse cuando menciona la "Virtud de los antiguos". En sus Analectas, Confucio nos da una idea de lo que fueron esos santos varones. La figura más antigua a la que él se remonta es el emperador Yao, quien vivió aproximadamente en el 2300 a. C. Refiriéndose a él Confucio dice: "Grande es en verdad la manera como Yao fue soberano. Sublime: Solo el Cielo es grande, y solo Yao guardó proporción con él. Inagotable: El pueblo no pudo hallar nombre para designarlo. La perfección de sus obras era sublime. Sus prescripciones para la vida eran radiantes" (Lun Yu VIII, 19). A Yao se atribuye una profecía que dice: "Cuando los hombres padezcan carencia y necesidad, dentro de los cuatro mares, entonces el don del Cielo habrá concluido para siempre".

A Yao le sucedieron Chun y Yü. De ellos Confucio dijo: "Sublime fue la manera como Chun y Yü gobernaron el círculo de la tierra sin proponérselo" (Lun Yu VII, 18). A este respecto en otro pasaje el maestro agregó: "Quien sin hacer nada mantuvo al mundo en orden, ese fue Chun. Porque realmente ¿qué hizo? Vigilarse respetuosamente a sí mismo y dirigir con seriedad su rostro hacia el Sur. Nada más" (Lun Yu XV, 4).

En lo que se refiere a Yü, Confucio dice: "En Yü no me es posible descubrir ninguna falta. Era sobrio en la bebida y en la comida. Era piadoso ante Dios. Para sí solamente llevaba una ropa modesta; pero en el servicio divino se presentaba con púrpura y corona. Habitaba en una humilde choza, pero utilizaba todos los medios para regularizar el curso de las aguas. En Yü no puedo descubrir falta alguna" (Lun Yu VIII, 21).

El sabio hace así el elogio de sus tres más antiguos modelos de hombre y gobernante. Resumiendo ese elogio en lo que tiene de más significativo, entendemos que Confucio admira en ellos no tanto lo que hicieron, como su actitud básica de no intervención en el gobierno que el Cielo ejerce espontáneamente en el mundo. Lo contrario de eso es lo que da por resultado la gran civilización, cuya grandeza tiene más de autonomía propia en el obrar que de reconocimiento de la primacía del don del Cielo. Se entiende que el reinado de estos soberanos es en absoluto ajeno a toda glorificación o apoteosis personal. En lo que se refiere a la tradición taoísta, sus modelos proceden de los milenios anteriores a Yao.

EL CRISTO PREEXISTENTE

PARTE II

Los santos y sabios soberanos de la antigüedad

Transcribo a continuación una síntesis de textos de historiadores clásicos de China y referencias halladas en textos taoístas, en los que se da una breve información de lo que fueron esos santos patriarcas de las etnias antiguas.

Estas citas proceden de la investigación realizada por el sacerdote jesuita francés, padre de Prémare, antes citado. Se trata de soberanos de la novena edad, el último de los cuales es Fu Hi, quien habría vivido en el cuarto milenio antes de Cristo. Por eso el calificativo de emperador no parece ser el apropiado para esos tiempos remotos. El fundador de la primera dinastía de esta época es el emperador Se Hoang. Este soberano nació sabiendo hablar y, como otros escogidos por el Cielo, recibió una carta simbólica y numérica del universo por medio de un dragón (el dragón en China simboliza la energía espiritual, por eso el trono imperial se llama trono del dragón).

Se Hoang compuso los primeros ideogramas chinos, observando las mutaciones del Cielo y de la Tierra, las diversas configuraciones estelares en lo alto, y en lo bajo, el plumaje de las aves, las montañas y los ríos que nacen de ellas, los follajes de los árboles y las formas de las plantas y las flores.

En tiempos de Se Hoang se reglamentaron las relaciones entre el soberano y sus vasallos, y entre los padres y los hijos. Se instituyeron algunos ritos y se empleó la música en ellos. Entonces el imperio vivió en paz y en orden por largo tiempo.

El segundo emperador de esa edad fue Pe Hoang Chi. Reinó bajo el signo de la madera. Actuaba sin apego a las cosas ni a las personas y nunca preguntaba nada.

El tercer emperador de este período fue Tchong Hoang Chi, quien se estableció al occidente del monte Hoang Chi. Fue el primero en celebrar el sacrificio llamado Fong Chen, por el cual el emperador, en su calidad de rey sacerdote, sacrificaba al Soberano del Cielo, considerado en su doble calidad de padre y madre, de quienes el Cielo y la Tierra son sus símbolos puros. Fong significa, en este caso, hacer una elevación de tierra, y la palabra Chen, cavar una fosa. A la palabra Fong se asocia la montaña Tai Chan, la más alta entre las montañas sagradas de China, cuya cumbre es la "puerta del Cielo y de la Tierra", lugar alto donde estaba situada el ara del sacrificio. La elevación de tierra y la fosa, en consecuencia, intervienen en el rito Fong Chen como símbolos de lo paterno y lo materno.

Estos antiguos soberanos podían celebrar estos ritos con un corazón confiado, porque solo el hombre sabio puede ofrecer un sacrificio agradable al Señor, porque cumple en plenitud el modelo del hombre.

El cuarto emperador de esta edad fue Tai Ting Chi. Su advenimiento fue acompañado de varios presagios felices en la naturaleza.

El quinto emperador fue Li Ling Chi, el primer soberano indigno que conoció el imperio. Hombre soberbio y sin mérito que oprimió al pueblo y desatendió los consejos de los sabios. Entonces hubo irregularidad en el curso de las estaciones y grandes calamidades como pestes e inundaciones, por lo que el pueblo apartó de él su corazón. Li Ling Chi provocó un desequilibrio general hasta el advenimiento del bondadoso Nuei Tuan Chi. De este soberano se dicen cosas hermosas, tales como que hizo del universo todo, una familia. Los que se aproximaban a él sentían la fuerte irradiación de su bondad, y los que estaban lejos recibían el efecto invisible de su virtud.

El séptimo emperador fue Hien Yuen Chi. Fue él quien unió dos trozos de madera, uno horizontal y otro vertical, para honrar al altísimo; es decir, instituyó el signo de la cruz como símbolo de unión del principio paterno y el materno del universo. El nombre de este soberano viene justamente de las palabras con que se designan ambos brazos de la cruz.

El octavo emperador fue Ho Su. De él se dice que amaba al pueblo como su propia vida y que por su virtud mantuvo el orden divino de la creación; los hombres vivieron en paz y armonía con todos los seres.

Este soberano hacía actuar sin actuar y convencía sin palabras, así gobernó el mundo sin esfuerzo y sin proponérselo.

El décimo emperador fue Tcho Yong. Su nombre significa "reunir", "continuar" (uniendo), porque reunió en sí la sabiduría de las tres categorías de soberanos antiguos, señores del Cielo, de la Tierra y del hombre (referencia a las primeras edades del ciclo de diez).

Entonces no había concupiscencia ni malicia en el mundo, y el pueblo era virtuoso sin saber que existía la virtud. La sociedad humana, las criaturas, los elementos y el universo todo se mantenían en la más bella armonía. Todas las criaturas eran dulces y sumisas.

Tcho Yong, escuchando en Kan Tcheu el concierto del canto de los pájaros, hizo una música destinada a asegurar la unión de todos los seres, cuya armonía lo penetraba todo.

El duodécimo fue Yen Tsao Chi, a quien se llamó también por título honorífico Kuo Hoang Chi, que significa el "antiguo monarca". Este, como otros elegidos, recibió también una carta simbólica y numérica del universo, que le entregó un dragón. Durante su reinado el mundo gozó de gran paz.

El decimocuarto soberano fue Ing Kang Chi. Se dice que en su tiempo el ímpetu de las aguas era incontenible. Los ríos ya no seguían su curso normal y muchos morían ahogados en las inundaciones. A consecuencia de estos desórdenes surgieren epidemias que diezmaron la población. No se sabe cómo se puso remedio a estas calamidades, pero al advenimiento del décimo quinto emperador Wu Hoai Chi, todo estaba otra vez en orden. Durante el reinado de este soberano, los hombres eran fuertes y sanos, amaban la compañía de los suyos y todos trabajaban juntos en la obtención de su alimento. Sus corazones se conservaban tranquilos, sin apego ni aversión a nada ni a nadie. El imperio estaba entonces muy poblado y por todas partes, de un lugar a otro, se oían los cantos de los gallos y los ladridos de los perros. En todas las regiones reinaba una profunda paz.

Cuando Wu Hoai Chi recibió el imperio ascendió al monte Tai Chan y celebró el gran sacrificio al cielo. De ahí descendió al monte Yun Yun para grabar sus órdenes sobre la piedra, y el mundo alcanzó entonces mayor belleza y gracia. Después de este soberano, recibió el imperio el emperador Fu Hi. (Hasta aquí la cita de los historiadores clásicos).

Sobre Fu Hi ya se dio la información correspondiente en páginas anteriores. De todos los soberanos mencionados de la novena edad es el único que aparece ubicado en el tiempo con respecto a sus sucesores, esto es, 3462-3398 a. C. Su creación del sistema de símbolos del *Libro de las Mutaciones* constituye la piedra fundacional de la cultura china y contiene la cosmovisión según la cual se estructuró todo el entramado de su civilización posterior.

A ninguno de estos soberanos o patriarcas se les menciona directamente en el *Tao Teh King* de Lao Tse, aunque se elogian sus virtudes y se describen sus modos de proceder; solo se hace una mención precisa de uno de ellos en un texto del taoísta Tchuang Tse del siglo III a. C. Se trata del octavo soberano llamado Ho Su, cuyo reinado, para este sabio, es el modelo más perfecto de gobierno de la sociedad. Según la lista de soberanos de la edad novena que se dio, Ho Su estaría situado unas ocho generaciones antes de Fu Hi, aunque dada la longevidad de esos santos varones, como en el caso de los patriarcas bíblicos, resultan períodos mucho más largos que los que comprende una generación.

Lo mismo que se dijo de los tres modelos elogiados por Confucio se puede decir de estos jefes prehistóricos de clanes antiguos. Los comentarios (resumidos aquí) que agregaron los historiadores clásicos y los maestros taoístas coinciden en elogiar en su modo de gobernar más su abstención de intervenir en el orden natural de la sociedad que sus iniciativas para perfeccionar ese orden conforme a ideas previamente concebidas sobre la naturaleza de las cosas. Esas ideas (doctrinas, leyes) aparecieron mucho tiempo después cuando la sociedad evolucionó transformándose en un vasto imperio agrícola, cuyas formas de vida alcanzaron altos grados de complejidad.

Civilización y lenguaje

Con el quiebre posterior del equilibrio social en las etapas más civilizadas del imperio, surgieron las doctrinas que buscaron interpretar el sentido originario. Las dos más importantes entre las cien escuelas de sabiduría, fueron el Confucianismo y el Taoísmo.

La aparición de doctrinas que pueden ser aprendidas en una escuela de enseñanza sistemática y formuladas por escrito corresponde a una etapa civilizada del desarrollo del lenguaje. En esa etapa la generación del discurso enunciativo y analítico en que se contiene y expone un conjunto de ideas acerca de la realidad, supone la emergencia del maestro y el profeta en la comunidad, y el don especial del uso de la palabra para representar el mundo. Este desarrollo a través de los siglos alcanza finalmente un grado excesivo de complejidad verbal y termina por separar el lenguaje de la experiencia real del mundo. El peligro que se cierne sobre esta hipertrofia del lenguaje es grande. Por ella surge lo que en la Biblia se quiere significar con el mito de la Torre de Babel: la destrucción de la realidad por medio del lenguaje (confusión de lenguas y abandono de la obra común. Babel deriva de una palabra que significa confusión). Pues los hombres, no obstante la vacuidad del discurso vigente, siguen creyendo que con él están representando la realidad en las palabras que usan para referirse a ella. Así es como la realidad deviene irreal, y lo que parece irreal e irrealizable y que ha quedado atrás por inservible surge como lo único real para la minoría de hombres sabios que quedan como reserva espiritual en esas épocas decadentes. Así toda decadencia ocurre antes que nada en el habla y en las ideas expresadas en las palabras. La facilidad para combinarla hábilmente, la falta de pudor y autocrítica por los abusos de la manipulación verbal, la sustitución de la vida real por una vida pensada y verbalizada en un artificio intelectual son el instrumento predilecto de la perversión.

Confucio y Lao Tse enfrentaron este problema en medio del caos del lenguaje que caracterizaba a la proliferación de escuelas y el discurso con que los señores de los estados feudales en que se dividió el imperio justificaban su perversa política.

En sus Analectas (Lun Yu) Confucio aparece dialogando con su discípulo Tsi Lu en los siguientes términos: "El príncipe de We espera al maestro para ejercer el gobierno. ¿Qué es lo que el maestro emprenderá primero? El maestro respondió: Seguramente la rectificación de los conceptos. Ti Lu dijo: ¿Y de eso ha de tratarse? Os habéis equivocado maestro. ¿Por qué su rectificación? Dijo el maestro: Qué torpe eres, Lu... Si los conceptos no son exactos los discursos no concuerdan, si los discursos no concuerdan, las obras no se realizan" (Babel). En otro pasaje del mismo diálogo Confucio dice: "El hombre superior no soporta que en sus discursos haya nada impreciso".

Un discípulo tardío de Confucio ubicado históricamente en el siglo IV a. C. en un pasaje de sus escritos dice: "Son los reyes santos los que crearon los nombres. Una vez fijados los nombres puede distinguirse la realidad que con ellos se designa. Así, el camino se vuelve expedito y los pensamientos pueden trasmitirse. De este modo el pueblo es conducido hacia la unidad (unidad de lenguaje y significado). Hoy día se han extinguido los santos reyes, los nombres se usan descuidadamente; surgen juicios desconcertantes; la relación entre el nombre y la realidad se altera, la forma de lo justo y de lo injusto se vuelve confusa, y por eso, ni todos los escribas que conservan las leyes, ni todos los letrados que recitan los libros saben nada acerca de cómo resolver esta confusión".

Lao Tse desde el comienzo de su libro del Tao y la Virtud, en el primer epigrama enfrenta este problema al decir "El Tao que puede ser explicado no es el Tao eterno". Con lo cual hace referencia al "camino" de los antiguos que ninguna doctrina de las muchas que había en su época puede contener. Si algún maestro pretende acertar en una explicación correcta del sentido, la magia de las palabras le ha hecho caer en la ilusión, a menos que use el lenguaje solo como un indicador que se anula a sí mismo después de comunicar lo inefable. Por eso el taoísta Tchuang Tse dice: "Saber detenerse ahí donde la inteligencia y la palabra llegan a su término, en eso consiste la sabiduría".

De aquí deriva el principio taoísta de la enseñanza sin palabras, lo más precioso que un maestro puede enseñar.

En el capítulo XXIII del *Libro del Tao*, Lao Tse comienza diciendo que "hablar poco es lo natural". Hablar mucho supone que el sujeto vive disgregado entre muchos asuntos, y los muchos asuntos no pertenecen al orden natural, sino al desvarío mental de la gran ciudad. Por eso en el capítulo XVII, haciendo una semblanza de los santos soberanos, Lao Tse dice: "Ellos no prodigaban sus preciosas palabras".

En el capítulo XXXII la referencia a la decadencia del lenguaje es más explícita: "Desde que surgió la civilización surgieron los nombres y los nombres adquirieron también existencia propia y al fin se ignoró dónde detenerse. Si se supiera dónde detenerse no se correría peligro alguno".

Las últimas palabras de este capítulo están referidas a la alienación de la mente por el lenguaje. No saber dónde detenerse significa el caos de las ideas por la pérdida de los límites dentro de las cuales se define la esencia y naturaleza de las cosas. Esos límites desaparecen en el discurso manipulado, mediante el cual la realidad es definida por la proyección de los deseos. Así se genera el saber de dominio, que no busca la verdad sino que la inventa.

La raíz de esta Babel del lenguaje es la pérdida de la unidad espiritual de los pueblos, por el lento desvanecimiento del espíritu que dio nacimiento a su cultura. Desvaneciéndose el espíritu se pierde la virtud y con ella se debilitan los valores que le servían de soporte hasta su desaparición total. El equilibrio social se resiente por el reforzamiento del ego de las personas.

Esa enfermedad es característica de todas las grandes civilizaciones y la raíz de la desmesura de sus realizaciones en sus etapas de postrimerías. Porque, como bien lo señala Jung en varios de sus escritos, especialmente en su recientemente editado *Libro Rojo*, el hombre que no se encuentra con su propia identidad interior es presa de una ambición sin límites para compensar exteriormente ese desencuentro consigo mismo (*Libro Rojo*. C.G. Jung, cap. I "El reencuentro del Alma"). De esa ambición nace la desmesura. Y la anulación de la interioridad nace de la identidad ficticia de un hombre solamente pensado. El modelo moderno del ciudadano como "consumidor" y las directrices ideológicas y políticas que surgen de tal modelo conforme al cual se gobierna la sociedad son un buen ejemplo.

El pueblo de Israel nunca creó una gran cultura en el sentido que lo hicieron las grandes naciones de la antigüedad, pero en los tiempos de decadencia de la cultura hebrea, que coinciden con el dominio romano sobre Judea, la decadencia del lenguaje a que se ha hecho referencia también afectó a los contemporáneos de Jesús. En cierta ocasión él llegó a decir: "Hasta de las palabras ociosas que pronunciareis, mi Padre os pedirá cuenta" (Mt. 12, 22). Con esas palabras Jesús se estaba refiriendo en general a la irresponsabilidad en el manejo del lenguaje de sus oponentes, lo que se remonta hasta la vacuidad de sentido con que los doctores de la Ley seguían usando los textos sagrados en la administración religiosa, sin tener de ellos una comprensión espiritual. De ahí surge la primera petición del Padre Nuestro, "Santificado sea tu nombre", petición que supone el imperativo de santificar algo que ha caído en el dominio profano, por el uso que hacían de él quienes en su conducta demostraban no entender cuáles son los imperativos que se siguen de la verdadera fe (*Jesús de Nazaret*. J. Ratzinger. pág. 176). Quienes seguían enseñando la Ley y practicando el culto lo hacían, según Jesús, sin conocer a Dios. Hay un antecedente escritural para esa petición que dice así: "Mi santo nombre, que ustedes han profanado entre los paganos adonde ustedes han ido. Yo quiero mantener la santidad de mi augusto nombre que ustedes han envilecido y profanado en las naciones paganas, para que ellas sepan que yo soy el Señor" (Ez. 36, 22-23).

Es preciso recalcar una vez más la misteriosa lógica por la que Lao Tse, a través de los capítulos (epigramas) de su *Libro del Tao*, va presentando una a una las características de lo que él entiende por hombre superior u "hombre sabio". Estas coinciden de un modo sorprendente con las enseñanzas y actitudes de Jesús tal como los evangelistas nos las transmitieron. Esa lógica, por lo que se ha visto hasta ahora, no es solo una serie de coincidencias, sino que constituye el modo de hacer y decir que manifiesta la presencia de una poderosa virtud interior que define a la persona. Según la sabiduría china de la época, el hombre sabio actúa de esa manera porque la Virtud del Tao, Teh, está operando en él, y esa virtud del principio creador es el amor y la sabiduría con que el mundo ha sido creado. Esto tiene su equivalente bíblico en varios pasajes del Nuevo Testamento, sobre todo en el prólogo del evangelio de Juan, en el que se proclama la doctrina de la creación del mundo por el Logos de Dios, esto es, su Verbo creador, del que Jesucristo es su encarnación. Allí se transparenta la intención del evangelista de asimilarlo a la sabiduría divina, esa mediante la cual Dios creó el universo, conforme al elogio que de ella se hace en el pasaje correspondiente de Proverbios, capítulo 8.

La virtud de Jesús

Hay una lógica que da sentido a todas las acciones de Jesús, las que son una manifestación de la virtud o poder que actúa en él, lo que en el lenguaje bíblico se llama "espíritu".

Lao Tse en el capítulo LXV del *Libro del Tao* se refiere a la Virtud en estos términos: "La Virtud misteriosa es profunda y extensa, y si bien es lo contrario de todo lo conocido, es ella la que opera las grandes realizaciones". Este pasaje es particularmente significativo, en primer lugar, porque contrasta el actuar del ser supremo con el actuar de los hombres. Los hombres tienden a realizar cosas valiéndose de expedientes tradicionalmente conocidos por todos, en el dominio de la política, la ciencia, la técnica, la economía. En esas realizaciones impera un margen muy ancho de deliberación personal en los realizadores, quienes caen en la corriente común de concebirse a sí mismos, de hecho, como seres autónomos, aunque operen sobre el supuesto de que sus actos interpretan el sentido del mundo. Eso es lo que ocurre en épocas semejantes a aquella en que vivieron Lao Tse y Confucio. Hasta el mismo Confucio llegó a creer que sus enseñanzas podían inculcarse en el pueblo chino por medio de un gobierno acertado de la sociedad de su tiempo. De lo cual debió desengañarse al ver que su muerte se acercaba, y ningún rey sabio surgía en ese imperio desarticulado política, espiritual y éticamente.

Lo que Confucio quizás no previó es que su misión reformadora era más poderosa que todo lo que pudo imaginar por la virtud que actuaba en él, lo que quedó demostrado al cabo de tres siglos. Así Confucio aparece hoy no solo entre los grandes sabios de Oriente, sino entre aquellos sabios y profetas que fueron capaces de cambiar el paradigma cultural de una vasta nación. De lo cual resulta una notable desproporción entre la envergadura de la obra emprendida en vida del reformador y el gran resultado posterior. Este aspecto del tema que estamos tratando se presenta en el caso de Jesús de Nazaret de un modo más que milagroso. La obra realizada en vida consistió en formar un pequeño grupo de discípulos entre los que se destacaban doce íntimos llamados apóstoles, y predicar el evangelio del reino de Dios en todas las regiones de su mundo circundante, sin poder formarse una idea de cómo procesaban interiormente sus enseñanzas quienes se acercaban a él. Algunos casos aislados, como el de los publicanos Levi y Zaqueo, y Marta, María, y Lázaro, demostraban que algunos piadosos y justos comprendían y hacían suya su buena nueva, aunque en lo inmediato él solo podía contar con sus más allegados. En ese anonimato y esa indefensión total, en ausencia de todo poder humano para hacerse valer ante el orden establecido, la convicción que él tenía era que su evangelio sería predicado en todo el mundo. Con lo que queda plenamente comprobado lo que Lao Tse afirma sobre la Virtud, esto es, que ella es la que opera las grandes realizaciones. Aquí la expresión "grandes realizaciones" se entiende por contraste con las realizaciones superficiales destinadas a cambiar algunos aspectos del orden imperante. Pero sentar una nueva base espiritual como fundamento de un nuevo orden, eso es una gran realización.

El hecho de que Lao Tse diga que La Virtud es diferente de todo lo conocido puede ponerse en paralelo con lo que se dice en la Biblia, en general, sobre el actuar de Dios, cuyas vías al hombre le resultan incomprensibles. Pues, en conformidad a lo afirmado por Jesús acerca del prestigio artificial de los sabios y prudentes en oposición a lo que él llama "pequeñuelos", asimilando a los hombres sencillos puros y humildes con los niños, él sostiene que Dios enseñó la más alta sabiduría a estos y rechazó a aquellos. En el Antiguo Testamento abundan los resultados paradójicos del actuar de Dios como testimonios de que sus caminos no son como los caminos de los hombres, hasta el milagro de la concepción virginal de Jesús, enunciado por el profeta Isaías cinco siglos antes.

Esta diferencia se acentúa en los tiempos de crisis, cuando los expedientes tradicionales y ordinarios para pensar y hacer se muestran ya impotentes para cambiar un orden social que amenaza ruina. Entonces surge el reformador, cuyo mensaje choca en todo con la ideología imperante, cuyos mentores pretenden legitimar en las tradiciones fundantes del orden, pero cuyo actuar las contradice también en todo. Las Bienaventuranzas del Sermón del Monte son un buen ejemplo de la total reversión del orden y un buen ejemplo también de la afirmación de Lao Tse de que lo que él llama la Virtud es diferente a todo lo conocido. Del mismo modo debió resultar novedoso en extremo y aun contradictorio que Lao Tse hiciera la apología del hombre superior y sabio gobernante en términos tales como: "Los seres vienen a él, y él no los rechaza. Él produce y no posee, realiza y no se apropia de nada. Una vez cumplida su obra no se la atribuye". "El sabio si quiere ser señor de su pueblo debe tratarlo como su servidor. Si quiere ser cabeza de su pueblo debe ubicarse al último" (*Tao*, Cap. II).

La misma confusión que enseñanzas como estas han producido en hombres de mentalidad pragmática es la que produjo en el apóstol Pedro el gesto simbólico de Jesús de lavarles los pies a sus discípulos más allegados la víspera de su pasión. Pedro, al ver que su señor y maestro se comportaba como un sirviente, protestó, a lo que Jesús respondió: "Lo que yo hago tú no lo entiendes ahora; lo entenderás después". A lo que agregó enseguida: "Si no te lavare los pies, no tendrás parte conmigo". Terminado el lavatorio de los pies Jesús concluyó su enseñanza diciendo: "Si yo, pues, os he lavado los pies, siendo vuestro Señor y Maestro, también habéis de lavaros los pies unos a otros".

Se trata de un signo en el que Jesús resume sus enseñanzas relativas a la autoridad (gobierno) como servicio a la humanidad exigida a quien cumple la misión que él ha encomendado a sus discípulos, lo cual ha de imperar además en el trato de los unos para con los otros.

Degradación del saber e incremento del poder

La cita que antes se hizo de la exclamación de Jesús acerca de los sabios de este mundo, quienes, como los ricos, están en desventaja para entender y asumir sus enseñanzas, presenta una coincidencia de sentido con la posición de Lao Tse acerca de los hombres de cultura superior de su tiempo; y no solo eso, sino también frente a todo el saber acumulado por la cultura ilustrada. La posición de Jesús frente a la sabiduría de los estamentos altos de la sociedad es lapidaria. Saben muchas cosas, pero de nada les sirve. La enseñanza que imparten escribas y doctores de la Ley está vacía, ellos pueden citar la ley, pero enseñan sin autoridad. De esta posición de Jesús emanan todas las reflexiones que el apóstol Pablo incluyó en sus cartas. En la primera carta a los Corintios Pablo se refiere a lo que él llama "sabiduría de palabras" (1 Cor. 1, 17). Según él, el evangelio que ha predicado no ha sido enseñado buscando una comprensión conforme a lo que en su tiempo los griegos entendían por sabiduría (1 Cor. 2, 4-5), la que derivó de la filosofía, convertida en género literario y en la cual la formulación verbal, conforme al sistema lingüístico de entonces, daba a los hombres cultos la falsa satisfacción de un verdadero entendimiento. Con esto se confundía la realidad con el discurso que pretendía representarla mientras la sociedad se seguía degradando moralmente. Estos pasajes de la carta de Pablo de Tarso coinciden con la afirmación fundamental que hace Lao Tse en el primer capítulo de su *Tao Teh King* en el sentido de que en su época había una sabiduría ilustrada que pretendía entender teóricamente el sentido del mundo.

Era la época en que el discurso, por los imperativos del ego, era manipulado en diversos sentidos según las intenciones del que lo usaba, justamente la "sabiduría de palabras" a las que el apóstol se refiere. Por eso en esa primera carta a los Corintios él cita a Isaías en el pasaje que dice: "Destruiré la sabiduría de los sabios, y desecharé el entendimiento de los entendidos" (1 Cor. 1, 19).

En otro pasaje (1 Cor. 2, 4-5) dice: "Mi predicación no fue con palabras persuasivas de humana sabiduría sino con demostración del Espíritu y de poder, para que vuestra fe no esté fundada en la sabiduría de los hombres, sino en el poder de Dios". "La sabiduría de este mundo es insensatez para con Dios" (1 Cor. 3, 19). En su carta a los Efesios, el apóstol se refiere a los intelectuales que procesan todo conforme a la racionalidad imperante en la época, dando de ellos la siguiente descripción: "Andan en la vanidad de su mente, teniendo el entendimiento entenebrecido, ajenos a la vida de Dios por la ignorancia que en ellos hay" (Ef. 4, 17-18). En otro pasaje el apóstol se refiere a quienes poseen vastos conocimientos "pero no saben lo que les conviene". En otro fragmento asimila el uso del discurso vaciado de su contenido a un delirio. A lo que debe agregarse la cita antes comentada en que el apóstol las emprende contra la filosofía y sus "vanas sutilezas" (Col. 2, 8).

A este respecto la posición de Lao Tse es tan radical como la de Jesús y Pablo, y quizás incluso más. En el capítulo XLVIII de su libro del Tao, el viejo maestro dice: "Quien se entrega al estudio día a día acrecienta su saber, quien se entrega al Tao día a día se deshace de su saber". Pues el conocimiento real del gran sentido del mundo (Ley eterna) vuelve inútil el saber. Lao Tse pretende decir que el saber surgió como un paliativo a la pérdida del sentido. Es lo que se desprende del capítulo XVIII en el cual afirma: "Cuando el Tao fue olvidado aparecieron las enseñanzas sobre la virtud y la equidad. Cuando la inteligencia y el saber prosperaron apareció la falsedad. Cuando los parientes próximos se enemistaron aparecieron los ideales de la piedad filial y el amor paternal. Cuando el Estado cayó en la anarquía se inventó el ideal del ministro fiel". Lo cual guarda una relación de sentido con las enseñanzas del apóstol Pablo sobre la Ley. Así, la llegada al mundo del hombre perfecto, encarnación del amor y la sabiduría de Dios, vuelve inútil el saber acumulado por la alta cultura.

Lao Tse como portavoz de los santos soberanos que seguían el Tao o Ley Eterna los propone como modelo, describiendo sus características y modos de proceder, y haciendo tabla rasa de la cultura civilizada vigente. Al respecto, dice en el capítulo XIX: "Rechaza el saber y la ciencia y el pueblo se beneficiará cien veces. Rechaza la moral y la justicia y el pueblo volverá por sí mismo a la piedad filial y al amor paternal. Rechaza la habilidad y el lucro y no habrá más ladrones ni bandidos, pues todas esas cosas no son más que simulacros. Por eso cuida también que los hombres puedan recuperar su confianza; que sean simples y naturales, que reduzcan su egoísmo y moderen sus deseos".

La última parte de esta cita hace suponer que la máquina gubernamental de la dinastía Tchou provocó una interferencia rotunda y avasalladora en la gran masa del pueblo, alterando su modo natural y espontáneo de ser y de vivir conforme a su cultura y tradiciones locales. El solo hecho de que en los archivos del palacio imperial hubiese un inventario gigantesco de todo lo que el imperio poseía, incluyendo a cada individuo y familia con precisión del total de sus haberes; que los prefectos locales se encargaran de una búsqueda constante de talentos anónimos para introducirlos en la máquina del gobierno como funcionarios mediante el privilegio de una educación especial en la capital, lejos de su ambiente original; todo eso, que según la mentalidad contemporánea es en sí un progreso, significa en el fondo cambiar una cultura de la virtud espontánea (inocente de sí misma) por otra de la virtud artificial.

La interferencia del poder, por lo que se percibe en el texto antes citado, había ido generando en el pueblo una pérdida de confianza progresiva, pues el pueblo comenzó a rivalizar como lo señala el capítulo III. Esa confianza que da la inserción armónica en el orden tradicional de familias campesinas y laboriosas, virtuosas por inclinación natural. Por eso Lao Tse en el capítulo LVIII dice: "Cuando el gobierno no se inmiscuye, la virtud del pueblo es abundante. Cuando el gobierno es muy político, el pueblo carece de virtud". La conciencia inculcada de que existen modos mejores de vivir y de que se puede escalar en la jerarquía social hasta ellos, los cuales finalmente suponen la posesión de bienes en gran escala y el acceso al poder con los honores correspondientes (lo cual era posible en la China de los Tchou), todo eso alteró la psicología del pueblo y debilitó los fundamentos de su espiritualidad. En eso consiste la pérdida de la confianza y la caída en la inquietud por la inevitable preocupación de cada hombre anónimo por las posibles intervenciones del poder en su vida, a las que llegó finalmente a acostumbrarse. El egoísmo se generó así como defensa y fue alimentado por los deseos de ser y poseer más.

Recordemos el ejemplo que se dio, citando al taoísta Tchuang Tse, de ese hijo de una familia campesina que fue favorecido con una educación especial por sus aptitudes para las artes marciales (y ascendido después a oficial del ejército seguramente). Aquello suscitó en otra familia de la vecindad el deseo de proponer al prefecto local a uno de sus hijos para el mismo oficio, sin considerar que los tiempos habían cambiado por ciertos trastornos políticos y por lo cual su proposición fue respondida con una medida precautoria dolorosa e infamante para el clan: la amputación de un pie del muchacho, por considerarlo un hombre peligroso dadas las circunstancias. Ese ejemplo es elocuente para darnos a entender que la sabiduría popular se había empañado por la interferencia del poder, pues de haber habido en el poblado uno de esos sabios populares anónimos, de esos que acuñaron los refranes y sentencias de sabiduría en todos los pueblos, se habría entendido que una proposición como esa traería mala fortuna a la familia, porque estaba basada en una ambición no exenta de peligro en los tiempos revueltos que se vivían.

No podemos dejar sin comentar los versos anteriores de este epigrama, en los que se sostiene que el saber y la ciencia, la moral y la justicia, son solo simulacros. ¿De qué? Cabe preguntarse y la respuesta es obvia: de la Virtud. Pues saber y ciencia, moral y justicia, son creaciones de la civilización avanzada, necesarias para quien concibe que el sentido y destino de las naciones es crecer sin límites hasta constituirse, en lo posible, en una potencia pródiga en grandes realizaciones de todo género.

Cabe hacer notar que el rechazo que Lao Tse hace del saber y la ciencia, la moral y la justicia, resulta destemplado, por decir lo menos, en el contexto de nuestra civilización occidental. Para entender el alcance real de sus palabras es preciso considerar que con la palabra "saber" en este caso se está refiriendo a las doctrinas, las cuales, justamente, han aparecido en el mundo como paliativo a la pérdida de la virtud, así como la Ley surgió como reglamentación de una conducta social en la que las transgresiones iban en aumento. Otro tanto se puede decir de la ciencia, conocimiento de los fenómenos por la experiencia directa, operación de la mente que con el incremento del saber se constituye en una actitud humana que, de hecho, se independiza del sentido. De la ciencia deriva la técnica, la cual tiende a incrementarse por sí misma por la acumulación de las experiencias. Por esta vía se llegó a una situación en que las doctrinas de las escuelas vigentes en la época de Lao Tse y el saber acumulado por los hombres talentosos y geniales prescindieron del sentido, lo cual es lo mismo que ponerse en contra del sentido, pues si este es, en última instancia, la voluntad de Cielo, quien prescinde de la voluntad del Cielo necesariamente actúa contra ella.

Tal es el alcance real de la afirmación perentoria de Jesús de que quien no está con él está necesariamente contra él, pues él es la manifestación de la voluntad divina en lo que al hombre concierne. Él es el camino, la verdad y la vida, y de él ningún hombre que busque la verdad puede prescindir impunemente. En otro pasaje del evangelio de Mateo (Mt. 21, 42) Jesús expresa la misma idea, pero valiéndose de una metáfora: "La piedra que rechazaron los constructores vino a ser clave del ángulo; del Señor viene esto y es admirable a nuestros ojos. El que cayere sobre esta piedra se hará pedazos, y aquel sobre quien cayere será pulverizado" (cita del Salmo 118). En el mismo sentido deben entenderse afirmaciones de Jesús tales como "Sin mi nada podéis hacer" "Quien no recoge conmigo, desparrama"; "El Cielo y la Tierra pasarán, pero mis palabras no pasarán".

Lo paradójico de la concepción de Jesús reside en percibir con lucidez absoluta la inconsistencia de todo lo que el mundo considera bien fundado y duradero, tan paradójico como el vacío que él percibe en lo que el mundo considera valioso, y la miseria de lo que considera exitoso. De ahí que para él, la gloria del Hijo del Hombre empieza ya en el hecho de que el mundo lo rechace y lo crucifique. Lao Tse expresa una idea semejante en el capítulo LXX del *Tao Teh King*: "Mi gloria reside en el hecho de que pocos me comprendan". Más atrás él sostiene que "mis palabras tienen un ancestro y mis actos tienen un señor y porque nadie lo conoce, nadie me conoce a mí".

Estas palabras del sabio chino se asemejan a la afirmación de Jesús de que "ni me conocéis a mí ni a mi Padre; si me conocierais a mí conocerías también a mi Padre" (Jn. 8, 12-20).

En lo que a la grandeza se refiere, el mensaje de Lao Tse constituye una advertencia. Los emprendedores soberanos de la dinastía Tchou actuaron finalmente como Caín, sin eso que en la Biblia se llama "temor de Dios". Esto es, olvidando el ascendiente de los santos soberanos antiguos que establecieron los fundamentos espirituales de la cultura, para embarcarse en la construcción de una maquina política desmesurada que según ellos interpretaba la voluntad del cielo; lo cual hicieron embotando su sensibilidad y su inteligencia, sin percibir el precio que toda la nación debió pagar por servir un tal proyecto. La desarticulación posterior de la trama ética de la sociedad, la división del imperio, a costa del pueblo, en reinos feudales autónomos, las incalculables riquezas acumuladas por los privilegiados, la incapacidad y corrupción de la casa imperial y de los feudales que se autoproclamaron reyes, la guerra permanente entre esos estados hasta el genocidio de millones de muertos, tal fue el resultado de lo que Lao Tse veía venir.

El ejemplo histórico del imperio chino antiguo (desde el origen hasta la dinastía Tchou) es el mejor que se conoce para confrontar la sabiduría como conocimiento del sentido y el fenómeno del crecimiento de las grandes naciones considerado como un progreso. El Libro de las Mutaciones tiene tres hexagramas en los que se trata este tema. Por orden de aparición ellos son el N° 14, llamado "La Posesión en gran escala"; el N° 28, llamado "La preponderancia de lo grande"; y el N° 34, llamado "El poder de lo grande". Dado que este libro, en la versión que nos ha sido trasmitida hasta hoy, figura entre los clásicos confucianos, aunque en los tres casos se trate de una situación excepcional de prosperidad y grandeza, Confucio ve en su interpretación de los dictámenes lo de excesivo que caracteriza a esos momentos de la historia de una sociedad, pero siempre halla una solución basada primero en un correcto diagnóstico de la situación, y enseguida, en la correcta acción basada en la equidad, como bien lo expresa su comentario al primer dictamen del hexagrama 34, en el que une indisolublemente la grandeza con la justicia. Dicho comentario comienza diciendo: "Este hexagrama indica el momento en que el valor interior (la virtud de los fundadores de la dinastía) asciende con fuerza hacia el poder, mas su fuerza ha perdido la medida; tal es el peligro de confiarse en los propios poderes, olvidando la preocupación por el bien común".

En el hexagrama 14, llamado "La posesión en gran escala", en un comentario a los antiguos dictámenes se lee lo siguiente: "El hombre magnánimo, de espíritu amplio, no debe considerar lo que posee como de su exclusiva propiedad, debe poner sus bienes a disposición del soberano o bien de todos los hombres. El hombre mezquino es incapaz de tal actitud. Para él la posesión en gran escala conlleva un perjuicio, en vez de compartirla prefiere guardarla para sí".

El hexagrama 28, llamado "La preponderancia de lo grande", trata de la grandeza como fenómeno en sí, lo cual engloba a todo y todos los que están implicados en ella. En esta visión del problema hay claridad acerca del exceso que implica en todo sentido, y del peligro que conlleva el peso de esa grandeza, pues se la describe como una gruesa viga que sostiene el techo del palacio imperial, pero cuyos soportes laterales son muy débiles. Se necesita una inteligencia espiritual muy aguda para tener tanta claridad sobre un fenómeno archiconocido en la historia universal de todos los pueblos y del cual ningún imperio ha salido airoso.

A este respecto vale recordar un sueño premonitorio que tuvo el rey Nabucodonosor interpretado por el profeta Daniel, en el cual aparecía un coloso compuesto por una parte superior de oro, enseguida una de plata, otra de bronce, otra de hierro en las extremidades inferiores, pero cuyos pies eran de arcilla, el cual cayó por su colisión con una piedra que se desprendió de un monte (Dan. 2, 31). Este sueño del Rey representa la inconsistencia de los poderosos reinos de este mundo y, particularmente, el de su reino.

Así, los soberanos y grandes señores se obnubilaron por la grandeza como expresión exterior de su ser, investidos de un poder excepcional y sin disponer de un referente que les haga ver la situación real en que se hallan frente al sentido de la obra que han emprendido, en la que la ambición personal y la apoteosis personal ha pretendido asimilarse un bien que comparte todo el pueblo.

Del contexto del pensamiento de Confucio podría deducirse una conclusión contraria a la concentración e incremento del poder, pero el sabio se adapta a la realidad histórica como si fuese una fatalidad que en toda gran nación haya sido siempre inevitable esa acumulación por un crecimiento planificado que exige un poder cada vez más centralizado y severo, pues en todo crecimiento desmedido las transgresiones al orden ético de la sociedad son como el ingrediente infaltable. Así la grandeza por sí misma, como exceso que altera la economía vital de una sociedad, conlleva una situación de permanente peligrosidad difusa y creciente que envenena el alma de los pueblos.

En ese sentido la posición de Lao Tse no es conciliadora. A diferencia de Confucio que ve como inevitable la grandeza, Lao Tse se aproxima más a la figura de un profeta que lisa y llanamente condena la grandeza como abiertamente contraria al sentido del mundo o la voluntad de Dios (*Tao*, la Ley Eterna). Para él toda grandeza es como la gruesa viga de bordes débiles que tarde o temprano se ha de quebrar cayendo tras ella toda la techumbre del palacio imperial (entiéndase, la caída de la dinastía). En el capítulo XXIX del *Tao Teh King* dice: "El hombre sabio rechaza el exceso, rechaza la extravagancia, rechaza la grandeza". La razón de su rechazo es sencilla y fácil de entender. Según él, el orden natural es tal porque según la bipolaridad de todo acontecer: "Hay cosas que van delante y otras van detrás. Unas son cálidas y otras son frías. Unas son vigorosas y otras son débiles. Unas son estables y otras son efímeras" (Epigrama XXIX). Esta enumeración de características contrastantes figura en el texto por vía del ejemplo. Después le sigue la conclusión del rechazo de la grandeza de parte del hombre sabio. Es solo un recuerdo de la estructura bipolar del acontecer enseñada por el *Libro de las Mutaciones*, lo cual todo gobernante debiera tener en cuenta antes de embarcarse en un plan de crecimiento ilimitado. Pues en todo plan semejante se transgreden flagrantemente las leyes de la justicia natural que aminora lo excesivo y completa lo insuficiente; las del crecimiento gradual; las del equilibrio cósmico; y la compleja trama vital de la sociedad, la cual está constituida por cosas cuya naturaleza es fuerte o suave, dura o blanda, creativa, o receptiva. Con relación a esto, en el capítulo XXX Lao Tse ve la grandeza como un estado excepcional y momentáneo en el que arbitrariamente se manipula el orden intensificando el poder en un centro que, en sí mismo, contiene el germen de su decadencia. El pasaje pertinente de ese capítulo dice: "A todo apogeo sigue la decadencia. Hacerse poderoso es contrario al Tao, y todo lo que así contradice al Tao perece rápidamente".

Frente al problema de la grandeza, en el capítulo XXXIV hay un pasaje que dice: "El hombre sabio, porque nunca asume su grandeza, adquiere la verdadera grandeza". Que el hombre sabio asumiera su grandeza significaría darle a la Virtud que actúa en él un reflejo análogo en la existencia material; haciéndose poderoso, exaltándose sobre los demás hombres mediante un regio tren de vida, adquiriendo una apariencia majestuosa, so pretexto de infundir respeto y veneración hacia el poder constituido, justamente lo que han hecho todos los soberanos a través de la historia a costa de la virtud. Entre esa grandeza de apariencia y la verdadera grandeza existe la misma diferencia que Jesús en el Sermón del Monte señala entre los tesoros acumulados en la tierra, que los ladrones pueden robar, y los tesoros acumulados en el cielo, que ningún ladrón puede robar. La misma diferencia que se percibe entre el imperativo espiritual que se impone a Jesús de seguir la voluntad de su Padre en la forma que lo hizo o seguir la tentación de Satanás, quien le ofreció todos los reinos de este mundo y su gloria.

Con relación a la cita anterior del *Tao Teh King*, cabe señalar, justamente, que Jesús nunca asumió en vida su grandeza. Siguió en todo el destino del Siervo de Dios anunciado por el profeta Isaías. Las tentaciones a que fue sometido y que figuran en el capítulo 4 del evangelio de Mateo están dirigidas a que dé una muestra tangible del poder divino que actúa en él, suficientemente convincente para los hombres, a fin de ganar por esos medios su adhesión, y eso basándose en la inclinación espontánea que todos tienen a admirar las muestras exteriores del poder y la grandeza. Tal es la idea que tenían en su mente los doctores de la Ley, los escribas, fariseos y ancianos que presenciaron la crucifixión y decían que si Jesús era quien pretendía ser que bajara de la cruz, y todos creerían. No obstante él realizó milagros impresionantes como el de la multiplicación de los panes y los peces para dar de comer a cinco mil seguidores. También el de la resurrección de Lázaro, que fue presenciado por algunos de sus oponentes; sin olvidar el de devolver la vista a un ciego de nacimiento, prodigio que las autoridades de Jerusalén no pudieron negar ni ocultar, pero que objetaron porque fue, según ellos, un "trabajo" realizado contra el precepto del descanso sabático.

El mismo principio por el cual Lao Tse rechaza la grandeza como contraria al Tao (Ley Eterna o gran sentido del mundo) es el que motiva la afirmación paradójica de que "engrandeciendo se empequeñece y rebajando se engrandece". Con el mismo sentido Jesús acuñó su conocida sentencia: "El que se ensalza será humillado, y el que se humilla será ensalzado" (Mt 23, 12). En el caso de Lao Tse se puede percibir la línea de pensamiento que vincula esta conclusión y otras con su concepción bipolar de la realidad. En el caso de Jesús las mismas conclusiones a que él llega acerca del problema de la riqueza y el poder, la grandeza y la misma divinización de los monarcas, se encadenan según la misma lógica, pero sin que vayan acompañadas de una explicación acerca del trasfondo sapiencial implícito que les sirve de soporte. En lo inmediato, todo eso ha sido substituido por la gloria y el poder de Dios, de modo que el orgulloso, el opulento, el poderoso resultan humillados al fin por disputarle a Dios una gloria y un poder que solo a él pertenecen. Ambas posiciones, no obstante, no son incompatibles. El monoteísmo hebreo antropomorfizó a Dios y sustituyó la antigua sabiduría por el actuar de Dios como única explicación para todo. En el caso del monoteísmo taoísta y confuciano se trata de una cultura cuya característica más relevante es precisamente su vocación sapiencial, cuyo Dios, por no estar antropomorfizado desde los tiempos más antiguos, no por eso es menos Dios. Sin embargo, desde los tiempos más antiguos hubo una tendencia a referirse a él como un soberano del cielo que actúa no solo a través de las leyes del equilibrio cósmico, sino tomando decisiones bien precisas respecto de cuestiones de vital importancia. Tal es el caso en que Confucio se plantea la disyuntiva en que se halla la cultura de la dinastía reinante que amenaza ruina. En ese caso él se refiere a la voluntad del Cielo de confiarle a él esa cultura, porque el Cielo ha dado muestras de que no quiere su aniquilamiento.

En el mismo sentido debe entenderse la reflexión de Lao Tse acerca del destino adverso de ciertos hombres, lo cual figura en el capítulo LXXIII del *Tao Teh King* en los términos siguientes: "¿Quién conoce los designios del Cielo cuando manifiesta su hostilidad a alguien? Por eso el hombre sabio juzga el caso difícil".

Sobre este punto del poder y la grandeza humana (los reinos del mundo y la gloria de ellos) Jesús es lapidario. En referencia a los hombres de prestigio admirados por la masa del pueblo, él dice: "Hay cosas que para los hombres son sublimes y que a los ojos de Dios son abominables" (Lc. 16, 15). Su conclusión final sobre la grandeza y el poder humano aparece en más de un pasaje de los evangelios, todo lo cual se sintetiza en el capítulo 4 del evangelio de Mateo, cuando todos los reinos del mundo y su gloria le son ofrecidos por Satanás, con lo cual los poderosos y grandes son todos juzgados como hombres que están bajo la reprobación de Dios.

El tema de la grandeza es inseparable del tema de la fuerza. Toda gran nación, todo gran reino son inconcebibles sin el uso eficiente de las armas. La existencia de un ejército poderoso y el desarrollo de una ciencia y una industria bélica son la garantía de que el orden será debidamente defendido de las pretensiones expansionistas y dominadoras de otros reinos. El solo hecho de que el orden constituido deba ser defendido por las armas constituye una objetivación de la violencia intrínseca de la cultura que lo ha creado. Tal es el sentido que parece tener la afirmación de Agustín de Hippona cuando afirmó que la Iglesia podía, legítimamente, defender la ortodoxia de la doctrina de la fe contra herejes y cismáticos mediante las armas.

El diagnóstico de Jesús sobre esta realidad es certero como puede apreciarse por la cita anterior del evangelio de Mateo, en el pasaje en que él explica que los príncipes de las naciones ejercen dominio sobre ellas y las tiranizan (Mt. 20, 25-26). En la versión del evangelio de Lucas se agrega a estas palabras una referencia al hecho de que por ese dominio que los reyes ejercen sobre los hombres son llamados benefactores (Lc. 22, 25). Se trata aquí de una tremenda ironía cuyo referente en el Antiguo Testamento es la pretensión de Nabucodonosor de verse a sí mismo en un sueño, como un árbol que cubre el mundo y cobija y alimenta a todos los seres. Y eso él tiene la desfachatez de contárselo al profeta Daniel, teniendo como antecedente la invasión de su patria, el saqueo del templo de Jerusalén y el sometimiento de su pueblo a la esclavitud. Por eso en el mismo sueño el glorioso árbol del mundo es cortado por un mensajero del cielo, quien deja en evidencia que la autoglorificación de este monarca es una apariencia ridícula, tras la que se esconde una bestia.

En el episodio del arresto de Jesús en el huerto de Getsemaní, es preciso tener presente que las autoridades de Jerusalén que concurrieron al lugar iban acompañadas de una cohorte, esto es, un destacamento de seiscientos soldados romanos de infantería que Poncio Pilato autorizó para tal operación (una legión estaba compuesta por diez cohortes, esto es, 6.000 soldados). Lo cual resulta ser otra tremenda ironía en el contexto del evangelio de Juan, que es pródigo en la descripción de situaciones irónicas como esa. Solo Pedro, por ser un exmilitante de la secta violentista de los celadores, estaba armado, y usó su espada, con la que hirió a un siervo del pontífice Caifás. Este impulso agresivo de Pedro fue la ocasión de que Jesús prenunciara una sentencia condenando la violencia en los términos siguientes: "Quien se vale de la espada, al filo de la espada morirá", la cual parece una paráfrasis de otra sentencia pronunciada por Jesús acerca de los juicios que los hombres emiten para criticar a su prójimo. En esa ocasión Jesús dijo: "Con el juicio que juzgareis seréis juzgados, y con la medida, que midiereis seréis medidos" (Mt. 7, 1). En ambos casos Jesús parece establecer una ley universal de retribución proporcional. El agresivo será agredido, el que juzga será juzgado. Lo cual se echa de ver en la conclusión de todas las gestas heroicas mediante las que los poderosos acceden al poder. Todos finalmente son derrotados y aniquilados por la misma fuerza que desencadenaron para obtener la victoria que les permitió ejercer un poder absoluto durante un tiempo.

La fuerza que no lucha

Tras el arresto de Jesús el desconcierto de Pedro ha debido ser grande, pues si su maestro acepta ser detenido y humillado como lo fue en esa ocasión, sin oponer resistencia alguna, ¿en qué tipo de aventura se ha embarcado él si todo termina de este modo? ¿Quién es realmente Jesús, a quien él ha definido como el mesías, hijo del Dios vivo? ¿Es acaso el juez de su pueblo que lo juzgará con vara de hierro como se ha anunciado? Por este desconcierto se entiende que en la prueba de fidelidad que él no pasó, negándolo tres veces, se expresa la magnitud de su confusión, la que no duró más que algunas horas, pues hasta entonces él había olvidado que Jesús le anunció su defección en la última cena. Por eso cuando cantó el gallo y Jesús dirigió una mirada a Pedro, este tuvo de inmediato la prueba de que su maestro pertenecía a una dimensión de vida que estaba muy por encima de los acontecimientos que protagonizaba en esos momentos. Su llanto amargo y desconsolado es un relámpago de iluminación, más que un momento de aflicción; aunque, en lo concreto, no había en su mente categorías de pensamiento para asimilar la lección suprema que había recibido, pues era muy difícil para un hombre como él, y para cualquier israelita de la época, entender qué clase de misión estaba cumpliendo un hombre dotado de tales poderes y tal sabiduría, que se entrega sin resistencia y sin queja en manos de quienes le han de dar muerte en la forma más infamante, y quien además ruega a Dios por sus verdugos.

Es una ocasión para entender cuán lejos se encontraban todos del verdadero sentido de las escrituras sagradas, pues ya el profeta Isaías lo había anunciado en términos que no dejaban lugar a dudas: "¿Quién ha creído a lo que nos ha sido anunciado, quién ha reconocido el brazo del Eterno? Creció ante Él como una frágil planta, como un brote que surge en tierra árida. Él no tenía ni belleza ni brillo que atrajera nuestras miradas, y su aspecto no tenía nada para agradarnos.

Despreciado y abandonado de los hombres, varón de dolores habituado al sufrimiento, semejante a uno de quien se aparta la mirada, nosotros lo despreciamos y de él no hicimos ningún caso. Sin embargo, son nuestros sufrimientos que él llevaba sobre sí y nosotros lo vimos como un hombre castigado, golpeado por Dios y humillado. Pero él fue así herido por nuestros pecados, quebrantado por nuestras iniquidades. El castigo que nos otorga la paz cayó sobre él, y es por sus llagas que hemos sido sanados. Nosotros andábamos errantes como ovejas, cada uno seguía su propia vía. Y el Eterno ha hecho caer sobre él la iniquidad de todos nosotros. Fue maltratado y oprimido, y no abrió su boca, semejante a un cordero que llevan al matadero, a una oveja muda ante quien la esquila, él no ha abierto su boca".

"Por un juicio inicuo fue condenado, ¿quién pensó entonces en defender su causa, cuando fue suprimido de la tierra de los vivientes, condenado a muerte por los pecados de mi pueblo? Se le ha asignado su sepultura entre los perversos y en el momento de su muerte fue contado entre los malhechores, aunque no cometió ninguna falta ni la mentira fue hallada en su boca. Pero fue la voluntad del Señor de reducirlo por el sufrimiento, ofreciendo su vida en sacrificio expiatorio. Así él verá una posteridad y prolongará sus días, y la voluntad del Señor se realizará por él. Después de los tormentos sufridos en su persona, el gozará de saberlo hasta el deslumbramiento. Mi Siervo justificará a muchos cargando con sus iniquidades" (Is. 53).

Ante este cuadro doloroso no hay sabiduría en el mundo para entenderlo; es justamente lo que el profeta comienza a decir ya desde los versículos anteriores. Parece que el profeta mismo, ante tal revelación de la misión mesiánica del Siervo de Dios, está desconcertado, pues sabe que todos quedarán atónitos ante el misterio de la humillación del Santo de Dios. Pero si bien no hay sabiduría en el mundo para entenderlo, el hecho de que todo lo anunciado por el profeta se haya cumplido en la persona de Jesús, obliga a la posteridad de la fe a aceptar la paradoja y la contradicción que ello representa, aunque siempre sin que ninguna forma de sabiduría humana lo pueda contener y sin que la cristiandad misma haya demostrado asumir ese misterio en todo lo que implica.

En la tradición sapiencial del mundo hay solo un sabio, no profeta hebreo sino chino, que desde su cosmovisión dedujo que tal debía ser el comportamiento del rey del mundo, si es que esta expresión puede tener un referente real. Ese sabio fue Lao Tse. La pasividad de Jesús frente a sus aprehensores y verdugos se asimila a lo que Lao Tse llama "la fuerza que no lucha" mencionada en el capítulo LXVIII del *Tao Teh King*. Según él, es "la fuerza propia para conducir a los hombres", a lo cual agrega "lo que se asimila al cielo, la más grande virtud de los antiguos" (la epopeya gandhiana de la liberación de la India es una réplica reciente de lo mismo).

La mención de lo que podemos llamar el rey del mundo aparece en el capítulo LXXVIII. En su parte pertinente dice así: "Quien toma sobre sí las desgracias del mundo ese es el rey del mundo". Ambas citas configuran la actitud de Jesús ante su condena, martirio y muerte de cruz, como si el viejo sabio chino conociera la clave del misterio. Por una parte, la fuerza que no lucha y, por otra, el sacrificio expiatorio de quien asume como propias las faltas cometidas por su pueblo. Porque si a él el Cielo le ha conferido el poder y si el poder es solo servicio, él, ante el Cielo, es el responsable del mal obrado por sus súbditos. Por eso es de presumir que si Lao Tse hubiese sido testigo ocular del ministerio público de Jesús y hubiese presenciado todos los sucesos acaecidos desde su aprehensión hasta su sepultura, habría sido el único que no se habría extrañado de ver a este santo profeta, anunciado como rey mesías, entregarse sin resistencia en manos de sus oponentes. Como tampoco se habría extrañado del auge de la Iglesia naciente ni del cambio de paradigma cultural a causa de la difusión del evangelio por el mundo.

A estas alturas de nuestra reflexión cabe preguntarse: ¿cuál es la clave de eso que Lao Tse llama la "fuerza que no lucha"? Pues él le llama "fuerza", y dice de ella que es la manera correcta de conducir a los pueblos, y que es la más grande virtud de los antiguos. ¿Qué tiene en su mente un hombre sabio que se aventura a hacer tales afirmaciones?

Un esbozo de respuesta podría encontrarse en el capítulo VII del *Tao Teh King*, en el pasaje que dice: "El hombre sabio excluye su persona y siempre se halla en el primer lugar". Es una gran paradoja tanto como la afirmación de Jesús de que los últimos serán primeros (Mc. 10, 31).

Otro esbozo de respuesta podría estar en el capítulo VIII, en cuyos primeros versos se lee lo siguiente: "La bondad suprema es como el agua. La virtud del agua es la de beneficiar a todos sin distinciones y permanecer en los lugares bajos de la tierra". Otro texto concebido en el mismo sentido es el capítulo X, en cuyos versos finales dice: "Ser jefe entre los hombres sin dominarlos, tal es la misteriosa Virtud". Sobre esos soberanos antiguos que Lao Tse toma como modelos todavía en el capítulo XXII agrega: "Está libre de vanidad por eso puede realizar su obra. No se exalta, por eso es exaltado". Y el capítulo XXVIII agrega: "Quien conoce su gloria, pero se conserva en la humildad llega ser el regazo del mundo, siendo el regazo del mundo poseerá la Virtud eterna en abundancia y retornará a la simplicidad original".

Quizás todas estas afirmaciones podrían resumirse en aquel pasaje ya comentado del *Tao Teh King* en que Lao Tse dice que todos acuden hacia aquel que conserva en sí lo que él llama la "gran imagen". En ese sentido es que en el *Libro de las Mutaciones* en su hexagrama 31 titulado La Influencia, un comentario al dictamen llamado El Juicio, dice: "El sabio actúa por la atracción que ejerce sobre los corazones de los hombres". El dictamen La Imagen dice: "El Hombre Superior, con su receptividad deja que los hombres vengan a él". En otro pasaje del *Tao Teh King*, Lao Tse dice que el sabio trata a los hombres como a sus propios hijos. Pero el último misterio de la efectividad de la fuerza que no lucha es mencionado en el *Libro de las Mutaciones*, en su hexagrama 1 llamado Lo Creativo. Un comentario de los dictámenes dice que si un hombre posee la virtud representada en el símbolo de Lo Creativo, "el éxito le llegará de las profundidades originarias del universo". Pasajes como este indujeron a Carl Gustav Jung a deducir del contexto del *Libro de las Mutaciones*, que en la cosmovisión en que se sustenta se detecta la presencia implícita de un principio básico para definir los procesos de cambio del espacio-tiempo, por el cual nunca el sujeto receptor del conocimiento se extrapola del acto de conocer, de modo que los fenómenos del acontecer objetivo reflejan en su misma materialidad la actividad psíquica del observador. Se trata de la proyección espontánea inconsciente y no deliberada de nuestros contenidos psíquicos en la apariencia mutante del mundo por una ley de analogía y reflejo. Llegando a este punto, hemos hallado la clave que diferencia la cosmovisión intelectual y mecánica de nuestra modernidad, de las cosmovisiones de los pueblos antiguos. El hombre moderno conoce el mundo proyectando deliberadamente en él una lógica exacta cuya legalidad es el principio de causalidad y eso para construir un mundo proporcional a sus deseos. Tal es el saber de dominio. En tanto que el hombre de la antigüedad conoce el mundo en el supuesto ineludible de que él no está extrapolado de la realidad conocida, y sabiendo por experiencia que la apariencia del mundo está condicionada por su comportamiento como ser consciente. A este fenómeno Jung lo llamó "sincronicidad".

De esta cosmovisión deriva la preeminencia, que para Lao Tse y para Confucio, tiene la influencia que los hombres superiores ejercen sobre los demás, lo cual ocurre por la fuerza de su ser, más que por la de su hacer. Es como una gravitación muy poderosa que opera justamente por presencia. Los hombres verdaderamente sabios tienden siempre a subordinar la influencia que ejercen por el hacer a la que opera por medio de su ser. Cuando Gandhi se dio cuenta de que la irradiación de su ser era capaz de hacer de él el guía de su pueblo, como antes se dijo, sintió de inmediato la imperiosa necesidad de volverse nada para dejar actuar esa fuerza capaz de remover montañas. Tal es el sentido de las citas del *Tao Teh King* que hicimos antes. Todas ellas están basadas en la conciencia que el hombre antiguo tenía de esa fuerza, que se asimila a lo que Lao Tse llama la Virtud del Tao, que es justamente la que opera las grandes realizaciones.

Todos los "señalados" vienen al mundo dotados de esa virtud poderosa y pueden prever lo que resultará de su influencia. En eso está basada la fe con que cumplen su misión, a veces, contra toda adversidad. Cuando Jesús les dice a sus discípulos que serán aborrecidos por todos los pueblos a causa de su nombre (Mt. 24,1-8), está visualizando la hostilidad que todo el mundo opondrá al evangelio, pero también está visualizando su difusión milagrosa en todas las naciones. Más adelante hace un apocalipsis simbólico del triunfo final del Mesías sobre todos los poderes del mundo, mediante la metáfora del oscurecimiento del sol y la luna, y la caída de las estrellas, la cual puede ser interpretada en referencia al poder imperial, y al destino de las naciones paganas asociado al culto y a la ciencia de los astros, como también a las divinidades y espíritus que lo regían.

Da la impresión de que Jesús piensa y actúa siempre solo en ese ámbito trascendente. Todo lo que dice para justificar el hecho de que el Evangelio del Reino no cuadra en nada con la realidad existente y que debe ser predicado en un mundo hostil por discípulos a quienes envía desarmados al campo de batalla es expresado con una seguridad que nada puede empañar. Lo mismo con afirmaciones que para él son evidentes, pero que para sus seguidores son incomprensibles, como aquella en que dice: "Todo el que quiera salvar su vida la perderá; y todo el que pierda su vida por causa de mí y del evangelio, la salvará" (Mc. 8, 35). Su sentido se entiende ahora en relación con el contexto, pues Jesús tiene la clara conciencia de estar renovándolo todo. Asimismo debió resultar incomprensible para quienes lo escuchaban hablar el día viernes en la fiesta de las Palmas cuando dijo: "Cuando yo sea levantado de la tierra atraeré a mí a todos los hombres" (Jn. 12, 20-36).

A esas palabras enigmáticas, el evangelista agrega otras que en apariencia las reducen a poco, pues dice que él entonces aludía al modo como habría de morir. Pero a modo de metáfora del hecho de ser exaltado en la tierra por llevar a su culminación el amor de Dios a los hombres en la resurrección. De ahí la solemne declaración "Atraeré a todos los hombres hacia mí", pues su muerte es la puerta de paso a su glorificación. Además resulta tremendamente paradójico que Jesús diga que él ha sido glorificado, inmediatamente después de que Judas salió del refectorio de la última cena a consumar su traición. Como paradójico debió resultar para sus discípulos oírlo decir "confiad, yo he vencido al mundo" (Jn. 16, 32), en circunstancias de que pocas horas después será arrestado, humillado y crucificado.

Lo que hemos llamado la "fuerza que no lucha" ha sido glorificada en Jesús, pues ha sido la consistencia de su ser interior la que ha obrado eficazmente, desarticulando toda la trama de la antigua civilización pagana, y eso mediante actos que no guardan proporción alguna con los resultados últimos de su ministerio. Eso explica el consejo que él dio a sus discípulos de que no debían temer a los que matan el cuerpo, porque una vez hecho eso no pueden hacer más; lo cual, de hecho, debió resultar también incomprensible para ellos.

Volviendo a las citas que antes hicimos del *Tao Teh King*, resulta sorprendente cómo todas están referidas a actitudes que caracterizan el comportamiento peculiar de Jesús. La primera cita que dice: "El hombre sabio excluye su persona y siempre se halla en el primer lugar". Lo cual es lo mismo que decir que el hombre sabio "no se exalta y por eso es exaltado". Es un hecho que la humildad es siempre bien recibida y tanto más cuanto mayor es el valor atribuido a la persona. Pero la razón de esta paradoja, que es como la clave del actuar de Jesús, es lo que antes se ha denominado la influencia por el ser, más que por el hacer. La persona y lo personal es lo exterior en un hombre, lo cual debe ser puesto en su lugar para dejar actuar lo más valioso y poderoso que hay en su interioridad.

Los relatos evangélicos están llenos de episodios en que se muestra a Jesús actuando en beneficio de cualquier hombre y mujer sin discriminar a nadie, como lo hacían otros conforme al moralismo hipócrita de quienes posaban como modelos de justicia ante el pueblo.

El pasaje del *Tao Teh King* que dice "ser jefe entre los hombres sin dominarlos" muestra otro rasgo característico del liderazgo de Jesús, cuyo ascendiente sobre sus seguidores no tiene nada de opresivo ("mi yugo es suave y mi carga ligera"). Él no impone normas rígidas de comportamiento ni alienta a sus discípulos para que tengan ideas tajantes y verticales, ni juicios terminantes sobre los demás hombres. Al contrario, sus enseñanzas son un ejemplo de amplitud comprensiva y misericordiosa. Se diría que frente a la Ley de Moisés, tal como resultaba de la absolutización que de ella hacían los escribas, fariseos y doctores, él viene a cortar las cadenas de la severidad inmisericorde con que esas autoridades administraban la doctrina y el culto. Aplicable a Jesús con toda propiedad resulta la cita del capítulo XXVIII de Lao Tse que dice: "Quien conoce su gloria pero se conserva en la humildad, llega a ser el regazo del mundo". El regazo es la posición arqueada del cuerpo con que la madre cobija a su hijo, y es una figura que alude al amor.

Como en las otras citas, siempre queda al descubierto el comportamiento de quien se hace nada como persona para dejar actuar la virtud invisible que lo habita. En este caso se pone énfasis en la protección prodigada por amor. La cita agrega otras frases que dicen: "Siendo el regazo del mundo poseerá la Virtud eterna en abundancia y retornará a la simplicidad original". Este texto es importante sobre todo por sus dos últimas palabras: "simplicidad original". En el contexto del *Tao Teh King*, se alude con ese lenguaje a la integridad de los santos del origen; y no solo a ellos, sino también a los hombres sobre los que ellos reinaron, en atención al tenor de los textos que describen la sociedad de esos tiempos. En el caso de Jesús salta a la vista que él fue un hombre que vivió una vida libre de todo artificio, pues hasta se insinúa que nunca tocó dinero con sus manos, como se sugiere en el episodio referente a la obligación de pagar impuestos (Mt. 22, 15). Además, en sus tres años de vida pública como se percibe por la narración de los evangelistas, él fue un itinerante que deambuló por los caminos del territorio, preferentemente a pie, y durmió a la intemperie. Nada en sus actitudes y palabras sugiere que su carácter haya sido modelado por algún artificio de la civilización de su tiempo. Lo cual se percibe en la sencillez de sus palabras donde no hay ni asomo de influencias helenísticas ni otras. La razón de su sencillez, como ya se ha dicho, es lo que se denominó como la "completitud" de su ser, que nada necesita. Es una coincidencia sincrónica con la desnudez adámica.

En lo que se refiere a lo dicho previamente sobre el origen del saber como un paliativo a la pérdida de la virtud, cabe considerar lo dicho por Lao Tse en el capítulo II del *Tao Teh King*, como la raíz del fenómeno aludido. Ese capítulo comienza diciendo: "Cuando los hombres conocen lo bello como bello, entonces surge lo feo. Cuando los hombres conocen el bien como bien, entonces surge el mal". El sentido de estas palabras es de gran trascendencia. La primera frase encabeza el capítulo a modo de ejemplo, como diciendo: "Así como cuando los hombres conocen lo bello como bello surge lo feo, asimismo, cuando conocen el bien como bien surge el mal".

Tras estas palabras hay un supuesto que se entiende en referencia con el contexto del *Libro del Tao y la Virtud*. Ese supuesto es histórico (o prehistórico). Y se relaciona con las descripciones de una sociedad virtuosa, como habría sido la que gobernaron los santos soberanos a que los taoístas hacen mención, aludidos antes como los más destacados de la novena edad. Independientemente del problema histórico de su existencia real, un mismo supuesto semejante es referido por el apóstol Pablo cuando dice que la Ley surgió en el pueblo de Israel a causa de las transgresiones, las cuales, en una sociedad de creciente complejidad, se fueron haciendo cada vez más frecuentes (Gal. 3, 19). Una vez dictada la Ley, el pueblo conoció el bien como bien (conforme al lenguaje usado por Lao Tse), y automáticamente surgió su contrario (Ro. 3, 20), pues, como dice el apóstol: "donde no hay ley, tampoco hay trasgresión" (Ro. 4,15). El precepto mismo (de carácter positivo o negativo) fija el deber ser, y el conocimiento del deber ser determina lo que es contrario al deber ser. Todo lo cual ocurre en un contexto dinámico pendular para la sociedad; esto es, un mundo mezclado, en donde el bien y el mal están estrechamente vinculados. Lo dicho pues para el taoísmo aparece respaldado por un modelo de sociedad que estaba formada por hombres que tenían virtud, sin saber que la tenían. De ahí deriva la afirmación de Lao Tse de que el hombre de virtud superior no se considera virtuoso, por eso (precisamente) tiene virtud. En cuanto al hombre de virtud inferior, dice él, "se considera virtuoso y por eso (justamente) carece de virtud". Esta reflexión es como una paráfrasis de la cita anterior del capítulo II, pues el hombre que se considera virtuoso es el que ha perdido la inocencia en lo que concierne a la virtud, es decir, si se puede considerar virtuoso es porque ya sabe lo que es la virtud, de manera que el saber acerca de la virtud ya es doctrina para él, como el cumplimiento de la Ley es "justicia" para un israelita.

Se cita este pasaje del capítulo II del *Tao Teh King* a estas alturas de nuestra investigación a modo de una reflexión conclusiva respecto del origen del saber y en proporción a las etapas de la degradación del hombre desde lo que el mito del origen define como estado paradisíaco y estado de caída. En efecto, el estado paradisíaco como metáfora se asimila íntegramente a lo que Lao Tse define como la inocencia de poseer la verdadera virtud, la cual no es consciente de sí misma, porque aún no ha surgido su contrario ni ha habido necesidad de generar un saber que la defina y la proteja. Esa asimilación explicaría por qué el árbol del paraíso, cuyo fruto Dios prohíbe comer a la primera humanidad, se llama "Árbol de la ciencia del bien y del mal", lo cual podría parafrasearse con esta otra denominación: "Árbol del conocimiento de la Ley y el pecado".

Pero decir que el estado paradisíaco es solo una metáfora no parece abarcar toda la idea que el profeta quiere dar de los orígenes de la condición humana. Pues así como el primer versículo de la Torah alude a lo que tradicionalmente era la totalidad del universo, esto es, el cielo y la tierra, asimismo la referencia al origen de la condición humana también incluyó la inserción total del hombre en ese gran todo universal sin la intromisión de ningún elemento artificial. Con lo cual se alude indirectamente a la sabiduría originaria que fue la guía del hombre. Solo que el profeta se permite introducir en este cuadro tradicional un elemento aportado por el monoteísmo hebreo. En los dos capítulos mencionados, Dios personificado preside todo el suceder. Está antes del principio de la creación. Está presente en el paraíso, guiando el comportamiento de la primera humanidad. Es ubicuo y está fuera del tiempo. Es lo que siempre ocurre en las narraciones bíblicas cuando se incluyen en ellas elementos tomados de otras culturas: se los condiciona, imponiendo la primacía del actuar de Dios sobre lo que ha podido ser una sabiduría sin la presencia singular y explícita de un Dios supremo, creador de todo cuanto existe, el que se comunica con el hombre asumiendo el carácter de un interlocutor que piensa y se expresa en categorías mentales humanas.

Da la impresión de que el profeta no quiere prescindir totalmente del mensaje de la noche de los tiempos, del que él conoce lo esencial, pero lo deja ahí inmóvil como si, de algún modo, le reconociera el valor que Lao Tse y Confucio le asignan. La Biblia, en realidad, carece de textos alusivos a este problema ni hay en ella desarrollo alguno de la idea central acerca de lo que fue el estado paradisiaco, como contrariamente la hay en los textos sapienciales e históricos de China. Solo hay algunas pequeñas alusiones dispersas, como cuando el autor del Eclesiástico dice al pasar, y solo al pasar, "pero por sobre todo ser viviente de la creación está Adán"; y eso como conclusión de una extensa tirada de versos en los que hace el elogio de todos los grandes de Israel que la tradición venera (Eccl. 49).

Se entiende que el autor del texto dice lo que dice, tan sumariamente, sobre Adán, porque de todos los grandes de Israel cuyo elogio él hace en los párrafos anteriores, Adán, aunque comió del fruto que Dios le prohibió comer, antes de su pecado fue un hombre íntegro y puro, como ninguno de los grandes personajes elogiados pudo serlo.

Modestia y dulzura

En la línea que ha seguido nuestra investigación cabría ocuparse ahora de otro aspecto del modo de comportamiento de Jesús. Tema sobre el cual hay grandes semejanzas en referencia a lo que Lao Tse llama "hombre sabio" y el *Libro de las Mutaciones* llama "hombre superior".

Las citas que a continuación se transcriben del *Tao Teh King* configuran la imagen de un hombre cuya humildad, modestia y nobleza interior se traducen en un trato receptivo, dulce, gentil (comprensivo) con los demás hombres, aunque ese hombre esté situado en el mismo trono del dragón. En el capítulo XXVIII se lee lo siguiente: "El que conoce su fuerza masculina pero se atiene a su fuerza femenina, se vuelve como el profundo cauce del mundo". Para quien conoce el *Libro de las Mutaciones* las expresiones "fuerza masculina" y "fuerza femenina" aluden a los dos tipos de fuerza psíquica que convergen en la actividad del yo. Lo denominado aquí como "masculino" es lo creativo, activo y fuerte (Yang); y lo "femenino" es lo receptivo, pasivo, suave (Yin). Con lo cual se está diciendo que hay hombres que poseen un gran potencial de creatividad que los capacitaría para hacer muchas y grandes cosas, potencial que de ser utilizado en todo su vigor podría violar por mucho los límites del equilibrio cósmico de la sociedad.

En referencia al evangelio, la renuncia a utilizar el potencial interior (la virtud recibida del Cielo) en el sentido directo de la palabra, se cumple en la vida de Jesús en el episodio de las tentaciones a que fue sometido por Satanás, el cual figura en los libros de Mateo y de Lucas. El texto está redactado de manera de entender que Jesús por su sabiduría y sus poderes pudo ser el hombre más poderoso del mundo y de todos los tiempos en el sentido mundano de la palabra.

Esa conducta que, pudiendo ser muy activa y realizadora, entiende que su deber ético es seguir la vía de la receptividad, aparece mencionada en el capítulo XLIX en los siguientes términos: "El hombre sabio (cuando gobierna) no tiene sentimientos propios, hace suyos los sentimientos del pueblo. Con los buenos es bueno y con los que no son buenos también es bueno" (ver Mt. 5, 44-48). En el capítulo XVI se alude indirectamente a lo mismo de este modo: "El que conoce la Ley Eterna es comprensivo, siendo comprensivo es justo, siendo justo es regio". La actitud receptiva en esta cita está significada en la palabra "comprensivo". Esa comprensión hace referencia al comportamiento de los demás hombres, la palabra "justo" alude aquí a una justicia superior a la de la ley humana, y en ella se transparenta la misericordia. La Ley Eterna, que constituye el entramado de la actividad universal donde cada cosa en su comportamiento propio y conforme a su naturaleza se mantiene dentro de los límites que no alteran su justa relación con el todo, es la que confiere al hombre sabio el conocimiento real y profundo de los hombres y el complejo de circunstancias que concurren en la realización de sus actos. La misericordia brilla en el adjetivo "regio", pues los reyes estaban investidos de la facultad de perdonar e indultar por sobre la justicia que se administraba conforme a la ley.

El episodio de la así llamada "mujer adúltera" que aparece en el evangelio de Juan, capítulo 8, es uno de los que mejor reflejan este pensamiento de Lao Tse. Según la justicia formal que se administraba en Judea conforme a la ley escrita, la mujer sorprendida en delito de adulterio debía ser lapidada en público. Los fariseos y los escribas traen a la presencia de Jesús una mujer sorprendida en acto de adulterio, con gran acompañamiento de testigos, para tenderle una trampa, pues cualquier respuesta que Jesús dé sobre el caso mismo será desfavorable para él y lo comprometerá en un enredo teológico y jurídico. Pero como siempre Jesús en estos casos adivina las malas intenciones de sus oponentes y, sin referirse al caso específico que someten a su consideración, elabora su respuesta dirigida a la conciencia de los acusadores: "Quien, entre ustedes, esté sin pecado, que lance la primera piedra". Con esta respuesta él introduce un shock psicológico inesperado en aquellos hombres concentrados en el deseo de confundir a Jesús, por una parte, y, por otra, hacer "justicia" conforme a la Ley, asentados en la complacencia de que si bien en el adulterio hay siempre dos culpables, el rigor de la Ley pone su énfasis en la mujer. El texto dice que uno a uno los acusadores se fueron retirando, "acusados por su propia conciencia", empezando por los de más edad. Al quedar solo Jesús con la mujer, él le preguntó: "¿dónde están tus acusadores, nadie te ha condenado?". Ella respondió: "Nadie Señor". Jesús le dijo entonces: "Yo tampoco te condeno. Vete y en adelante no peques más". Eso es lo que Lao Tse llama una actitud regia.

En este episodio, imperceptiblemente se reproduce uno de esos momentos que debieron ser muy frecuentes en la vida de los reyes antiguos. Los acusadores de la mujer no advierten que al desear que Jesús perdone o exonere a la mujer de toda culpa, alegando razones humanitarias, o contradiciendo directamente los preceptos de la Ley, y eso para poder acusarlo ante las autoridades, están haciendo algo semejante al caso que fue sometido al juicio de Salomón (1 Reyes 3, 16), en el que quedó en claro que el rey poseía una sabiduría que estaba por sobre todos los casos difíciles generados por los conflictos humanos. Ahora bien, generalizando en atención a tantas respuestas del mismo tipo que Jesús dio a cuestiones difíciles que sus oponentes sometieron a su consideración para confundirlo y poder acusarlo, Jesús sin decirlo directamente nos enseña que siempre, en los conflictos humanos, la solución está en una instancia espiritual superior al ámbito en que se genera el conflicto.

Si Jesús fue misericordioso con la adúltera, lo cual queda en evidencia cuando le dijo directamente que él tampoco la condenaba, es porque fue "comprensivo". Cabe entonces preguntarse: ¿qué comprendió? Y la respuesta no es difícil de hallar dado el contexto del episodio. Se trata de una sociedad abusivamente machista, y a juzgar por la actitud despiadada y maligna de los acusadores, la adúltera ha debido estar casada con un monstruo y llevando una vida de malos tratos y desprecio (violencia intrafamiliar). En esa situación insostenible ella aceptó el amor de un hombre que la amaba de verdad, y eso lo vio Jesús sin que nadie se lo explicara, porque si se hubiese tratado de pura lujuria, el desenlace del episodio no habría sido el mismo.

En lo que respecta a la distinción que Lao Tse establece entre la fuerza masculina y la fuerza femenina, cabe señalar que atenerse a la fuerza femenina pudiendo usar la fuerza masculina es la base sapiencial de eso que Lao Tse llama "fuerza que no lucha". En el evangelio eso queda en evidencia cuando los que presenciaron la crucifixión comentan que Jesús, habiendo salvado a muchos, ahora se mostraba incapaz de salvarse a sí mismo.

Pero Lao Tse lleva su reflexión al extremo de afirmar en el capítulo XXXVI que "la suavidad vence a la dureza, y la debilidad vence a la fuerza". En el capítulo XLIII reitera lo dicho antes en los términos siguientes: "Lo que hay de más blando en el mundo (el agua) vence a lo más duro (la roca)". Pensamientos que lo llevan a la siguiente conclusión, por demás audaz y difícil de aceptar: "En mantenerse débil reside la fuerza del hombre" (Cap. LII). Esto es reiterado en forma más explícita aun en el capítulo LXXVIII con estas palabras: "Que lo débil vence a lo fuerte, que lo blando vence a lo duro, todo el mundo lo sabe, pero nadie osa ponerlo en práctica".

En los tiempos modernos solo podemos invocar como ejemplo de lo dicho por Lao Tse el caso del Mahatma Gandhi. Él nunca fue inflexible. Cuando sus seguidores pensaron que, a causa de la segunda guerra mundial por la que

Inglaterra debió movilizar una buena parte de los soldados que necesitaba para mantener la fuerza que respaldaba el régimen colonial de explotación, había llegado el momento de rebelarse usando la fuerza, él se opuso al aprovechamiento de esta coyuntura; aun pudiendo, de hecho, lograr un resultado por esa vía. Eso en atención a lo que él llamaba "fuerza de la verdad". En este caso la verdad era que todos sus seguidores habían aceptado hasta entonces ser súbditos del imperio británico, y que para ser consecuentes con esa verdad debían obrar conforme a ella. Eso motivó la movilización de miles de ciudadanos indios, quienes acompañaron a los soldados británicos, pero no en actos de violencia armada, sino como enfermeros, médicos y auxiliares, que protegen y cuidan a los heridos. Lo que fue un flechazo moral a la conciencia y el prestigio del imperio británico, mucho más efectivo que una acción armada que aprovecha la coyuntura difícil que se presentaba a los ingleses para darles una puñalada por la espalda. Era la santidad del Mahatma la que le daba la serenidad para afrontar sabia y rectamente toda adversidad, saliendo airoso de todas esas "debilidades", porque en esta forma de proceder llegó al extremo de advertir previamente a sus oponentes cuáles eran sus planes venideros en la lucha por la independencia de la India, y a exigir en los juicios a que fue sometido que se le aplicara todo el rigor de la ley penal, informando además a las autoridades coloniales sobre quiénes eran todos los responsables de la organización de los actos masivos. En ciertas movilizaciones a las que convocó a su pueblo, miles de sus seguidores se sometieron sin resistencia a las torturas y castigos físicos que les infligieron las fuerzas policiales, entrando desarmados a la lucha (como lo expresa Lao Tse en un capítulo ya comentado, Epigrama L).

Está claro, mirando a la distancia lo que fue la epopeya gandhiana de la liberación de la India, que ningún expediente violento contra los ingleses habría dado el resultado que dio esta forma de acción que no lucha basada solo en la "fuerza de la verdad". Quizás tal es el sentido de una extraña afirmación que Lao Tse hace acerca de la conquista del imperio. Según él, el imperio chino nunca se conquistó por la acción, sino por la inacción. Con lo cual se quiere decir que los que liberaron al imperio de los tiranos antiguos, como fue el caso de Tang el perfecto, fundador de la dinastía Yin, y Wu Wang fundador de la dinastía Tchou, el efecto favorable que lograron no fue una victoria a la manera de los generales vencedores, sino que gracias a su virtud superior volvieron el acontecer favorable a los designios del cielo de efectuar un cambio de dinastía, hasta el punto de que Wu Wang entró en la ciudad capital y tomó posesión de ella sin haber lanzado una sola flecha ni haber dado muerte a nadie (Chou King, dinastía Tchou).

Las fuerzas armadas del tirano huyeron, y Wu Wang se opuso a que fueran perseguidas para confirmar su derrota. Luego regresaron con lanzas invertidas a someterse al nuevo soberano y este no tomó represalias contra los derrotados. Él no se apropió de ningún bien material de la ciudad y repartió el botín entre sus guerreros y tribus bárbaras que participaron en la acción.

Es obvio, por otra parte, que la palabra "debilidad" empleada por Lao Tse en la cita anterior, no tiene el sentido negativo con que se la usa ordinariamente, como una simple carencia de fuerza. Es solo la apariencia exterior de esa carencia, pero respaldada por una gran fuerza interior. Conforme a la concepción del mundo que tenía el hombre de la antigüedad, en la que el sujeto receptor del conocimiento nunca se extrapolaba de la realidad conocida, de manera que mente y mundo se reflejaban analógicamente el uno al otro. Esa fuerza interior que resistía a la tentación de proyectarse en el acontecer objetivo inmediato y se reservaba para realizaciones más elevadas, por sí misma iba creando las circunstancias favorables para su debida realización en el espacio-tiempo, por una ley de analogía, mencionada antes con ocasión de referirnos aquí al tema de la "sincronicidad".

En el *Libro de las Mutaciones* hay varios hexagramas referentes a la proyección de esa fuerza interior en el mundo objetivo, la que solo el hombre fuerte y sabio puede realizar como se debe. En el hexagrama N° 5 llamado "La espera" se lee lo siguiente: "La lluvia viene a su debido tiempo. No se la puede forzar; se debe aguardarla". "La fuerza, ante el peligro, no se precipita, puede aguardar, mientras que la debilidad ante el peligro, se agita, porque carece de la paciencia para aguardar". El comentario al primer dictamen dice: "La Espera no es esperanza vacía, pues tiene la certeza interior de llegar a su meta".

Más adelante dice: "Solo el hombre fuerte puede enfrentarse a su destino. Gracias a su certeza interior puede perseverar hasta el fin. Esta fuerza se manifiesta en una inexorable veracidad, porque cuando se tiene el valor de mirar las cosas tal como son, sin engaño ni ilusión, surge de los mismos acontecimientos una luz que señala el camino". En este comentario hay algo de lo ya dicho sobre el primer hexagrama de este libro, llamado "Lo Creativo". Se trata de la acotación al primer dictamen en que se dice que al hombre a quien le corresponda en plenitud el símbolo de Lo Creativo, "el éxito le vendrá desde las profundidades originarias del universo". Por eso todo verdadero Gran Hombre sabe esperar su hora, pues, aunque no lo sepa teóricamente, él intuye que su fuerza interior, mediante la perseverancia, interviene sin saber cómo en la mecánica del acontecer y abre un cauce favorable a la realización de su misión.

Pero si bien el texto del *I Ching* toma sus ejemplos de hombre superior de los grandes soberanos venerados por la tradición taoísta y confuciana, en los comentarios finales del hexagrama N° 1 parece elevarse a una dimensión que supera todo ejemplo conocido. Esto después generará en la doctrina confuciana la imagen del redentor, como puede apreciarse por textos como este: "El Gran Hombre ha llegado a la esfera de los seres celestiales. Su influencia extendida se hace visible en el mundo entero. Cada persona que llega hasta él puede considerarse dichosa". Si el tono de este texto parece muy subido, eso se debe a dos razones, la primera se refiere a los santos soberanos de la antigüedad cuya presencia parece gravitar sobre cada enseñanza de Confucio y Lao Tse, por lo que se puede concluir que, en la antigüedad remota de China, se dio en la realidad y no en la pura mitología, un tipo humano superior a todo otro tipo conocido en la historia posterior. Por otra parte, lo antes señalado acerca de la concepción de un redentor, que terminó por imponerse como una esperanza cierta, dados los antecedentes de la santidad y la sabiduría de un tal tipo humano, fundamento de doctrinas pretéritas en las que no podía menos que transparentarse la figura del hombre perfecto capaz de salvar a la humanidad de su caída.

Es curioso constatar que Confucio, sabio que vivió en un contexto de muy alta cultura y que contribuyó en no poca medida a desmitologizar la historia tal como le fue trasmitida por la vía oral o escrita, en los comentarios al primer hexagrama del *I Ching* introduce de pronto pasajes referentes a la antigua sabiduría cósmica y en el estilo de lenguaje con que se la solía expresar. El pasaje correspondiente dice: "las cosas que concuerdan en el tono vibran al unísono. Aquellos que tienen una afinidad esencial se buscan entre sí. El agua fluye hacia lo húmedo, el fuego hacia lo seco. Las nubes, respiración del cielo, siguen al dragón; el viento, respiración de la tierra, sigue al tigre. Así el sabio se eleva, y todas las criaturas lo siguen con sus miradas. Lo que proviene del cielo está en relación con lo alto. Lo terrenal se relaciona con lo que está abajo. Cada ámbito tiene su propia naturaleza".

La intención de Confucio, al introducir este texto en su comentario, no es la de establecer una jerarquía axiológica que haga aparecer lo terrenal como inferior o deficitario frente a lo celestial. Asimismo Jesús en un pasaje del evangelio de Mateo hace la misma distinción, pero con un sentido peyorativo, para dejar en claro que él viene de lo alto y que sus oponentes son solo gente de abajo. Pero al igual que Confucio, no es que él quiera establecer una jerarquía de valor, pues lo terrenal fue también creado por Dios y vinculado inseparablemente a lo celestial. Son sus oponentes los que se habían desvinculado del Cielo y vivían una existencia vana que se sustraía a la gracia de Dios. La vinculación más perfecta entre lo terrenal y lo celestial se da en la encarnación del Verbo de Dios. Por eso el apóstol Juan anatematiza a todo aquel que niegue que Cristo vino al mundo en Carne (1 Jn. 4, 2).

Hay otro hexagrama (N° 31) del *Libro de las Mutaciones* referido a la influencia que ejercen los grandes sobre la comunidad, llamado justamente La Influencia. En el texto se deja en claro que lo fuerte y creativo solo puede ejercer una influencia constructiva y benéfica si en su interior el hombre es estable y elevado como una montaña, mientras que en su trato con los demás es gentil y benévolo.

En relación con esto el último comentario del hexagrama N° 1 del *I Ching* dice: "La suavidad en la acción, unida a la fuerza de la decisión, trae buena fortuna". Con esto retomamos el tema del modo de actuar discreto, gentil y bondadoso de Jesús, que es el que corresponde a un hombre que tiene una alta misión que cumplir y no interpone su persona entre su misión y los demás hombres. Es una manera más de referirse a lo que Lao Tse afirma cuando dice que el hombre sabio "excluye su persona" (Epigrama VII).

En relación con el hexagrama del *I Ching* titulado La Influencia, es interesante el hecho de que se incluya en él la relación de amor de la pareja humana. El comentario al primer dictamen dice: "Al tratar de granjearse las simpatías de una doncella delicada, el hombre fuerte se rebaja ante ella tratándola con deferencia". Por la ley de analogía el comentario agrega más adelante: "El sabio actúa debido a la atracción que ejerce sobre los corazones de los hombres. De esta manera puede instaurarse la paz en el mundo".

Esta analogía surge de la concepción bipolar del acontecer universal. Lo creativo y lo receptivo deben encontrarse e interactuar constantemente, generando el movimiento y trayendo a la existencia lo que se halla en estado potencial. Por eso este comentario al primer dictamen señala expresamente: "El Cielo y la Tierra se atraen mutuamente, dando origen a todos los seres". Por eso puede establecerse una analogía funcional entre la relación de pareja humana y la que se establece entre el sabio conductor de hombres y la comunidad.

Tal es la base de sabiduría analógica elemental que emplea el apóstol Pablo en su carta a los efesios (Ef. 5, 31), donde sugiere que la relación de Jesucristo con la iglesia es de carácter nupcial. Así se entiende la verdadera función que desempeña en la parte final del relato evangélico la figura, por demás enigmática, de María de Magdala: la así llamada María Magdalena, mencionada antes solo en el evangelio de Lucas (Lc 8,2), aparece al final entre las así llamadas "santas mujeres". El pasaje pertinente más revelador al respecto se halla en el capítulo 20 del evangelio de San Juan. María Magdalena va al huerto del sepulcro y ve que el cuerpo de Jesús ha sido sustraído de su lugar. Como era aún de noche, el Señor resucitado se aproximó a ella en la oscuridad y ella lo confundió con el guardián del huerto. Por eso, al preguntarle Jesús por qué lloraba, ella le dice porque han robado el cuerpo del Señor y no se sabe en dónde lo han puesto. Entonces él la llama por su nombre "María", y ella al reconocerlo por la voz lo llama "Rabboni", palabra compuesta que resume dos ideas: "Maestro" y "Señor Mío". De estos dos calificativos, el segundo sugiere un vínculo marital, que ha servido de base a muchas especulaciones acerca de un probable matrimonio de Jesús con María Magdalena.

La verdad es que resulta desproporcionado el hecho de que, de todas las personas que formaron el entorno de Jesús, empezando por su madre y los discípulos más cercanos, él haya querido mostrarse por primera vez como vencedor de la muerte a esta mujer desconocida, sobre cuyos antecedentes y vida posterior poco sabemos. Se entiende entonces que ella (sin descartar la posibilidad de que el personaje haya existido y haya formado parte del grupo de las así llamadas santas mujeres) cumple una función metafórica en el relato. El hecho de que ella vaya al huerto del sepulcro a llorar se debe a que María Magdalena cree que Jesús esta irremisiblemente muerto. Si a este hecho agregamos que los apóstoles pensaban del mismo modo, al punto de que cuando la Magdalena les dijo que había visto a Jesús resucitado ellos creyeron que estaba fuera de sí, se entiende la función que esta mujer cumple en el relato, de un modo por demás intempestivo. El evangelista, teniendo presente de un modo espontáneo la metáfora de la relación de esposo y esposa que Jesús tiene con su Iglesia, nos da a entender a través de la visita nocturna de María Magdalena al huerto del sepulcro qué es lo que la naciente iglesia entendía de la resurrección. Esto es, nada. Todos estaban anonadados, pues en su concepto el Maestro Jesús había llevado su conflicto con las autoridades de Jerusalén hasta un punto de no retorno, y no quedaba más que lamentarlo.

Así, la aparición de Jesús a María Magdalena representa la revelación de la resurrección a toda la comunidad. Todo lo cual para el evangelista, se puede representar de un modo metafórico en un texto redactado en la forma que él lo hizo. Sin descartar tampoco el hecho de que el evangelista haga una mención especial de la hora en que este encuentro habría ocurrido, poco antes del alba, como diciendo que la comprensión de tan alta verdad comenzó en la intimidad de la conciencia y que luego se hizo la luz plena acerca de ella. Es lo que la teología llama la "experiencia de la resurrección", insistiendo más en la fuerza transformadora del hecho trascendente que en la constatación del mismo mediante el ver y el oír, aunque en ciertos casos, como el del apóstol Pablo, la presencia del resucitado fue imponente y no exenta de temor por parte de aquel.

Junto con llegar a este punto en esta investigación sobre las semejanzas del modelo de hombre propuesto por Lao Tse en su *Tao Teh King* con el modelo representado por Jesús, cabe considerar de un modo más próximo aun los retratos o semblanzas de ese modelo humano que este viejo maestro chino insertó en algunos de los epigramas de su libro. En el capítulo VIII aparece una de esas semblanzas cuya descripción no solo se centra en algún aspecto fundamental de ese tipo humano, sino que entra en detalles como para hacer más visible la imagen que quiere comunicar. Analizo a continuación el capítulo VIII en su totalidad. Él se inicia con el símil del agua, elemento que para los sabios chinos traduce visiblemente el comportamiento del hombre sabio y santo: "La bondad suprema es como el agua. La virtud del agua es la de beneficiar a todos sin distinciones, y permanecer en los lugares bajos de la tierra. Actuando así es la imagen del Tao". En lo referente a la metáfora del agua, Jesús también se refirió a sí mismo como si él fuese un manantial del que surge el agua de la vida (Jn. 4, 14). Eso ocurrió en su diálogo con una mujer samaritana y a propósito de una fiesta judía en la que se recordaba la profecía de Zacarías sobre Jerusalén como fuente de un agua capaz de abrevar al mundo todo. En esa ocasión Jesús dijo: "el que tenga sed venga a mí y beba" (Jn. 7, 37).

Esta primera parte del capítulo es una admonición como tantas otras dirigida a los gobernantes, para tipificar su comportamiento como tales, estableciendo una comparación con el comportamiento que el Tao, como principio creador, demuestra tener en el gobierno del mundo. Beneficia a todos sin discriminar a los hombres malos, lo cual debe concordarse con ese pasaje del capítulo LXII que dice que el Tao "es el tesoro de los buenos y el amparo de las perversos". Este pasaje coincide con otro del evangelio en que Jesús recuerda a sus discípulos que Dios no discrimina a los que no son buenos al prodigar sus beneficios sobre la humanidad, haciendo salir su sol y caer su lluvia sobre buenos y malos, justos e injustos (Mt. 5, 43-48). Se echa de ver en este pasaje que Jesús recurrió a un ejemplo procedente de la antigua sabiduría cósmica, entendiendo por tal el conjunto inagotable de enseñanzas que por la vía analógica el orden natural ofrece a quien tenga la inteligencia y la sensibilidad para verlo.

En estos primeros versos del epigrama VIII, Lao Tse dice, además, que el agua, junto con beneficiar a todos sin distinciones, permanece en los lugares bajos de la tierra. Parece claro que con esto el viejo maestro se está refiriendo a la humildad. Con esto el símil del agua reflejando la conducta del hombre sabio se hace aun más explícito, pues los lugares más bajos de la tierra lo ocupan los más grandes ríos y los mares, en tanto que los ríos menores y los arroyos fluyen hacia ellos, desde niveles más altos. Así se configura, pues, la paradoja con que termina el capítulo XLI, esto es, rebajando se engrandece, y engrandeciendo se empequeñece; o como dice un verso del capítulo XXII refiriéndose al hombre sabio: "No se exalta y por eso es exaltado". Todo lo cual constituye el tema de uno de los axiomas más característicos del discurso de Jesús: "quien se ensalza será humillado, quien se humilla será ensalzado" (Lc. 14, 11). El hecho de que los grandes ríos y los mares ocupen los lugares más bajos de la tierra, vinculando simbólicamente la grandeza verdadera con la humildad, es mencionado en el capítulo XXXII en los siguientes términos: "Se puede comparar la relación del Tao con el mundo a las de los arroyos de montañas y aguas de los valles con los grandes ríos y mares".

El capítulo VIII continúa así: "Por eso el hombre sabio para su morada ama la tierra, en su pensamiento es profundo, en el don procede con amor, en su palabra se atiene a la verdad, en el gobierno busca la paz, en sus quehaceres procede con habilidad, en sus actos busca la oportunidad, y porque no rivaliza con nadie está siempre libre de todo reproche". Para completar esta semblanza se incluirá también en esta serie de características del hombre sabio dadas por Lao Tse el pasaje pertinente que se halla en el capítulo LVIII: "El hombre sabio es estricto pero no tajante, es escrupuloso pero no hiriente, es natural pero sin rudeza, es luminoso pero no deslumbra". A lo cual debe agregarse también un pasaje del capítulo LXIII que dice: "El hombre sabio responde al odio con la virtud". "No realiza grandes cosas, y por eso alcanza la grandeza". Y otro pasaje perteneciente al capítulo LXIV que dice: "El hombre sabio vuelve sobre lo que el mundo dejó atrás".

La primera característica invocada por Lao Tse para su semblanza del hombre sabio es que él ama la tierra. Con esto el viejo maestro nos quiere decir, entre otras cosas, que el hombre sabio busca siempre estar cerca de la naturaleza. Este rasgo de carácter no aparece directamente mencionado en los relatos evangélicos como una característica que los evangelistas hayan querido destacar especialmente en el carácter de Jesús; lo cual, por lo demás, no es propio de la cultura hebrea cuya sabiduría se elaboró al margen de la naturaleza como paradigma. Con todo, es algo que se puede deducir por el giro que tomaron tantas de sus enseñanzas concebidas por analogías con procesos naturales. En ese mismo sentido cabe considerar el episodio del milagro de la multiplicación de los panes y la ambientación en que se dio, deliberadamente escogida por Jesús. El texto del evangelio de Juan dice que Jesús salió de la ciudad y llevó a una multitud de seguidores (5.000 hombres) a un campo en donde había abundante hierba verde, lugar en que los hizo sentarse (Jn 6). En primer lugar, esa descripción presenta el símil de "el buen pastor" que saca a sus ovejas del redil y las lleva al campo a pastar. Con todo, un milagro tan insigne como el de la multiplicación de los panes y de los peces no podía hacerse en una plaza pública; ni es la ciudad el ambiente propicio para una manifestación tal del poder divino que lo asiste.

Relacionemos esto con lo dicho antes sobre la cultura hebrea, la que, a diferencia de tantas culturas paganas, se marginó de la naturaleza. Por eso no es posible imaginar que Jesús poseyera y hubiese hecho consciente una sabiduría cósmica que guardó para sí acerca de la relación de la mente humana con el acontecer natural, como se observa en los escritos de los sabios chinos y en su arte. Pero las recurrencias tan frecuentes que aparecen en sus discursos a esa sabiduría analógica, se explican, en primer lugar, porque antes fue común a toda la humanidad y es una herencia del pasado que tiende a reaparecer indirectamente en toda la sabiduría civilizada posterior. El momento cúlmine en que Jesús hace referencia al orden natural como paradigma de sabiduría se halla en ese pasaje del Sermón del Monte correspondiente al Cap. 6, versículos 25-34: "No os inquietéis por vuestra vida sobre qué comeréis, ni por vuestro cuerpo sobre qué vestiréis. ¿No es la vida más que el alimento y el cuerpo más que el vestido? Mirad cómo las aves del cielo no siembran ni siegan ni guardan en graneros, y vuestro Padre Celestial las alimenta. ¿No valéis vosotros más que ellas? ¿Quién de vosotros con sus preocupaciones puede añadir a su estatura un solo codo? Y del vestido ¿por qué preocuparos? Mirad los lirios del campo como crecen; no se fatigan ni hilan. Más yo os digo que ni Salomón en toda su gloria se vistió como uno de ellos. Pues si a la hierba del campo, que hoy es y mañana es arrojada al fuego, Dios así lo viste, ¿no hará mucho más con vosotros, hombres de poca fe? No os preocupéis, pues, diciendo: ¿qué comeremos, qué beberemos o qué vestiremos? Los gentiles se afanan por todas esas cosas pero bien sabe vuestro Padre Celestial que de todo eso tenéis necesidad. Buscad, pues, primero el Reino y su justicia, y todo eso os será dado por añadidura. No os inquietéis pues, por el día de mañana, porque el día de mañana ya se inquietará de sí mismo. Bástele a cada día su propio afán".

Este pasaje es clave para el tema que se está tratando, Jesús confía en la providencia, la cual si cuida tan esmeradamente de las aves y las plantas, con mayor razón cuidará de los seres que Dios hizo a su imagen y semejanza. Pero esta confianza de Jesús en la providencia tiene una condición para hacerse efectiva. El hombre debe seguir el camino que conduce al Reino de Dios, señalado ya en las Bienaventuranzas. A esa condición recibirá conforme a su fe los beneficios con que la providencia protege y alimenta a todos los seres. El equivalente taoísta de esta enseñanza se halla en el capítulo XVI que en su parte pertinente dice así: "Conocer la Ley Eterna es estar esclarecido, no conocer la

Ley Eterna es atraerse la desgracia. El que conoce la Ley Eterna es comprensivo, siendo comprensivo es justo, siendo justo es regio, siendo regio se iguala al Cielo, igualándose al Cielo se conduce conforme al Tao, conduciéndose conforme al Tao es eterno. Durante toda su vida estará a salvo del peligro". Con esta cita del capítulo XVI de Lao Tse se ha procurado homologar lo que el sabio chino llama seguir la Ley eterna con lo que Jesús llama buscar el Reino y la justicia. Lo cual es claramente posible, dadas las estrechas semejanzas que se perciben entre las enseñanzas del maestro chino y las bienaventuranzas proclamadas por Jesús al comienzo de su Sermón del Monte.

Y eso para hacer notar que en ambos casos la enseñanza que se quiere dar es que hay una correspondencia entre lo que el *I Ching* llama la "buena fortuna" y el seguimiento del camino recto. En el caso del Sermón del Monte, se trata de recibir por gracia toda lo que un hombre necesita para habitar el mundo junto a otros hombres. De lo cual Jesús quiso darles a sus discípulos una demostración práctica, enviándolos a predicar el evangelio a diversos lugares, aconsejándoles salir "a la buena de Dios", como se dice vulgarmente, sin muda de vestido, sin dinero y sin báculo, asegurándoles que con la sola fe en la providencia no carecerían de nada, de lo cual todos quedaron sorprendidos.

Este pasaje del Sermón del Monte tiene un marcado carácter paradisíaco. La referencia a las aves y lirios, que son en plenitud y esplendor, sin esforzarse por lo que vulgarmente se llama necesidades básicas, es como retrotraer la historia y ubicar nuevamente al hombre en el lugar que Dios quiso darle desde un principio en la creación, que no es, por cierto, el de un ser que padece de múltiples carencias y necesidades. Eso no obstante la caída original, que ha convertido a quien es imagen y semejanza de Dios en el único ser vivo de la tierra que ha sido disminuido en todas sus facultades superiores. Pero Jesús, aun en el estado en que el género humano se encuentra, les enseña a sus discípulos a desentenderse de ese temor a quedar desprovistos y desprotegidos, que caracteriza a nuestra especie en desgracia. Para eso él recurre a una reflexión que también tiene un marcado carácter paradisíaco, en los siguientes términos: "¿No es la vida más que el alimento y el cuerpo más que el vestido?". Por una parte, vida y cuerpo, y por otra, alimento y vestido, estas últimas necesidades que se volvieron apremiantes en el momento en que Dios expulsó al hombre del paraíso. Esta reflexión de Jesús parece querer decir: cómo es posible perder la vida en el afán por obtener los medios materiales que nos permiten conservarla; con la intención de destacar el contrasentido que hay en eso.

Una mención especial requiere la alusión a la "gloria" de Salomón. El texto griego dice "esplendor" que es lo mismo, palabra que en el capítulo 4 del evangelio de Mateo es asociada a los "reinos de este mundo", y cuyo carácter es evidentemente maligno. Con todo, en este caso lo que más se destaca es la intención de Jesús de comparar la gloria mundana de los hombres con los reflejos de la gloria de Dios en las cosas y seres que ha creado. En otras palabras, comparar el artificio de la civilización humana con el esplendor de la naturaleza.

El consejo de no inquietarse por el día de mañana, porque "bástele a cada día su propio afán", es un testimonio de confianza en la providencia, obviamente, pero es de un tenor que desalienta toda empresa humana que busque acumular riqueza y poder. "Bástele a cada día su propio afán" configura un ritmo que no es el de la vida que todos conocemos. Salvado eso que Jesús llama vida, en toda su trascendencia, el tiempo transcurre al parecer de una manera diferente para el hombre que se ha liberado espiritualmente. Así, por estos pasajes del evangelio se percibe la intención con que se redactaron lo primeros capítulos de la Torah de Israel, entiéndase todo lo referente al héroe civilizador, primogénito de Adán, esto es Caín, constructor de la primera ciudad, agricultor, metalúrgico y homicida. Es un personaje que vivió siempre bajo la reprobación de Dios y germen del estado de perversión generalizada a que hace referencia la Biblia como causa de que Dios decidiera exterminar a la especie humana con el diluvio.

Volviendo al capítulo VIII del *Tao Teh King*, Lao Tse dice también que el hombre sabio en su pensamiento es profundo. El contexto en que esto se dice, es sobre todo el del *Libro de las Mutaciones*, y resulta de la definición del así llamado "hombre superior". Hay muchos pasajes en que Confucio y Lao Tse aluden a ese tipo humano, pero en lo que se refiere al pasaje en que Lao Tse dice que el hombre sabio "en su pensamiento es profundo", ninguno es más apropiado que aquel que aparece en un pasaje del "Gran Tratado" que Confucio redactó para explicar el *Libro de las Mutaciones*. Refiriéndose a los "santos sabios" que crearon ese libro dice: "Ellos obraron en sí mismos la concordancia con el Tao y la Virtud (el Principio y su ley eterna), y de acuerdo con ello establecieron el orden de lo recto. Al penetrar con el pensamiento el orden del mundo hasta el fin, y la ley de su propia interioridad hasta el núcleo más profundo, arribaron a la comprensión del destino". Tal es el alcance que tiene la palabra "profundo" empleada por Lao Tse en el capítulo VIII de su libro. No se trata de profundidad en el sentido que se ha entendido por tal con relación a los grandes temas de la filosofía occidental o en la problemática humana descrita en las grandes obras literarias. Profundo aquí significa un alto grado de lucidez para entender el sentido de la vida y del acontecer en toda su trascendencia y ajustar su propia vida a ello, adquiriendo la capacidad para sondearse a sí mismo hasta lo más recóndito de la conciencia y de la inconciencia. Pero no se trata de una aventura del solo pensamiento, se trata del acceso real a una conciencia cualitativamente capaz de ver la realidad sin sombra de ilusión en el acto mismo de vivir. Pues la aventura filosófica del pensamiento es solo un esfuerzo intelectual y literario, en tanto que la lucidez del sabio santo a que Confucio refiere es una cualidad espiritual que se identifica con la vida misma en su plenitud.

Si buscamos una posible semejanza de Jesús con la descripción que Confucio hace de los santos sabios antiguos y la intención con que Lao Tse dice que el hombre sabio en su pensamiento es profundo, surge una semejanza en los resultados de la sabiduría originaria, la cual fue capaz de crear hombres que por la virtud que actuaba en ellos se asemejan mucho a lo que Jesús demostró ser en sus dichos y en sus hechos. Pero también surge una diferencia que en su apariencia no es menor. Jesús concibe todas sus enseñanzas en referencia a lo que globalmente se llama la Ley y los Profetas, esto es, lo que los cristianos llamaron el Antiguo Testamento: la experiencia de vida de su pueblo en relación con Dios en los tres milenios que le precedieron en la historia. No hay ni en sus dichos ni en sus hechos la actitud del hombre sabio que, en su experiencia del mundo, deduce el sentido desde el lugar que él ocupa en el orden natural. El teólogo Rudolf Bultman (Desmitologización del Nuevo Testamento) examinando el modo de pensar y de actuar de Jesús, que se infiere de los relatos evangélicos, llega a la conclusión de que Jesús nunca adoptó lo que él llama la actitud de "espectador", es decir, la de quien observa el mundo desde su inteligencia en un acto de iniciativa personal. En todo momento Jesús es un hijo de su pueblo y de su cultura, cuyo saber ha sido revelado por Dios, de manera que la realidad para todo hijo de Israel ha quedado definitivamente determinada en sus escrituras sagradas. Tal es el fruto de la así llamada "revolución monoteísta". Las enseñanzas que caracterizan el ministerio de Jesús como un profeta especial que no viene a abrogar la Ley sino a darle perfecto cumplimiento; todos en el mundo las reconocen como propiamente suyas, como características de su estilo, muy semejantes, cuando no iguales, a las de los santos y sabios de la China de la remota antigüedad reformuladas por Confucio y Lao Tse en el siglo VI anterior a nuestra era. Pero esto plantea un problema cuya solución ha quedado en suspenso.

Intentando aclarar lo que podría resultar de esta confrontación entre un profeta de Israel y los sabios chinos de épocas remotas, podría decirse que la coincidencia observada se debe a que Jesús como tipo humano es un hombre perfecto, el único que brilla como tal en la historia del mundo y que en él se integran las dos dispensaciones de la gracia divina mencionadas antes: la de la sabiduría y la del amor, conforme a lo que enseña al respecto el maestro Lanza del Vasto (testimonio directo del maestro al autor de este libro).

Aquello que Jesús propone y que trasciende las enseñanzas de la Ley de Moisés, lo cual constituye lo más original, revolucionario y paradójico de su ministerio, es lo que viene de la primera dispensación y que fue abolido por la revolución monoteísta como doctrina consciente. Porque esa sabiduría procede de una concepción del hombre inserto en el orden natural, lo cual supone muchos milenios de experiencia, y no se aviene con las expectativas de una revolución monoteísta cuyos fundadores buscaron diferenciarse de las culturas foráneas. Aunque sobre este punto es preciso aclarar que la sabiduría cósmica, por lo que se ha visto, dio sus más preciosos frutos en China y en los tiempos anteriores al proceso de la creación de las grandes culturas. Por eso las enseñanzas paradójicas que Lao Tse y Confucio transfirieron de la antigüedad a las generaciones posteriores acerca de la virtud; particularmente lo que se refiere a la pobreza voluntaria; la no violencia a la exclusión abnegada de la propia persona; el sacrificio expiatorio de asumir como propias las faltas del pueblo; la misteriosa eficacia de la fuerza que no lucha; el liderazgo sin dominio; el rechazo de la grandeza y la gloria mundana; el elogio de la humildad; la simplicidad original y el amor a todos los hombres, sean buenos o malos; el darlo todo sin expectativa de retribución; la valoración de la vida por sobre los artificios de la vanidad humana; la concepción del ser supremo como esencialmente amoroso, creativo y misericordioso; hasta la necesidad del advenimiento de un redentor. Todo eso, aunque parezca paradójico, es lo que llegó a hacer consciente la sabiduría cósmica que precedió a Jesucristo en varios milenios, pero que en él encuentra su más alta expresión. En ese sentido se puede decir que Jesús trae en sí lo que quedó atrás de la primera dispensación, y que todos los pueblos olvidaron con el advenimiento de las grandes civilizaciones. Por eso, si el pueblo de Israel es el agente directo de la revolución monoteísta, viviendo en un mundo de sociedades dominadoras y violentas que han dejado atrás lo más precioso que pudo elaborar la primera humanidad, como pueblo trashumante que busca establecerse en el mundo como los demás pueblos, permanentemente amenazado por grandes peligros, su tendencia natural fue a la postre la de apartarse de los principios sentados por los fundadores en reiterados intentos por fundar una civilización semejante a la de las naciones paganas de su vecindad; aun corriendo el riesgo de la idolatría, lo cual se intensificó con el advenimiento del régimen monárquico.

Volviendo al análisis que se está haciendo del capítulo VIII del *Tao Teh King*, Lao Tse destaca entre las características del hombre sabio está: "En el don procede con amor". La versión de este verso que da Richard Wilhelm en su traducción del *Tao Teh King* aporta claridad a su sentido: "El amor determina la calidad del regalo". La primera versión es más amplia en el sentido de dar mayor alcance a la palabra "don", pues ese don puede llegar a ser el de sí mismo, aunque la medida del valor del don, cualquiera sea este, queda siempre determinada por el amor que lo motiva.

Lo contrario a este don por amor es lo que se entrega para obtener algún otro beneficio, todo lo cual se entiende mejor si se considera que el hombre sabio que Lao Tse describe está referido al conductor de hombres, cuyo modelo para el Taoísmo y el Confucianismo seguirán siendo siempre los santos sabios soberanos de la antigüedad. Lo que este hombre sabio da supuestamente al pueblo o a alguien en particular no procede de ninguna otra motivación inferior a lo que se da por amor. Con relación a este texto cabe concordar el del capítulo XIII que dice: "A quien ama el Imperio como a su propia vida, se le puede confiar el gobierno del Imperio". En este verso se está diciendo indirectamente que se trata de un gobernante que es capaz de entregar la propia vida por el bien común y eso, antes que nada, por amor.

Por la experiencia de la historia esta concepción del gobernante y de la política queda en suspenso como un ideal semejante a lo que en el Apocalipsis se llama la "Jerusalén Celestial". Esto es, una utopía grandiosa del orden divino del mundo o del Reino de Dios. Con todo, Lao Tse y Confucio formulan sus enseñanzas sobre el supuesto cierto de que ese modelo de gobernante y de sociedad virtuosa fue una realidad en la remota antigüedad de China. El único argumento que podemos invocar en favor de su fe religiosa en los grandes ancestros de la sabiduría, es la propia sabiduría que ellos enseñan, pues nadie puede inventar ese cuerpo de doctrinas a partir de nada, solamente apoyado en sus propias ocurrencias. De haber sido así, el Confucianismo y el Taoísmo no habrían sido más que "pensamiento" en el sentido intelectual de la palabra. Pero el hecho cuasi milagroso de que las enseñanzas de ambos sabios, especialmente las de Confucio, hayan arraigado tan fuertemente en la sociedad china como para llegar a constituir la estructura espiritual de la nación (la más grande del mundo) en la antigüedad, es una prueba de que el fundamento que sustenta ese cuerpo de doctrinas tiene raíces muy profundas en el alma de esa nación.

Si el hombre sabio de Lao Tse no da nada que no sea por amor, este punto constituye una coincidencia mayúscula con lo que fue el ministerio público de Jesús como profeta y maestro en medio de su pueblo. Él fue quien le dio su fundamento real a lo que desde mucho antes se había enseñado en la Ley con el mandamiento: "Ama a tu prójimo como a ti mismo" (Lv. 19). Enseñanza que de tener alguna vigencia real para los hijos de Israel, se daba solamente entre los que pertenecían a la asamblea sagrada de ese pueblo, y por lo que se lee en los evangelios, en tiempos de Jesús dicho mandamiento (quizás el más difícil de cumplir) tenía poca o nula vigencia, por lo cual él debió colocarlo en el centro de sus enseñanzas éticas. Pero más coincidente que eso con el modelo propuesto por Lao Tse, es el hecho de que quien tenga el carisma de ser el guía (pastor) de los hombres, todo cuanto haga no sea más que una proyección de su amor. Por eso la traducción que ofrecemos: "En el don procede con amor", la cual también es correcta y, como antes se dijo, puede incluir hasta el don de la propia vida.

Veracidad y mansedumbre

Después del don por amor, Lao Tse destaca como característica de su modelo de hombre sabio la siguiente: "En su palabra se atiene a la verdad". (Versión castellana, Editorial Cuatro Vientos, G. S.). La versión de Richard Wilhelm dice: "La verdad determina la calidad de la palabra". Ambas glosas, igualmente válidas, destacan la relación estrecha que el hombre sabio tiene con la verdad. Por el contexto entendemos que el alcance del término verdad en este caso está referido al sentido (al Tao). Es verdad todo lo que se adecúa al sentido, y es falso todo lo que se proclama como verdad en contra del sentido.

Por la época en que les tocó vivir a Lao Tse y a Confucio, entendemos que ellos vinieron al mundo para restablecer la verdad. En el entendido de que en un vasto imperio desmembrado y dividido en reinos feudales, gobernados por tiranos que vivían en perpetuas guerras e intrigas, de la verdad no quedaban más que vestigios de un pasado de gloria. Pero lo interesante en el caso de estas doctrinas es que en ellas no se insiste tanto en lo que los occidentales llaman "verdad", en oposición a error o falsedad, sino en el sentido y la virtud. El acento que el occidental europeo pone en la verdad se debe a que la realidad queda determinada por la razón, esto es, la verdad es la meta del conocimiento. Por eso la verdad para el occidental es un objeto de búsqueda. En esa búsqueda, sin embargo, prima la objetividad de lo que debe ser descubierto, visto, entendido y medido por sobre las exigencias éticas de la verdad; y eso porque el occidental, en lo que al conocimiento se refiere, conoce para adquirir un poder sobre el objeto conocido, que es la razón de que esas exigencias éticas pasen a ocupar un lugar secundario o nulo en la empresa del conocimiento. A este respecto conviene recordar lo que antes se dijo sobre el concepto de verdad que enseñaba a sus discípulos el Mahatma Gandhi, en el sentido de que lo verdadero consistía antes que nada en que el hombre en sí, por su modo de proceder, demostrara que es auténtico y consecuente en lo que dice y manifestara hacia el exterior lo que él es interiormente, de manera de que no haya en él doblez o artificio.

Pero Jesús emplea la palabra verdad en un sentido más trascendente, especialmente cuando responde a Poncio Pilato, quien le preguntó si él es rey. Ante esto Jesús responde afirmativamente, advirtiéndole sí que su reino no es de este mundo, entiéndase de este "orden". Vale decir, no es como los reinos históricos que se vienen sucediendo a través de los siglos, gobernados por monarcas absolutos entre los cuales se destaca el imperio romano, del que el gobernador de Judea es su representante. Jesús se define como rey, agregando a ese calificativo que él para eso ha nacido, para dar testimonio de la verdad (Jn. 18, 33–38). Resulta curiosa esta relación que Jesús hace entre su realeza y su misión de dar testimonio de la verdad.

El sentido de esa relación se entiende solo en consideración a la pregunta que enseguida le formuló Pilato, "¿Qué es la verdad?", a la que Jesús no respondió. En un pasaje anterior de este libro se dio una interpretación de este episodio, dando cuenta de que Jesús se ha definido a sí mismo ante sus discípulos como "el camino, la verdad, y la vida". De este modo, la ausencia de respuesta a la pregunta de Pilato, y en atención al peculiar estilo del cuarto evangelio, constituye una enseñanza sin palabras, es decir, Jesús no respondió porque su sola presencia era la respuesta a esa pregunta, por demás reveladora, del gobernador de Judea.

Jesús, al definirse él mismo como la verdad, lo que está diciendo es que lo verdadero es ser como él es, porque si los hombres desde los albores de la civilización han buscado la verdad, él está ahí para decirles que esa verdad no es ni siquiera una doctrina; es una persona, un ser humano perfecto al que no falta nada de lo que Dios espera que los hombres sean. Pero los hombres se han desfigurado tanto apartándose del modelo que Dios ha presentado al mundo en la persone de Jesús, que con la venida de él al mundo se ha planteado el problema de la verdad como cuestión de capital importancia y urgencia.

En lo que se refiere al *Tao Teh King* de Lao Tse, el problema de fondo que el sabio chino procura resolver es semejante. El modelo del hombre propuesto por él, que procede de los santos y sabios soberanos antiguos, se ha empañado tanto que, de hecho, ha desaparecido. Por eso el *Tao Teh King* no es más que una representación de la venerada figura de los ancestros de la sabiduría, quienes hicieron de la nación china una sociedad virtuosa, y del orden imperante, un reflejo fiel de la voluntad del cielo. Por eso se puede decir sin errar que lo que Jesús llama verdad en el texto de Lao Tse es el sentido. Y tal es el alcance de esa petición del Padre Nuestro que dice "Hágase tu voluntad así en la tierra como en el cielo", pues la voluntad de Dios o los designios del cielo, según la forma de expresión tradicional china, constituyen eso que se llama el "sentido"; sentido y verdad son equivalentes, como lo sin sentido se identifica con lo falso.

A continuación del verso que dice "En su palabra se atiene a la verdad", en el capítulo VIII, aparece otro cuyo tenor es el siguiente: "En el gobierno busca la paz". La traducción que da Richard Wilhelm de este verso es la siguiente: "En el orden se manifiesta la calidad del gobierno". Esta no se aviene del todo con el contexto del *Tao Teh King*, pues hay varios capítulos en que eso que llamamos orden es puesto en tela de juicio. En el capítulo LVIII hay un verso que dice: "¿Quién entiende que el orden no se alcanza tratando de poner orden?". El texto continúa: "Pues el orden a menudo degenera en monstruosidad y el bien en superstición, y por largo tiempo persiste el pueblo en su ceguera". En el capítulo LVII se hace el siguiente diagnóstico del orden: "Mientras más reglamentos y prohibiciones hay, tanto más se empobrece el pueblo. Mientras más eficiencia hay, tanto más sumido en el desorden se halla el Estado. Mientras más actúa la gente con habilidad y astucia, tantos más signos nefastos aparecen. Mientras más leyes y decretos se promulgan tantos más bandidos y ladrones surgen".

Da la impresión de que para Lao Tse eso que los políticos llaman orden se asemeja al hexagrama del *Libro de las Mutaciones* llamado "La preponderancia de lo grande". En dicha sección, una situación de la sociedad que tiende constantemente al crecimiento y al incremento de todo es simbolizada por una gruesa viga cuyos soportes laterales son extremadamente débiles. Pues el orden, cuyo diagnóstico monstruoso hace Lao Tse en el capítulo LVII de su *Tao Teh King*, supone una complejidad inmensa en un contexto civilizado de gran envergadura. Es el orden logrado coercitivamente, no el orden que se establece espontáneamente como un reflejo fiel del orden natural; relación que un sabio gobernante sabe cautelar no interfiriendo en la vida del pueblo con ideas y planes preconcebidos acerca de la naturaleza de las cosas y el sentido del acontecer.

Todas estas razones apuntan no precisamente a la palabra orden, sino más bien a la palabra paz, la cual supone estabilidad y sólido fundamento. El sinólogo José M. Tola, en su traducción del *Tao Teh King* usa la palabra "equilibrio" en vez de orden, lo cual apunta a una correspondencia de justa mesura entre el orden dado y el orden construido.

Un gran imperio regido por una enorme máquina política y una cuantiosa burocracia donde se genera mucha riqueza y poder, concentrados en una élite dispendiosa, aunque por un tiempo pueda funcionar sin alteraciones graves, no es el orden. Para la clase política, sin embargo, no hay más orden que aquel que se da en los hechos, garantizado por los mecanismos de la ley y la fuerza, al punto de que la noción misma del orden verdadero se pierde y los valores se invierten. Así se entra en el vórtice de la desmesura fatal que nada ni nadie puede detener. La desaparición de los valores impide que los poderosos puedan darse cuenta de lo que ocurre.

La palabra paz surge así del orden verdadero y el equilibrio. El orden logrado coercitivamente no puede ser apto para el establecimiento de la paz entre los hombres, pues el equilibrio entre el orden dado y el orden construido posee una virtud amansadora, que se pierde en el orden donde impera la tendencia al engrandecimiento y la megaconstrucción. Es el caldo de cultivo de la eficiencia, la habilidad y la astucia. Es "el mundo en que se gana o se pierde" (Neruda, Memorial de Isla Negra), donde todos se ven obligados a llevar una doble vida para habérselas con otros que obran del mismo modo. Es el mundo del éxito y del culto al superdotado, al fuerte y bello, al distinguido y refinado, donde se cultivan las apariencias y donde no es el amor el que rige las relaciones humanas, sino el interés y la competitividad. Un orden así está condenado a quebrarse en forma estrepitosa.

Frente a este cuadro de sobra conocido por todos los hombres de nuestro tiempo, surge la imagen de Jesús llorando a la vista de la ciudad de Jerusalén. Es el rey santo y sabio que no puede entrar en su ciudad porque esta lo rechaza. "Mi reino no es de este mundo" ha dicho él, comparando en su corazón lo que podría ser el orden verdadero de su pueblo si tuviera ojos para ver "cuando su paz la visitó", pero todo eso estaba oculto a sus ojos. Pues la paz es el fruto de la justicia y el rasgo más relevante del Reino de Dios. Esa paz mesiánica comporta el ordenamiento de todas las vías que se habían torcido, y el equilibrio del hombre con su medio natural, conforme a las descripciones que figuran en el libro del profeta Isaías. Por eso, el mesías esperado lleva como título supremo el de "Príncipe de la Paz".

Lao Tse, como preparación a los textos confucianos que prevén el advenimiento de un redentor, incluye en uno de sus capítulos una profecía sobre el restablecimiento del orden divino de la vida en la tierra. Se trata de los primeros versos del capítulo XXII que dicen: "Lo incompleto será completado, lo torcido será enderezado, lo vacío será colmado, lo viejo será renovado". En la parte final de ese capítulo vuelve sobre el verso "lo incompleto será completado" para explicar que se trata de un viejo adagio, esto es, un dicho de la vieja tradición oral venida de tiempos remotos, pues para que un hombre del siglo VI antes de Cristo diga que se trata de un "viejo" adagio, su procedencia debió ser muy lejana en el tiempo.

Al hombre sabio Lao Tse le atribuye tres características más, las que figuran en la parte final del capítulo VIII del *Tao Teh King* en los siguientes términos: "En sus quehaceres procede con habilidad", "en sus actos busca la oportunidad" y "porque no rivaliza con nadie está siempre libre de reproches". La habilidad mencionada aquí es fruto del despertar. El sabio es antes que nada un hombre despierto con un alto grado de expansión de conciencia, dotado de una mirada global al mundo en la que nada se le escapa. Por eso los hombres sabios de la antigüedad eran sometidos a prueba mediante interrogaciones en las que debía quedar en evidencia la dimensión de su despertar. Jesús no fue una excepción en este tipo de verificaciones, como antes se dijo. Aunque cabe señalar que los interrogatorios a que fue sometido estaban todos concebidos con malas intenciones. Como es sabido Jesús salió airoso de todos esos momentos difíciles, uno de los cuales es el episodio ya comentado de la "mujer adúltera".

En casos como este se percibe la instantaneidad de la visión del hombre sabio que de una sola mirada abarca la totalidad de lo que está en juego en la situación creada por los intentos de sus adversarios por confundirlo y sacar provecho de alguna respuesta comprometedora para poder acusarlo ante las autoridades.

Pero la habilidad de Jesús en sus actos no solo se percibe en estos incidentes que ponen a prueba su sabiduría, sino también en el perfecto concatenamiento del acontecer en que ocurren sus dichos y sus hechos. El texto de los evangelios muestra constantemente que Jesús estuvo siempre donde debía estar y en el momento oportuno. Solo en un caso no estuvo presente donde sus discípulos pensaron que debía haber estado: la muerte de su amigo Lázaro. Marta, la hermana mayor del amigo difunto, le reprocha su ausencia en ese momento. Pero Jesús, de acuerdo al texto de Juan, sabiendo lo que iba a ocurrir dejó morir a su amigo sin el socorro que su poder pudo aportarle para que lo peor no ocurriera, porque el testimonio que quería dar a la naciente comunidad cristiana era mucho más alto que el de la curación de una enfermedad. Así entendemos que si él siempre estuvo presente donde debía estar y en el momento preciso, es porque él mismo generaba la coincidencia de su presencia en un lugar y en la oportunidad precisa. Lo cual es patente en su diálogo con una mujer samaritana, cuando ambos coincidieron en un encuentro en el lugar donde estaba el así llamado Pozo de Jacob. Jesús, en ese diálogo, realiza la profecía de Oseas sobre la recuperación de Samaria para la fe israelita, nación que se había apartado de Dios para rendir culto a los ídolos. Por eso su diálogo con la samaritana es una metáfora del reencuentro. Por lo que se narra en el capítulo 4 del cuarto evangelio, se entiende que Jesús con su poder creó la situación en todos sus detalles, incluyendo hasta la ausencia momentánea de sus discípulos que fueron a un poblado a comprar provisiones.

En lo que se refiere al hecho de que el hombre sabio en sus actos busca la oportunidad, como dice Lao Tse en el capítulo VIII que estamos analizando, eso es común a todo hombre sabio. Esto porque la sabiduría incluye la noción del tiempo como un acontecer cuyas instancias están concatenadas por una organicidad, la cual es inseparable del espacio en que las cosas y los seres están situados en el perpetuo devenir, y en el espacio mental de quien protagoniza u observa ese acontecer. A este respecto ya hemos dicho lo esencial sobre el modo de proceder de Jesús, quien siempre fue consciente de que, como dice el Eclesiastés, "hay un tiempo para cada cosa". En esa convicción él fue paso a paso realizando en etapas su misión entre los hombres, hasta lo que él llamaba su hora, que él conocía de antemano y la que supo reconocer una vez llegada. Antes del arribo de su hora, él, dialogando con algunos públicamente, les dijo: "Aún por un poco está la luz entre vosotros; andad entre tanto que tenéis luz para que no os sorprendan las tinieblas". En el capítulo 11 del evangelio de Juan, se lee lo siguiente a propósito de la muerte de Lázaro: "Los discípulos le dijeron Rabbi los judíos te buscan para apedrearte ¿y de nuevo vas allá? Respondió Jesús: ¿No son doce las horas del día? Si alguno camina durante el día no tropieza, porque ve la luz del mundo, pero si camina de noche tropieza, porque le falta la luz". A unos fariseos que le aconsejaron alejarse de Jerusalén él les dijo que todavía tenía trabajos que ejecutar y que una vez terminados, su hora habrá llegado. El símil de la luz del día y las tinieblas nocturnas se refiere a cuando Jesús es aprehendido y comienza su pasión, momento que él califica como el que es propio de esa gente, la hora de la gran oscuridad.

En el *Libro de las Mutaciones*, esta situación es referida en el hexagrama titulado "El ocultamiento de la luz", caracterizado por la hegemonía del hombre tenebroso y la humillación o exclusión del hombre luminoso. Este capítulo conviene sobre todo a los discípulos de Jesús más que al maestro, pues este no puede seguir los dictámenes que figuran en el libro, porque él voluntariamente está llevando las cosas a una situación límite, ya que está dando su vida por salvarnos. Los que deben perseverar y fortalecerse para soportar la adversidad son pues sus seguidores, para quienes la aprehensión de Jesús será una prueba capaz de quebrantar su fe, aunque en el caso de Pedro haya sido un intento de infidelidad momentáneo.

Las características del hombre sabio que figuran en el capítulo VIII del *Tao Teh King* terminan con el verso que dice: "Porque no rivaliza con nadie está libre de todo reproche". Esta referencia de Lao Tse al hecho de la rivalidad que se produce entre los hombres en cualquier ámbito de la existencia en que haya individuos que aspiran a poseer un bien o a asumir una calidad, dignidad o función, es mencionada por el sabio chino en cuanto el hecho de rivalizar deja al descubierto, en forma muy cruda, la tendencia egótica a compensar con exterioridades lo que no se posee interiormente. Hay un pasaje que dice que el hombre sabio está libre de vanidad y por eso mismo es que puede realizar su obra. Pues la rivalidad es un derivado de la vanidad. En referencia al comportamiento que fue característico de Jesús, la ausencia absoluta de una tendencia egótica, y la superioridad imposible de igualar de su ser, incluso por los que integran la lista de patriarcas, jueces, profetas, reyes sabios y otros tipos humanos destacados del pueblo de Israel, hacen que, como actitud humana indeseable, sea inconcebible en su caso. Aunque sí es muy pertinente para caracterizar la actitud que doctores de la Ley, escribas, fariseos y pontífices de la época adoptaron frente a él. A lo cual en el evangelio de Juan se hace una referencia explícita al decir que Poncio Pilato entendió que Jesús fue aprehendido, acusado y llevado a su presencia para ser ejecutado, por envidia.

En el capítulo LVIII del *Tao Teh King* hay una referencia a otras características que según Lao Tse son propias del hombre sabio. El pasaje pertinente dice: "El hombre sabio es estricto pero no tajante, es escrupuloso pero no hiriente, es natural pero sin rudeza, es luminoso pero no deslumbra". En este pasaje está claro que el segundo calificativo en cada caso viene a ser un exceso que desborda al primero. Así podemos decir que el hombre sabio es estricto, escrupuloso, natural y luminoso. Los dos últimos no requieren en principio una explicación adicional, pero sí los dos primeros. Los calificativos de estricto y escrupuloso, sin una explicación adicional, pueden inducir a error en el sentido de proyectar la imagen de un moralista.

En lo que se refiere al comportamiento que fue característico de Jesús, se puede decir que los dos primeros calificativos se perciben en dichos suyos tales como "Oísteis que fue dicho: No cometerás adulterio. Pero yo os digo que cualquiera que mira a una mujer (casada) para codiciarla, ya adulteró con ella en su corazón" (Mt. 5, 27-28). O este otro: "Habéis oído que fue dicho a los antiguos: No perjurarás, sino cumplirás al Señor tus juramentos. Pero yo os digo: No juréis de ninguna manera, ni por el cielo que es el trono de Dios; ni por la tierra, que es el estrado de sus pies, ni por Jerusalén que es la ciudad del gran rey. Ni por tu cabeza jurarás, porque no puedes hacer blanco o negro ni uno solo de tus cabellos. Pero sea vuestro hablar: Sí, sí; no, no; porque lo que excede de esto de mal principio proviene". Tales son las palabras de un sabio profeta estricto y escrupuloso, pero no hiriente ni tajante, como quedó de sobra probado en su trato misericordioso y comprensivo con los así llamados pecadores, entendiendo que la debilidad de la naturaleza humana no se puede comparar en malignidad con la soberbia.

Los otros dos calificativos, esto es, "natural" y "luminoso", si bien pudieran entenderse sin una explicación adicional, el hecho de que Lao Tse dé una explicación se debe a que el salvaje es también natural, pero por las condiciones de vida de la tribu, inmersa en la naturaleza inculta, lo hace rudo, palabra que por lo demás no implica malignidad alguna. En el caso de Jesús, si hay un calificativo que se aviene con su estilo es el de "natural". Todos sus dichos y sus hechos están referidos directa o indirectamente a aspectos del orden natural, lo cual pone de manifiesto en él que, de hecho, el paradigma de la antigua sabiduría cósmica analógica era como una base subyacente de su modo de discurrir.

En lo que se refiere al calificativo de "luminoso", está claro en el texto de los evangelios que para quienes no estaban cegados por su propia suficiencia espiritual, Jesús era la luz del mundo, lo cual su discípulo Pedro expresó muy bien al decirle a su maestro: "Solo tú tienes palabra de vida eterna" (Jn. 6). Pero el hecho de que Lao Tse advierta con una explicación que la luminosidad del hombre sabio no deslumbra, nos pone en la pista de cómo debe haber sido la predicación de Jesús para quienes estaban incapacitados de entenderle. Esos que eran susceptibles de deslumbrarse no por la palabra inspirada por el espíritu, sino por el discurso brillante de aquellos que pasaban por ser grandes maestros en la sociedad de su tiempo. Pues el deslumbramiento es el efecto de un discurso artificioso, cuyo resultado es solo emocional. Por eso es que el profeta Isaías, anunciando al Mesías como siervo de Dios, lo describe en estos términos en el capítulo 53 de su libro de oráculos: "No tenía apariencia ni presencia; (le vimos) y no había en él aspecto que pudiésemos estimar". Lo cual coincide con lo que se dice de varios maestros taoístas del pasado: "Gustaban de lo que no tiene gusto" (*Tchuang Tse*, traducción de Leon Wieger).

Lao Tse agrega en otros pasajes algunas características más, que según él son propias del hombre sabio. En el capítulo LXIII dice: "El hombre sabio responde al odio con la virtud, no realiza grandes cosas y por eso alcanza la grandeza". El odio suscita odio y el afecto suscita afecto, eso es lo natural. Solo inspirado por el espíritu un hombre puede devolver bien por mal. Pero en la cita que estamos comentando, la significación va más allá aun. Como en varios pasajes del *Libro de las Mutaciones*, el hombre superior en un ambiente hostil cultiva y perfecciona su virtud, tal es el único modo de sustraerse de la corriente común del ojo por ojo y diente por diente; y la única manera de revertir situaciones que generan consecuencias indeseables.

Si hay algo que Jesús les enseñó bien a sus discípulos es justamente el devolver bien por mal, recomendándoles orar por quienes los perseguían y calumniaban. En el libro "Hechos de los apóstoles", los discípulos, en cumplimiento del mandato de evangelizar el mundo, aparecen actuando en un ambiente en extremo hostil al evangelio y a la persona de Jesús, pero se entregaron con todo su ser a la fe que los movía en cumplimiento de esa misión. Eso, en lenguaje taoísta, significa justamente responder al odio con la virtud.

La cita anterior también dice: "No realiza grandes cosas y por eso alcanza la grandeza". En este pasaje Lao Tse vuelve a mencionar la grandeza, dando a entender que de esta palabra él usa dos acepciones. En una se trata de la grandeza autogenerada mediante el ejercicio del poder, y cuyo móvil básico es la vanidad. Por eso hay un pasaje del *Tao Teh King* que dice que el hombre sabio rechaza la grandeza (Epigrama XXIX). Junto a esa grandeza hay otra que no es autogenerada, sino que surge del reconocimiento que los hombres hacen de la real estatura espiritual del hombre sabio, cuando en un giro favorable del destino él ocupa el lugar que en justicia le corresponde. A esta grandeza reconocida le precede una obra que el hombre sabio realiza en beneficio de los hombres, y que Lao Tse califica en términos modestos: "No realiza grandes cosas". Esto se entiende desde el punto de vista del *Libro de las Mutaciones*, pues si los hombres beneficiados por lo que el sabio ha realizado por ellos le atribuyen grandeza es porque en vida su obra no deslumbró a nadie, y su trabajo en beneficio de la comunidad pareció insignificante en sus comienzos. Y eso porque, conforme a la visión bipolar del acontecer que caracteriza a ese libro, existen leyes que regulan el crecimiento gradual; así, por lo general, la obra del hombre sabio se sitúa en el germen del proceso. La glorificación posterior puede tardar mucho tiempo, incluso el hombre sabio puede morir sin ver el fruto de su obra. La posteridad le rendirá tributo a un hombre santo que sin mucho afán de su parte produjo cambios trascendentales en la sociedad.

Este pasaje cuadra a la perfección con los relatos evangélicos y la historia posterior del cristianismo, que de una pequeñísima célula de seguidores del profeta Jesús, con su predicación, cambiaron el paradigma cultural del mundo civilizado de la época. Así la modesta obra fundacional se vuelve gloriosa, dejando en evidencia cuál es la verdadera grandeza.

Lo que el mundo dejó atrás

La última característica del hombre sabio, según Lao Tse, es esta: "El hombre sabio vuelve sobre lo que el mundo dejó atrás". Ante un texto de este tenor cabe preguntarse qué es lo que el mundo dejó atrás. Y la respuesta en el contexto de la sabiduría china resulta obvia. Lo que quedó atrás es el modelo humano que los santos y sabios soberanos del pasado enseñaron a los pueblos. A lo que se debe agregar el modelo de la sociedad virtuosa que ellos lograron establecer actuando en todo conforme al Tao o "gran sentido del mundo". En lo que se refiere el ministerio profético de Jesús, en el capítulo 13 del evangelio de Mateo, versículos 34 y siguientes, se lee: "Habló Jesús en parábolas a la gente y sin parábolas no les hablaba para que se cumpliese lo dicho por el profeta cuando dijo: 'Abriré en parábolas mi boca; declararé cosas escondidas desde la fundación del mundo'" (Salmo 78). El alcance de estas palabras lo explica el apóstol Pablo. La primera referencia a eso que ha estado oculto desde la fundación del mundo aparece en su Carta a los romanos (Ro. 16, 25) en los siguientes términos: "La revelación del misterio que se ha mantenido oculto por mucho tiempo, pero que ha sido manifestado ahora, y que por las Escrituras de los profetas, según el mandamiento del Dios eterno, se ha dado a conocer a todas las gentes para que obedezcan a la fe, al único y sabio Dios". En su carta a los Corintios, el apóstol se refiere a eso que ha estado oculto como una sabiduría superior que Dios ha preparado para nuestra gloria. Se trata obviamente de la venida al mundo del Hijo de Dios en la persona de Jesucristo, detentador de la verdadera sabiduría de Dios y quien será el redentor del mundo y vencedor de la muerte, después de entregar su vida para expiación de todo el mal obrado por los hombres y acumulado por milenios de historia; quien vendrá investido del poder para hacer resucitados y vencedores de la muerte a los hombres que pongan su fe en él. Pero la cita del Salmo 78 antes mencionada no es literal. El pasaje pertinente dice: "Yo abro mi boca mediante sentencias (parábolas), yo hago pública la sabiduría de los tiempos antiguos. Lo que hemos oído, lo que sabemos, lo que nuestros padres nos han enseñado, nosotros no lo ocultaremos a nuestros hijos".

Toda esta alusión a lo que ha estado oculto en la noche de los tiempos y que fue conocido antes, en la mentalidad hebrea no puede asimilarse sin más a lo que Lao Tse y Confucio consideran que es la verdadera sabiduría que legaron al pueblo chino sus santos y sabios soberanos de la antigüedad. Con todo, la venida al mundo de Jesucristo, hijo de Dios, y las enseñanzas que le caracterizaron como maestro, quien de hecho fundó una escuela integrada por un grupo de discípulos, de algún modo conlleva en eso que el salmo llama sabiduría de los tiempos antiguos. Esto reaparecerá después como una característica relevante en el modo de discurrir de Jesús, sin que por eso él proclame directa y conscientemente que la fuente de esa sabiduría antigua fue el paradigma del orden natural compartido por el saber superior de todos los pueblos de la tierra.

De algún modo entonces las características del hombre sabio que Lao Tse destaca como un volver sobre lo que el mundo dejó atrás se cumple en Jesús. Y no solo del modo que hemos intentado poner en claro, sino también por la conciencia que él tenía de que la sociedad en que le tocó nacer y actuar pasaba por un momento de decadencia. Dicha circunstancia exigía al profeta volver sobre lo que había quedado atrás, esto es, la santidad de los profetas, jueces y patriarcas, las verdades enseñadas y proclamadas por estos, los modelos de fe y justicia que representaron hombres como Abraham, José y Daniel.

Queda claro también que tanto Jesús como Lao Tse vivieron en tiempos de decadencia de la cultura a la que pertenecían, y que esa decadencia, que es un fenómeno común a todas las culturas cuando llegan a su fase terminal, no obstante las diferencias circunstanciales del acaecer histórico como proceso de deterioro y descomposición social, presenta características básicas comunes en todos los casos. Algo de lo cual ya hemos visto, cuando establecimos paralelos entre los tipos humanos repudiables a que se refiere Lao Tse y los que representaban los fariseos, escribas y doctores de la Ley, que fueron los oponentes más enconados con que Jesús se enfrentó.

Sabiduría y ciencia

En el Antiguo Testamento a veces se engloba en un mismo término lo que se entiende por sabiduría y lo que se entiende por ciencia. El elogio que se hace de la sabiduría de Salomón en el primer libro de los Reyes (5, 29-34) no distingue un ámbito de otro. Pero las dos referencias que aparecen sobre la visita de la reina de Saba (especialmente la del libro de las Crónicas, capítulo 9), soberana sabia proveniente de África, quien sometió a prueba a Salomón mediante enigmas que él resolvió sin dificultad, trae implícita la distinción entre sabiduría y ciencia.

Los enigmas mencionados como pruebas son un equivalente a lo que en el budismo Zen se llama Koan, problema que desafía la lógica tradicional y cuya solución exige una mente despierta capaz de hallar la solución instantáneamente. A veces el enigma es formulado mediante metáforas cuya relación con el referente real debe ser percibido en el acto mediante el discernimiento por analogía sin elaboración racional previa. Así se entiende que los problemas que los oponentes de Jesús sometieron a su consideración para confundirlo y hacerlo decir algo que lo comprometiera para poder acusarlo de herejía o subversión, pertenecen al mismo tipo de pruebas a que en la antigüedad eran sometidos los hombres que eran reconocidos como sabios.

La ciencia de Salomón constituía su cultura, la que según los textos correspondientes era muy vasta. Y si a eso sumamos la magnificencia de su residencia real, su elegancia y fabulosa fortuna acumulada, da la impresión de que el redactor, aunque nada diga al respecto, no puede evitar el hacer consciente que su texto histórico sobre este brillante monarca, confrontado con lo que ocurrió en Israel después de su muerte, conlleva inevitablemente un leve ingrediente irónico. Pues, si tanta magnificencia (para muchos, entre ellos la misma reina de Saba) era una muestra del favor divino y de la estabilidad asegurada de su dinastía, la decadencia del régimen monárquico en Israel que comienza con la división del reino y sigue con el reprobable comportamiento de la mayor parte de los reyes que le sucedieron, conlleva otro mensaje: el sello de paganización que el reinado de Salomón ostenta inconscientemente. Este aspecto es confirmado por su alianza matrimonial con muchas princesas paganas a quienes permitió el ejercicio del culto a sus dioses dentro de las fronteras de su patria. Así, si Salomón fue el rey más sabio entre los orientales de su tiempo, lo que le correspondió hacer es aplicarse a sí mismo su célebre sentencia: "Vanidad de vanidades, y todo es vanidad". Entre las vanidades que él enumera aparece la sabiduría misma, pero entendida como ciencia, es decir, la vanidad del saber, de lo que se llama cultura personal.

En contraste con Salomón, Jesús es el tipo humano opuesto en todo sentido. Un marginal que no posee ni acumula bienes, que parece hasta jactarse de no poseer ningún poder y relacionarse con hombres que tampoco poseen poder alguno. Inmerso en las grandes multitudes populares, ausente de toda figuración social y amistad con los poderosos y la élite política, social y cultural de la época. Trabajador manual por oficio. Predicador itinerante que se fue ganando la fama de profeta y maestro gracias a la autoridad espiritual que lo asistía y los milagros que obraba.

A estas alturas de nuestra investigación, ¿qué corresponde decir de esta figura que emergió de este modo en el seno de su pueblo? Con los antecedentes dados hasta aquí, está claro que Jesús vino al mundo a renovarlo todo; y esa es una de las tantas razones de que su figura a los ojos de sus contemporáneos haya sido como fue. Un desconocido que emerge, pretendiendo ser a los ojos de sus sorprendidos auditores, un enviado de Dios para guiar a su pueblo por el recto camino, pues el camino seguido hasta entonces bajo la guía de fariseos, escribas, doctores y pontífices, no interpretaba la voluntad de Dios y desviaba al pueblo hacia el colapso de todo el orden institucional que antes dio forma a la nación. Por eso Jesús tiene que aparecer desnudo de todo lo que pudiera identificarlo como un personaje que cumple alguna función en el orden vigente, disponiendo de la cuota de poder y autoridad correspondiente. Ninguno de sus oponentes sabía quién era ni de dónde venía ni cuál era el respaldo oficial de la doctrina que predicaba, pues no había egresado de ninguna escuela conocida. Tal es la desnudez de Jesús, asimilable a la de Adán, pues quien viene a renovarlo todo, viene despojado de todo lo que era característico del mundo que en ese momento estaba en la fase terminal de una crisis que lo destruiría en el corto plazo.

A diferencia de Jesús, Lao Tse era un funcionario de la corte imperial, encargado de la guarda de los documentos sagrados de la dinastía. Además era un aristócrata por su parentesco con la familia imperial de la dinastía anterior.

Y sin embargo, él sintió la necesidad de despojarse de todo para ser consecuente con lo que enseñaba. Si es que enseñaba, porque su *Tao Teh King*, según el testimonio del historiador Tse Ma Tsien (*Lao Tse*, Richard Wilhelm), fue escrito a pedido del guardián de la frontera occidental cuando el maestro abandonó el territorio del imperio para irse a vivir entre las tribus bárbaras de esas regiones. Si por otra parte, el *Tao Teh King*, en referencia a la ideología oficial de la dinastía Tchou, aparece como una doctrina revolucionaria que de hacerse real supondría cambiarlo todo, entendemos por qué Lao Tse en lo personal siguió el camino de los santos y sabios soberanos de la antigüedad. Su legado es una síntesis perfecta de la sabiduría originaria.

En este sentido un paralelo con lo que fue Jesucristo como maestro pone de manifiesto una coincidencia asombrosa en lo que se refiere a los patrones de pensamiento y comportamiento que según uno y otro interpretan la voluntad del Cielo. En lo que se refiere al saber y a la cultura personal, la posición de ambos es idéntica. Solo que Lao Tse lo hace consciente y en un pasaje alude al problema directamente, como se hizo notar más atrás. En el capítulo XLVIII se lee lo siguiente: "Quien se entrega al estudio, día a día acrecienta su saber. Quien se entrega al Tao, día a día se deshace de su saber". Con lo cual nos está diciendo que el seguimiento del Tao, esto es, de la vía del Cielo, de la Ley Eterna, para él no es compatible con el culto al saber ni el hombre que goza de la fama de sabio. Pues el saber, como se entiende por el contexto del *Tao Teh King*, es una compensación a la ausencia del verdadero conocimiento. Es lo mismo que quiso expresar Jesús cuando exclamó con gran énfasis: "Yo te alabo, Padre, Señor del Cielo y de la Tierra, porque ocultaste estas cosas a los sabios y prudentes y las revelaste a los pequeñuelos". Aquí la palabra pequeñuelos, referida a los niños, es una metáfora de los humildes, de aquellos a que los libros sapienciales de la Biblia se refieren con la expresión "corazón sencillo". Jesús no tiene palabras para referirse al saber cómo un bien que da prestigio de inteligente a su poseedor. Sin decirlo extiende un velo de desprecio sobre ese bien que en las sociedades cultas es propio de los superdotados. En realidad para Jesús y para Lao Tse el que sabe y tiene fama de hombre culto, no sabe nada de lo que a un hombre le corresponde conocer para estar bien situado conforme al sentido, que es lo único que importa.

Entendido así, está claro que esto no puede ser proclamado sino en un tiempo de crisis, y por hombres portadores del verdadero mensaje que una sociedad necesita en la situación de extrema emergencia en que se vive. Es aquello a que se refiere el apóstol Pablo en su primera carta a los Corintios: "La sabiduría de este mundo es insensatez para con Dios". La palabra insensatez significa aquello que carece de sentido, y si en esa palabra se engloba toda la sabiduría del mundo, eso significa que el mundo como lo hemos conocido ha llegado a su término y ha llegado a nosotros ahora otra sabiduría que inaugura una nueva realidad.

Esa sabiduría el apóstol la engloba en la persona de Jesucristo, "en quien están ocultos todos los tesoros de la sabiduría y del conocimiento" (Col. 2,3). En el capítulo 1 de la primera carta a los Corintios, el apóstol dice: "¿No ha enloquecido Dios la sabiduría del mundo?". Y más adelante agrega "lo necio del mundo escogió Dios para avergonzar a los sabios". Afirmación extrema en la que claramente se percibe una proyección del célebre axioma de Jesús: "Los últimos serán los primeros y los primeros, últimos", expresión en la que se engloba una total inversión de valores. La renovación completa se echa de ver en pasajes como este: "No os conforméis a este siglo, sino transformaos por medio de la renovación de vuestro entendimiento" (Ro. 12, 2). En el mismo sentido, el apóstol dice en su carta a los Filipenses: "Cuantas cosas eran para mi ganancia las he estimado como pérdida por amor de Cristo" (Fil. 3,7).

En el *Tao Teh King*, Lao Tse se sitúa también en un acontecer de emergencia. Alude a los hombres de armas y su violencia, a los abusos de poder, al empobrecimiento del pueblo por los impuestos, a los exorbitantes gastos que irrogan la mantención de los ejércitos, a grandes batallas en las que los vencedores se regocijan por las matanzas masivas de sus enemigos. A esto hay que agregar los refinamientos de las cortes imperiales y feudales, y la perfidia de los que viven en el entorno de los poderosos, a quienes el sabio se refiere como "tumores purulentos".

En suma, es el colapso del mundo como lo hemos conocido, cuando el funcionamiento mental ordinario y normal, mirado desde la nueva sabiduría que comienza a iluminar al mundo es insensatez y locura. Porque en un mundo de extrema complejidad todo deviene un problema que debe ser resuelto por gente capaz y autorizada. Este problema nunca incide en lo esencial de la vida de los hombres, sino en su mejor modo de acceder a los beneficios materiales de un sistema social, en el laberinto de las administraciones donde no es posible evitar el abuso, la mentira, la corrupción y la extrema fatiga de todas nuestras facultades; situación en la que la acumulación de riqueza se impone finalmente como la única solución a la que todos tratan de echar mano, para poner su vida al resguardo.

En el caso del Nuevo Testamento, la nueva sabiduría es un conjunto de enseñanzas dejadas por Jesucristo en el ejercicio de su ministerio público, en las que se incluye una correcta interpretación de la Ley, una concepción inédita de Dios como Padre y una nueva concepción del hombre. Sus patrones de conducta resultan paradójicos comparados con lo que había sido hasta entonces la convivencia en la sociedad israelita, el culto y el modo de vivir la fe. En su conjunto ese cuerpo de enseñanzas suponía una revolución total del mundo como los israelitas lo habían conocido, entre otras razones porque estaban dirigidas justamente al fin de los tiempos (fin de la historia), para culminar en el "reinado de Dios". Dicho así, no puede concebirse una situación de emergencia más apremiante y convulsionada.

El hecho de que en el *Tao Teh King* Lao Tse inserte profecías tradicionales acerca de la renovación del mundo, como antes se hizo notar, es una consecuencia de la conciencia que el sabio chino tuvo de encontrarse viviendo en una situación de extrema emergencia, en la que lo peor podía ocurrir en cualquier momento, como Confucio pudo comprobarlo varias veces después en circunstancias de extrema peligrosidad en las que hasta se temió varias veces por su vida.

Así es como el razonar normal en el contexto del acontecer cotidiano de la gran ciudad deviene locura, previo embotamiento de la sensibilidad y la lucidez. Los problemas que la ciudad humana se ve abocada a solucionar por la vía de la política, la economía, la tecnología, la guerra, pierden todo sentido. Dicha pérdida de sentido es proporcional a una apariencia cada vez más engañosa de la capacidad y la inteligencia de los que detentan el poder. Por eso la nueva sabiduría mirada desde el orden establecido es solo utopía e inoperancia.

A este respecto Lao Tse en el capítulo XLI del *Tao Teh King* dice: "Cuando un sabio verdadero oye hablar del Tao, con diligencia conforma a él su vida. Cuando un sabio mediano oye hablar del Tao, ora lo observa, ora lo pierde. Cuando un sabio de rango inferior (un erudito, un letrado) oye hablar del Tao estalla en sonoras carcajadas. Si el hombre inferior no se riera a carcajadas, ciertamente no se trataría del Tao verdadero". Estas palabras de Lao Tse proceden ciertamente de una experiencia con los eruditos y letrados de la corte imperial, los cuales gozaban de la fama de sabios.

En el capítulo XLI del *Tao Teh King* Lao Tse describe la apariencia que la verdadera sabiduría o el verdadero camino presenta a los hombres mundanos que viven alejados del Tao: "El camino claro parece oscuro, el camino del progreso parece retrógrado, el camino llano parece irregular, la virtud suprema parece vacía, la suprema pureza parece manchada, la virtud cumplida parece incapacidad, la virtud más sólida permanece oculta, la verdadera rectitud parece deshonesta". En este texto también se echa de ver una tendencia de Lao Tse a la inversión de todos los valores. En conjunto este contraste entre la verdadera sabiduría y la mentalidad mundana corresponde casi literalmente a lo que los oponentes de

Jesús (fariseos, escribas y otros) decían de él y de sus seguidores. En la campaña de descrédito que se organizó en su contra se llegó a decir según el mismo Jesús nos informa (Mt. 11, 19) que él era un comilón y bebedor, amigo de publicanos (cobradores de impuestos) y de gente de mala vida. Este testimonio formulado por sus oponentes coincide a la letra con esos dos versos del capítulo de Lao Tse antes citado que dicen: "La suprema pureza parece manchada"; "La verdadera rectitud parece deshonesta". Tal es la inversión de valores antes mencionada desde el punto de vista de los hombres mundanos y vanos.

Hay otro capítulo del *Tao Teh King* en el que Lao Tse describe a esa clase de hombres incapacitados para la verdad por su total identificación con las cosas y los hechos del mundo en que viven insertos. La descripción corresponde al capítulo XX. En ella Lao Tse presenta una semblanza de los que él califica como hombres "vulgares", de quienes dice que son "esclarecidos", "vivaces y seguros". La descripción comienza diciendo que se regocijan (alegría mundana), que poseen bienes en abundancia. Ante este cuadro no es difícil imaginar la impresión que ha debido causarle al mandarín encargado de la guarda de los escritos sagrados, las recepciones solemnes organizadas en la corte imperial. Esos pasajes del capítulo XX se relacionan con el capítulo XII, en el cual el sabio chino se refiere al refinamiento de las costumbres aristocráticas en los siguientes términos: "Los cinco colores enceguecen al hombre; los cinco tonos ensordecen al hombres; los cinco sabores embotan al hombre; la montería y la caza enloquecen al hombre; los objetos preciosos desvían la conducta del hombre". Colores, tonos, sabores son términos referidos a la pintura y la decoración, la música cortesana, los banquetes, las joyas y atuendos magníficos a los que hay que agregar las enormes incursiones de cacería, donde el emperador y sus príncipes perseguían montados en caballos de raza a sus presas, aun arrasando con los sembrados del pueblo campesino. Estos detalles en algunos escritos taoístas se hacen notar como el colmo del abuso de poder y la frivolidad; probablemente motivó el severo juicio sobre la montería y la caza que según Lao Tse enloquecen al hombre, y tanto que hasta se dice de algunos emperadores que salieron de caza con un gran acompañamiento de señores y por varios días y tantas veces que el deporte se volvió una adicción. Esto motivó la rebelión de algunos grandes que les salieron al encuentro con un ejército, obligándolos a abdicar.

Resulta interesante que Lao Tse, precisamente a esos hombres, que en la época eran representantes de la más fina aristocracia, los califica de vulgares. Su actitud ante ellos es semejante a la de Jesús cuando comparece ante Herodes o cuando se refiere a Juan el Bautista, preguntando: "¿Que salisteis a ver en el desierto, acaso un hombre vestido con molicie? Los que así visten en palacios de reyes están" (Mt. 11, 17). Presenta así un contraste muy grande entre la estampa de un profeta con la de un príncipe o gran señor de la época.

Lao Tse ve y siente lo mismo que Jesús frente a esa gente mundana, aunque entre ambos observadores hay una diferencia. Jesús era, de hecho, un marginal, y se presentaba y comportaba como tal en la sociedad de su tiempo. En cambio, Lao Tse era un gran señor cuya familia estaba emparentada con lo más granado de esa brillante nobleza de sangre, y así y todo, interiormente percibía la vanidad del mundo como la percibía Jesús, lo que motivó su alejamiento clandestino de la corte y su decisión de vivir en la vecindad de las tribus bárbaras de Occidente.

Pero Lao Tse no era un profeta, sino un sabio, y en Oriente, especialmente en China, si bien los sabios siempre son motivados por la responsabilidad de contribuir al bien de la sociedad, los hay cuya vocación es influir sobre la comunidad de los hombres desde el retiro, lejos de la lucha de las pasiones. Tal es el caso del retiro de Lao Tse en territorios habitados por pueblos bárbaros. Su esperanza en la transformación final del mundo era algo que él atribuía a los designios del Cielo.

La inoperancia de la verdad

El retiro del mundo de Lao Tse conlleva un supuesto, el cual concierne a la inoperancia de la verdad en los tiempos de decadencia. Hay un pasaje en el *Tao Teh King* en que él dice: "El pueblo permanece por largo tiempo en su ceguera". En lo que se refiere al profeta, este siente que justamente son esas situaciones históricas las que más requieren de su presencia y su misión. Pero la calidad de profeta no es propia de las culturas del extremo Oriente, sino de las culturas de base racial semítica. En ese sentido Confucio habría sido lo más aproximado a la figura del profeta que la China produjo, detentando una verdad que le es confiada por el Cielo para comunicarla a los hombres cuando se apartan del camino recto.

Con todo, se trate de un sabio en retiro, como es el caso de Lao Tse en su viaje clandestino a Occidente, o de un profeta israelita, como es el caso de Jesús en el ejercicio de su ministerio, ambos tuvieron que enfrentarse con el problema de la inoperancia de la verdad. Se trata de la inoperancia para influir en lo inmediato en un vuelco de conciencia capaz de cambiar el mundo insensato en que les tocó vivir, y un choque violento con lo falso que ha usurpado para sí el consenso social acerca de la verdad.

En el caso de Jesús eso se percibe como un fuerte contraste entre su aparente impotencia y el desenfado y la seguridad con que actúa frente a él Poncio Pilato, el comisionado por Roma para gobernar la provincia de Judea, cautelando los intereses del imperio en esa zona. Al comienzo Jesús no responde a algunas preguntas del gobernador y este, que en principio no parece tener malas intenciones respecto del acusado, le dice ¿"A mí no me respondes? ¿Acaso no sabes que depende mí el dejarte en libertad o crucificarte?". A lo que Jesús contesta: "No tendrías ningún poder sobre mí si no te hubiese sido dado de lo alto" (Jn. 19, 10). Lo cual confundió al gobernador de Judea. Enseguida viene el diálogo de ambos sobre la realeza de Jesús; la pregunta de Pilato al respecto no ha podido ser formulada sin una cierta carga de ironía. Cómo ese pobre desconocido, carente de todo poder, rechazado por las autoridades de Jerusalén, pretende ser rey. A lo que debió agregarse una cierta dosis de curiosidad. En todo caso el enfrentamiento de ambos personajes es la instancia suprema del evangelio en la que se plantea la inoperancia presente de la verdad. La respuesta de Jesús sobre si él es rey es la que da la clave del problema que se busca plantear aquí. Esa respuesta de sobra conocida es: "Mi reino no es de este mundo. Si mi reino fuese de este mundo, mis seguidores habrían luchado para que yo no cayera en manos de mis adversarios" (Jn. 18, 36).

La palabra "mundo", en griego "kosmos", quiere decir orden, lo que significa que su reino no es como el de los reyes que ejercen un poder sobre los pueblos y se imponen de facto sobre sus súbditos mediante la fuerza, lo cual deja a la verdad representada en Jesús en la total inoperancia. Esa inoperancia será confirmada luego cuando el gobernador de Judea se vea obligado a entregar a Jesús para ser condenado, escarnecido, flagelado y crucificado. Así, aquel que dice a Pilato que él es rey y que para eso ha nacido, para dar testimonio de la verdad, según los criterios de este mundo, termina su misión mesiánica en una derrota total.

Buscando un paralelo con lo que Lao Tse dice en el *Tao Teh King* acerca de lo mismo, cabe citar el capítulo LXX el cual dice: "Mis enseñanzas son fáciles de entender y fáciles de practicar, pero nadie bajo el Cielo las entiende ni nadie las pone en práctica. Mis palabras tienen un ancestro y mis actos tienen un señor, y es porque nadie lo conoce que nadie me conoce a mí. Justamente lo que hace mi gloria es el hecho de que pocos me comprendan". Estas palabras corresponden a la letra con aquel pasaje del evangelio en que Jesús afirma que su doctrina no es de él, sino del que lo envió, Dios, y porque nadie conoce al que lo envió nadie lo conoce a él (Jn. 8, 19). Aparte de esto el tenor del texto deja transparentar claramente el problema de la inoperancia de la verdad. Como también se echa de ver en el capítulo LXVII en cuya primera estrofa Lao Tse se refiere a la fama puramente formal que él tenía en su tiempo de ser un gran sabio, entre otras razones por ocupar un alto cargo de mucha dignidad en el palacio imperial. El texto dice así: "La grandeza de mi doctrina es conocida, pero en el mundo se la considera en algún sentido inoperante. Y es justamente porque es grande que en algún sentido se vuelve inoperante. Si ella fuera operante, hace tiempo que se habría empequeñecido".

Este texto es importante porque en él Lao Tse da la clave del problema de la inoperancia de la verdad en los tiempos decadentes. La paradójica afirmación de que si su doctrina fuera operante hace tiempo que se habría empequeñecido equivale a decir que si su doctrina contuviera directrices eficaces para poner en orden el imperio no valdría nada. Esto porque el desorden del imperio, su división trágica en reinos feudales combatientes, se debe a que los conductores de la sociedad se apartaron del Tao, del sentido y la vía de los santos y sabios soberanos de la antigüedad. Eso no se arregla con maniobras políticas porque se trata de lo peor que a una nación puede ocurrirle, esto es, la pérdida de la virtud y la sabiduría en sus gobernantes.

El pasaje que dice "si ella (su doctrina) fuera operante hace tiempo que se habría empequeñecido" es concordante con la respuesta de Jesús a Pilatos en la que le dice que su reino no es de este mundo, y que si de este mundo fuera, sus seguidores habrían luchado para evitar que él cayera en poder de sus adversarios. Con lo cual Jesús da la medida de lo absurdo que habría sido todo intento de imponer por la fuerza una ideología cuya finalidad hubiese sido, como la de los "celadores", liberar a Judea de la dominación romana o liberar al pueblo de la opresión de sus dirigentes y autoridades religiosas.

La paradoja que queda al descubierto, entonces, deja en evidencia un juicio condenatorio del mundo de la envergadura como el que emitió el apóstol Santiago en el sentido de que la amistad del mundo es enemistad para con Dios (Stg. 4, 4). En el lenguaje de Lao Tse equivale a decir que todo lo que la dinastía reinante en China entonces, y lo que ha heredado de las dinastías anteriores, "es solo apariencia del conocimiento del Tao y el principio de todas las locuras", como se lee en los versos finales del capítulo XXXVIII. La aparente contradicción en que Lao Tse incurre al decir que "el saber de los antiguos es apariencia del conocimiento del Tao y el principio de todas las locuras" –siendo que si hay algo que él considera grande y verdadero es justamente la sabiduría de los santos soberanos de la antigüedad–, se debe a que en este texto los antiguos a que él se refiere son los que conformaron la nación como un imperio poderoso, aunque Confucio haya dado de ellos un testimonio honroso.

El fracaso

El tema de la inoperancia de la verdad antes mencionado, cabe asociarlo a otro semejante que podemos llamar simplemente el fracaso. El único capítulo del *Tao Teh King* que posee una carga emocional que procede del hecho de que su autor se exprese en primera persona como en ningún otro pasaje de su libro, alcanzando el tono de lo confidencial, es el XX, ya mencionado a propósito de las características de la gente mundana. En ese capítulo, frente a cada característica enumerada, el autor emite un juicio comparativo con su propia persona, dando de él un retrato que debió corresponder a la imagen que el sabio proyectaba ante los que llegaron a conocerlo bien. Frente al frívolo regocijo de los favorecidos por la fortuna, su vivacidad, su seguridad y su opulencia, Lao Tse en el cap. XX dice de sí mismo: "Solo yo estoy indeciso sin que un signo me haya aparecido, como un recién nacido que aún no sabe sonreír, inquieto y errante como un vagabundo... Solo yo parezco un desheredado. Mi corazón es como el de un insensato, confuso y sombrío... Yo solo parezco obtuso y deprimido, agitado como el océano, arrastrado a la deriva sin cesar. Solo yo parezco un ocioso como un mendigo".

Este retrato de sí mismo tiene una innegable consistencia de sinceridad, solo que es inconcebible que se diera en la realidad, tratándose de un mandarín del palacio imperial, investido de la dignidad sacerdotal y encargado de la guarda de los escritos sagrados de la dinastía reinante. Es probable que Lao Tse haya expresado aquí lo que ocurría dentro de él. Así él se veía a sí mismo entre esa gente distinguida y segura de sí misma, cuya última preocupación parecía ser lo que el sabio definía como el sentido de la vida. Es probable que en sus días o meses libres, él deambulara sin rumbo fijo por los campos y los montes, liberado del protocolo y de los atuendos de su dignidad, cubierto de tela tosca, como nos lo dice en el capítulo LXX, en cuyos versos finales se lee lo siguiente:

"Lo que hace mi gloria es el hecho de que pocos me comprendan. Por eso el hombre sabio se cubre de tela tosca y oculta joyas en su pecho".

Pero la mención del capítulo XX que hemos hecho está incompleta. Falta la conclusión final de esta comparación entre el éxito de los opulentos y el fracaso del sabio. Esa conclusión dice: "Solo yo soy diferente a los demás hombres, porque aprecio el sustento que viene de la Madre". Esta confesión tan referida a su persona tiene varios supuestos. Uno es el dar cuenta de una experiencia consoladora, por una parte, pero desoladora, por otra. Esa desolación se expresa justamente en el comienzo del capítulo, en el verso que dice: "Oh soledad ¿cuánto tiempo vas a durar?". El otro supuesto es que en este texto Lao Tse se refiere al ser supremo como madre. El término sustento sugiere que él es como un niño amamantado por la madre universal y que el aprecio que él siente por ese alimento de lo alto lo obliga a deshacerse de todos los lazos que lo unen al mundo de los que deambulan por su entorno. En Jesús, el fracaso forma parte del itinerario obligado de este profeta en el cumplimiento de su misión, pues él debe caer en manos de sus adversarios quienes lo humillarán y lo maltratarán, para terminar dándole la más infamante de las muertes. Por eso el fracaso no es algo que él sufra como catástrofe personal, el fracaso en la misión de Jesús lo viven como tal y momentáneamente sus seguidores, quienes hasta entonces poco o nada han entendido de la resurrección. Con todo no se puede negar que hay un fracaso, en el sentido que se le da ordinariamente a esta palabra, el cual es el sendero estrecho y sembrado de espinas que el hombre santo y sabio debe recorrer antes de que su obra dé los frutos de gloria que está destinada a dar.

En el caso de Lao Tse esta incompatibilidad entre su sabiduría y la mentalidad imperante en su medio tuvo por desenlace su retiro clandestino de la corte, lo que, en lo inmediato, constituye un fracaso. Con ese retiro él nos quiere decir que el mundo se ha vuelto un problema insoluble que a él no le corresponde esforzarse por resolver, porque además, y como nos confiesa en el capítulo XX, ningún signo ha aparecido que le haga entender que él tenga una misión trascendente que cumplir en lo inmediato.

Confucio sí tuvo la certeza de que el Cielo le encomendaba una misión y la cumplió a la manera de un profeta. En ese sentido la figura del Antiguo Testamento que más se le aproxima, no por su carácter sino por hechos precisos ocurridos en su vida, es el profeta Daniel. Ambos fueron consejeros de reyes cuya moral dejaba mucho que desear. Pero la obra que constituyó la realización plena de la misión de Confucio debió esperar tres siglos más para establecerse en la sociedad china con el advenimiento de la dinastía Han. Confucio pudo pasar por un momento de desaliento en el que creyó que todo su esfuerzo había sido en vano, pues el mundo que pululaba en su entorno estaba corrompido en sus fundamentos y no se veía por dónde podría surgir un soberano santo capaz de llevar a la práctica sus enseñanzas.

Quizás el signo que esperaba Lao Tse ocurrió y no era otro sino el milagro de que en ese entorno mundano refractario a la virtud y la sabiduría viviese un hombre como él capaz de entender en toda su amplitud la sabiduría de los santos soberanos del pasado. Esto vale para Confucio, aunque él estaba más seguro de que el Cielo le había encomendado una misión, quizás por signos que solo él conocía y sobre los que nunca habló a nadie. El milagro de que su doctrina se haya transformado en la estructura espiritual de tan vasta nación y por dos mil años sería una prueba de que su certeza tenía un fundamento sobre el que poco o nada sabemos.

En ambos casos, el de Jesús y el de Lao Tse, se echa de ver una paradoja que es digna de hacer notar. Lao Tse afirma que su gloria consiste justamente en que pocos lo entiendan y que sus enseñanzas de hecho sean desestimadas como inoperantes. También podría decir que su gloria consiste en ser un marginal condenado a la soledad y al ostracismo en un mundo de opulencia y frivolidad, porque solo él en ese entorno aprecia el sustento que el ser supremo le suministra para fortalecer su fe y su constancia en su adhesión incondicional a la verdad. Esa reflexión que procede del capítulo XX del *Tao Teh King* tiene su equivalente en el evangelio, en el pasaje en que Jesús dice que hacer la voluntad de su Padre es su alimento.

En lo que se refiere al fracaso mismo, lo paradójico, aunque comprensible por el contexto, es que Jesús use el término glorificación justo en el episodio de la traición de Judas. El texto correspondiente del capítulo 13, versículo 31 del evangelio de Juan dice que cuando Judas salió del aposento en que se realizó la última cena, de inmediato Jesús exclamó: "Ahora es glorificado el Hijo del Hombre y Dios es glorificado en él". En ese mismo sentido Jesús se refiere en términos de glorificación al hecho de ser levantado en alto, esto es, crucificado. Aunque los hechos sean totalmente diferentes, en ambas situaciones lo que parece derrota y rechazo del mundo es referido en términos de glorificación por Lao Tse y Jesús. Y la naturalidad con que lo afirman deja en evidencia una lucidez acerca de lo que ha llegado a ser el mundo en su globalidad a prueba de toda contradicción. La convicción de que el mundo avanza en una dirección absolutamente contraria al sentido o la voluntad de Dios, los inmuniza contra todo juicio equívoco acerca del valor que los hombres atribuyen a las cosas y a los seres. Una prueba, por demás impresionante, de esta convicción y la actitud correspondiente aparece en Mt. 24, 1-3: "Cuando Jesús salió del templo y se iba, se acercaron sus discípulos para mostrarle la albañilería del templo. Respondiendo él les dijo: ¿Veis todo esto? De cierto os digo que no quedará aquí piedra sobre piedra, que no sea derribada". Lo cual ocurrió sesenta años después cuando el ejército romano sitió Jerusalén y el santuario de los israelitas fue destruido (la composición del evangelio de Mateo se sitúa alrededor del año 70 d. C.). Este ejemplo ilustra bien lo que se dijo antes acerca de que nada del mundo que fue vale la pena de ser salvado, ni siquiera el mismo templo que se construyó para el culto a Iahvé. En el discurso que sigue Jesús hace gala de un lenguaje rico en metáforas. El hecho de que Jesús anuncie el oscurecimiento del sol y de la luna, y la caída de las estrellas, podría referirse al ocaso del poder imperial y al culto pagano a las divinidades planetarias. Pero más significativo que eso es la recomendación que él hace a quienes la catástrofe del final anunciado sorprenda en algún lugar preciso. En el caso de que en esas horas fatales alguien se halle en el campo, él le aconseja no volver atrás para tomar su capa. Al que se halle en la azotea que no descienda para tomar nada de su casa. En general, a los que habitan en Judea les aconseja huir a los montes. Las metáforas de este lenguaje apuntan al desprendimiento de todo aquello que constituía la normalidad de la vida en el mundo que está llegando a su fin, lo cual no deja de sorprender en el entendido de que esa catástrofe no es el así llamado "fin del mundo", sino la destrucción de la nación constituida por el pueblo de Israel, asentado en la provincia de Judea, con sus ciudades, sinagogas y la ciudad capital con su santuario. Y eso porque Jesús era judío, y la destrucción de la ciudad santa y su templo para un judío era como la realización material del fin de todo, pues esa tierra, esa ciudad santa y ese templo eran testimonios del amor de Dios.

En el *Tao Teh King*, no hay ningún pasaje de un tenor tan apocalíptico, pero sí se percibe en todos sus capítulos la convicción de Lao Tse de que el mundo se ha acabado y que lo único que le corresponde hacer a un hombre como él es dejar un testimonio escrito de lo que se ha perdido para que la nación haya podido llegar a tal estado de postración espiritual.

El hecho de que en los milenios posteriores nunca más hayan aparecido en China sabios de la envergadura de Lao Tse y Confucio es una prueba de que con ellos termina el ministerio sapiencial de esa nación, aunque su influencia haya sido tan poderosa como para refundar la nación sobre bases espirituales sólidas por dos mil años más. Este término del ministerio sapiencial de la sabia China antigua equivale también al término del ministerio profético israelita en la persona de Juan el Bautista, con motivo de la venida al mundo de Jesucristo.

El redentor

En varios pasajes de este escrito hemos hecho referencia a la esperanza que los sabios chinos tuvieron desde la remota antigüedad de la venida al mundo de un redentor, el cual coincidiría con el modelo humano propuesto directa o indirectamente por Lao Tse y Confucio.

Por lo que dijeron al respecto los antiguos se entiende que la venida de este modelo de hombre santo y sabio traería como consecuencia necesaria la transformación del mundo. Entendemos así que no se trata de un santo ni un sabio más, sino de un hombre celestial que encarnaría la perfección, muy por sobre la virtud que caracteriza a aquellos que la tradición reconoce como hombres santos y sabios.

Los pasajes del *Tao Teh King* que aluden a una transformación póstuma del mundo coinciden con la tradición más antigua de China cuya historia se divide en diez edades, transcurridas las cuales el mundo entraría en el caos para terminar renovado con la generación de un Cielo nuevo y una Tierra nueva.

El texto de Lao Tse sobre la regeneración del mundo se halla en el capítulo XXII. En su parte pertinente dice: "Lo incompleto será completado, lo torcido será enderezado, lo vacío será colmado, lo viejo será renovado". En la parte final de este capítulo el autor reitera lo afirmado al comienzo diciendo sobre el viejo adagio: "Lo incompleto será completado, no es vana palabra, en verdad; en él se expresa la plenitud verdadera". Es interesante constatar que Lao Tse quiere dejar constancia de que no se trata solo de un buen momento histórico del imperio, sino de la "plenitud", algo semejante a lo que en teología se designa con la expresión "plenitud de los tiempos".

En lo que se refiere a la descripción del santo y sabio hombre destinado a redimir a los pueblos de todo el mal acumulado desde el comienzo del proceso de degradación de la humanidad, la más conocida y citada es la que se halla en el tratado confuciano "El Medio Invariable" (*Livre Sacre de l'Orient*. Por G. Pauthier. París, 1843). En su capítulo XXXI el texto dice:

> No hay en el universo sino el hombre soberanamente santo que, por la facultad de conocer a fondo y de comprender perfectamente las leyes originales de los seres vivos, sea digno de poseer la autoridad de gobernar a los hombres. Quien por su facultad de tener una gran alma, magnánima, afectuosa y dulce, sea capaz de poseer el poder de distribuir a profusión grandes beneficios; quien por la facultad de poseer un alma elevada, firme, imperturbable y constante, sea capaz de hacer reinar la justicia y la equidad; que, por su facultad de ser siempre honesto, simple, grave, recto y justo, sea capaz de inspirar el respeto y la veneración; quien por su facultad de estar revestido de los ornamentos del espíritu y talentos que procura un estudio asiduo, y de las luces que procura una exacta investigación de las cosas más ocultas, de los principios los más sutiles, sea capaz de discernir con exactitud, lo verdadero de lo falso, el bien del mal.
>
> Sus facultades son extremadamente simples, extremadamente vastas y profundas. Él es como una fuente inmensa de donde todo sale a su debido tiempo.
>
> Ellas (sus facultades) son vastas y extensas como el Cielo; la fuente oculta de donde emanan es profunda como el abismo. Que este hombre soberanamente santo aparezca con sus virtudes, sus facultades poderosas, y los pueblos no tardarán en testimoniarle su veneración; que él hable, y los pueblos no tardarán en poner fe en sus palabras; que él actúe, y los pueblos se sentirán dichosos.
>
> Es así que el renombre de sus virtudes es un océano que inunda el mundo en todas sus regiones.

Más adelante el texto continúa diciendo; "En todos los lugares que el Cielo cubre con su bóveda inmensa, sobre todos los puntos de la tierra y que el sol y la luna iluminan con sus rayos, que el rocío y las nubes de la mañana fertilizan; todos los seres humanos que viven y que respiran no podrán menos que amarlo y reverenciarlo. Es por eso que se ha dicho: Que sus facultades, sus virtudes poderosas lo igualan al Cielo".

En el capítulo XXXII continúa la descripción en los siguientes términos:

> No hay en el universo sino el hombre soberanamente perfecto por la pureza de su alma que sea capaz de distinguir y fijar los deberes de las cinco relaciones que existen en el imperio entre los hombres, de

> establecer sobre principios fijos y conforme a la naturaleza de los seres, la gran base fundamental de las acciones y operaciones que se ejecutan en el mundo; de conocer perfectamente las creaciones y extinciones del Cielo y de la Tierra. Un tal hombre soberanamente perfecto tiene en sí mismo el principio de sus acciones.
> Su benevolencia hacia todos los hombres es extremadamente vasta; sus facultades íntimas son extremadamente profundas; su conocimiento de las cosas celestiales es extremadamente extenso.

Este texto tiene en ciertos pasajes un sabor claramente confuciano, sobre todo cuando a este modelo de hombre celeste se lo presenta como uno que se ha consagrado al estudio como es el caso del capítulo XXXII. Distinguir y fijar los deberes de las cinco relaciones que existen en el imperio entre los hombres es algo referido a la reglamentación de las expresiones del amor, conforme a la tradición. Punto sobre el que Confucio puso énfasis. Estas cinco relaciones son las siguientes: entre padres e hijos, entre los esposos, entre los hermanos mayores y menores, entre los amigos, y entre los jefes y los subordinados (soberano y sus ministros). Todo lo cual deviene más próximo a la Ley de la Tierra que a la trascendencia del Cielo. Con todo, el texto en su totalidad tiene una referencia clara a un arquetipo mesiánico que supera por mucho lo que los textos clásicos dicen de los santos y sabios soberanos de la antigüedad.

Se advierte que Confucio distingue un matiz entre santidad y perfección. La santidad es una irradiación directa del Cielo en un hombre, en tanto que la perfección es un ideal que el hombre se esfuerza por alcanzar. El gran santo, según Confucio, "sin ejercer ningún acto de gobierno, prevendrá las alteraciones del orden social, sin hablar inspirará una fe espontánea, y sin suscitar clamores producirá un océano de acciones meritorias, ningún hombre podría decir su nombre, pero yo he oído decir que ese hombre es el verdadero santo".

Hay otros textos posteriores a los taoístas y confucianos comentados, en que la descripción es aun más detallada y grandiosa. Cuando los jesuitas franceses viajaron a China para estudiar a fondo su cultura, había en ese país vastas recopilaciones de textos con glosas y comentarios, en los que es posible encontrar largos discursos descriptivos y apologéticos acerca del gran santo al que Confucio hace referencia. En la recopilación llamada *Memorias Chinas* (cita incluida en "Historia del antiguo y nuevo testamento". M. Gainet. París, 1867), aparece una glosa de los textos citados antes, en la que se da una información interesante en un pasaje que dice "el santo esperado desde hace tantos siglos". El autor de una glosa al tratado "El Medio Invariable" se refiere al gran santo esperado con el apelativo de "El hombre de las cien generaciones", en chino "Pe Chi" equivale a treinta años, según esta cita. Si este calificativo tiene algún significado efectivo, el gran santo sería el objeto de una esperanza que se extendió a través de tres mil años. El tercer milenio antes de Cristo equivale al comienzo en el mundo de las grandes culturas las cuales, al enfrentar para bien o para mal el orden dado con el orden construido, produjeron un desequilibrio en el desarrollo espiritual de la humanidad que hizo necesaria la sabiduría y la religión para armonizar a los hombres con la verdad.

Esta necesidad de formular y enseñar la verdad supone que de algún modo el Tao, esto es, el sentido, se perdió; de ahí la necesidad de que el Cielo suscitara en la sociedad china sabios y santos capaces de guiar al pueblo. Justamente este déficit de la verdad, del sentido, que se puede paliar mediante el cultivo de la virtud y la sabiduría, es el que necesariamente debía hacer concebir la esperanza de una regeneración final. Esta no podría realizarse sino a través del hombre soberanamente santo y perfecto, conforme a la trinidad Cielo-Tierra-Hombre. Donde este último es el canal por el que la fuerza benéfica del Cielo desciende sobre la tierra y produce sus frutos.

En la Biblia, la necesidad de que un hombre soberanamente santo y sabio venga para redimir al mundo del mal acumulado a través de milenios comienza a perfilarse desde los primeros capítulos del Génesis, y es una esperanza que recorre también tres milenios. Comparando ambas esperanzas y sus causas, hay razones comunes que es interesante hacer conscientes. Tanto en la tradición china como en la hebrea (y en la de cualquiera otra cultura) existe la convicción de que hubo una primera humanidad que conoció una integridad superior a la humanidad histórica. En la Biblia esa primera humanidad estaría representada por la pareja primordial, y por su descendencia por la vía de Abel y Set.

En la tradición china existe la misma convicción; pero los sabios chinos parecen estar mejor informados sobre esto que los sabios de cualquiera otra cultura. De esa primera humanidad deriva una sabiduría cósmica, común a todos los pueblos, que fue tan espiritual y sagrada como lo serán después las religiones que constituyeron la estructura espiritual de las grandes culturas. Solo que esas religiones, mediante mitos, doctrinas, ritos y preceptos, se esforzaron por representar, en el ámbito de su civilización, lo que antes se hallaba naturalmente más próximo a los hombres. Así la ciudad humana adquirió un doble carácter: fue un progreso para la comunidad que se estableció en el mundo para sacar provecho de la creación utilizando sus riquezas, y fue también un exilio en el que fue preciso equilibrar el quehacer mundano con los mandatos del Cielo, de Dios o de los dioses.

La necesidad de una ley fundamental que enseñe el porqué de la existencia, remontándose al origen de todo, que enseñe el sentido, el bien y el mal y el modo de vincularse con el ser supremo y vivir en comunidad, va en proporción directa con el aumento de la complejidad de los modos de vida y el poder adquirido por las sociedades civilizadas. Pues, como bien lo explica el apóstol Pablo, por ejemplo, la Ley en Israel existe como consecuencia de las transgresiones (Gal. 3, 19), las que en una sociedad numerosa y compleja se fueron haciendo cada vez más frecuentes.

Una lectura atenta de los ciclos narrativos del Génesis como es el de Noé y de Abraham, Isaac y Jacob, no obstante estar situados en los comienzos de la Torah, nos permite percibir un mundo espiritualmente degradado. En dicho mundo los hombres justos son una minoría pequeñísima que deambula por una tierra profanada y maldita, cumpliendo una misión trascendente cuyo acontecer, guiado por la mano de Dios, es como la luz de una bujía en la densa oscuridad nocturna. Esa situación no es otra sino la transición de la primera humanidad a la humanidad histórica, aquella cuyos hechos son de tal envergadura que merecen que se deje de ellos un testimonio escrito. Así es como fue tomando forma eso que Jesús llama el "mundo", pues el quehacer de la ciudad humana, con el correr de los siglos, terminó por absorber totalmente a los hombres hasta cambiar, de hecho, el sentido de la vida.

Las menciones que el Antiguo Testamento contiene acerca del mesías, desde sus primeros capítulos, aparecen dispersas en varios textos, como si se diera por entendido que se trata de una tradición sobre la que todo israelita antiguo estaba informado, como es el caso de la bendición que Jacob da a sus hijos en su lecho de muerte (Gen. 49, 10-11). En la bendición que él dirige a su hijo Judá, le dice: "Judá, tus hermanos te alabarán, tu mano estará sobre la nuca de tus enemigos, los hijos de tu padre se prosternarán ante ti. Judá es un cachorro de león: Tú vuelves con tu presa hijo mío. Él se echa como un león. Como una leona; ¿quién se atreverá a perturbarlo? El cetro no se alejará de Judá, ni la vara soberana de entre sus pies, hasta que advenga el que debe ser enviado, a quien las naciones obedecerán". En esta cita se echa de ver que Jacob está haciendo referencia a una esperanza compartida por todo el clan. La traducción realizada por los monjes de Maredsous, en 1950, presenta al "enviado" como el "pacífico". La Biblia francesa de Louis Segond traduce el calificativo original "Shilo", refiriéndolo a aquel a quien el cetro pertenece. En el Diccionario de Teología Bíblica, de J. B. Bauer, J. Obersteiner, comenta Gen. 49, 10-12 como una profecía mesiánica.

Ahora bien, si los videntes chinos de la antigüedad pudieron elevarse desde su sabiduría cósmica hasta la concepción de un modelo de hombre semejante a Jesucristo; e ir más allá de esa concepción hasta anunciar como cierto el hecho de que en un tiempo que queda sin precisar vendría al mundo a renovarlo todo; lo que no pudieron imaginar es que ese redentor sería rechazado por los hombres, y que debía padecer tomando sobre sí todas nuestras dolencias y desgracias, llegando a ser condenado a la más infamante de las muertes. Menos pudieron imaginar que tal redentor, padeciendo el rechazo de los hombres y sufriendo su sacrificio expiatorio por la humanidad, llegaría a ser al fin el vencedor de la muerte. Pero el rechazo, la humillación y la muerte del Santo de Dios tienen un sabor trágico que no se aviene con la cosmovisión china (Ver Isaías 53).

La cultura china, por la sabiduría en que se sustenta, da la impresión de ser inmune al sentimiento trágico de la vida. El hecho de que esa cultura se sustente en una sabiduría cósmica, aun en sus etapas más brillantes de desarrollo, siempre ha subsistido el supuesto de que el orden natural con sus leyes de mutación evolutiva constante sigue siendo la fuente del conocimiento del sentido. Porque el hombre de esa cultura al pensarse a sí mismo no puede extrapolarse del todo ni puede concebir que la cultura humana esté referida solo a un mundo de hombres, que miran el universo como lo otro, situado fuera de ellos, al margen de la frontera que su racionalidad le fija a su ciudad. Para la cultura china, especialmente para Confucio, todo lo que concierne al hombre se rige por las mismas leyes por la que sale el sol por el oriente y se esconde tras el horizontes del poniente, las mismas que hacen evolucionar las fases de la luna y la sucesión de las estaciones, la floración del mundo vegetal y la reproducción de los seres vivos.

La constante referencia que Confucio hace al cosmos mediante los términos Cielo y Tierra, en todos sus libros y a propósito del hombre sabio y santo, aparece entre otros capítulos en el XXVI del tratado "El medio invariable. (G. Pauthier, *Livres Sacres de l'Orient*. Ediciones Zeus, Barcelona, 1971). En el versículo 4 y siguientes dice:

> La virtud del hombre santo es vasta y profunda; por eso él posee la facultad de contribuir a la conservación y al desarrollo de los seres; es alta y resplandeciente, pues él posee la facultad de iluminarlos con su luz; ella es grande y perseverante: esa es la razón de por qué puede él contribuir al perfeccionamiento de los seres y de identificarse por medio de sus obras con el Cielo y la Tierra.
>
> El hombre perfecto, por la grandeza y profundidad de su virtud, se asemeja a la Tierra; por su altura y luminosidad, se asemeja al Cielo; por su extensión y duración, se asemeja al espacio y al tiempo sin límites.

> Aquel que se halla en esta alta condición de santidad, no se exhibe y, sin embargo, como la Tierra, se revela por medio de sus beneficios; no se desplaza, y, sin embargo, como el Cielo, obra numerosas transformaciones; no actúa, y, sin embargo, como el espacio y el tiempo, alcanza la perfección en sus realizaciones.

Da la impresión de que para los sabios chinos la integridad de la primera humanidad nunca se perdió totalmente, pues llegando a la novena edad hubo quienes se preocuparon por legar a las generaciones futuras los principios del equilibrio cósmico de la sociedad. Y aunque, en los hechos, la cultura generada en las dinastías imperiales haya sido la base para la futura creación de una gran civilización, la sabiduría que guió a sus hombres eminentes nunca se apartó conscientemente de esa luz procedente de los ancestros más antiguos. Por esto, podemos decir ahora que la cultura china nunca se concibió a sí misma como una cultura solo para hombres. El nexo que guarda con la naturaleza le da un sello característico a todas sus creaciones, y no solo a la naturaleza como entorno y apariencia, aunque así parezca a juzgar por su arte, su literatura poética y narrativa, su modo de habitar la tierra, sus parques y jardines. Sino y sobre todo por haber penetrado en las leyes ocultas que rigen el permanente devenir del orden natural, en las cuales rigen por igual para el acontecer cósmico como para el acontecer humano, social e individual, el cual es un aspecto del acontecer total.

La afirmación que antes se hizo, en el sentido de que la cultura china por estar basada en una sabiduría cósmica es extraña al sentimiento trágico de la vida, se sustenta justamente en el hecho de que no es una cultura creada solo para los hombres. Por el contrario, surge de una verdad ineludible: que no puede existir un mundo (un orden) concebido solo para los hombres, ignorando el hecho de que estos son seres vivos junto a otros seres vivos en una larga cadena evolutiva y en una trama vital de interacción permanente; y que nada tiene el hombre que no le haya sido dado por la pareja originaria de la Tierra y el Cielo.

Concebir una cultura que sea solo humana y para los humanos, cortando el nexo que los une a las leyes del movimiento integrado del todo, es una forma de suicidio histórico.

La concepción del espacio-tiempo como algo orgánico que evoluciona según leyes fijas, la inseparable unión de mente y mundo, y más aun, el acontecer objetivo como un correlato analógico del acontecer psíquico, de donde deriva la posibilidad permanente de que los estados mentales generen situaciones en que el sujeto pueda llegar a verse involucrado como se percibe en todos los hexagramas del *Libro de las Mutaciones*. Todos esos elementos sientan el principio por el cual no hay fatalidad inexorable en la vida humana ni es concebible que el hombre pueda verse a sí mismo como un ser solo en el cosmos. En todas las creaciones de la cultura china se percibe el reflejo de una hermosa luz natural, la cual constituye una atmósfera benéfica; aunque no pueda impedir que por momentos el mal transgreda las fronteras más allá de las cuales el hombre actúa en la arbitrariedad, base del sentimiento de soledad en el cosmos y del alto poder destructivo de los conflictos bélicos.

Tales serían las razones por las que el sentimiento trágico de la vida se muestra como una característica más próxima a la raza blanca, pues es la raza blanca la que más fácilmente avanza en forma temeraria, quemando etapas hacia una meta que nunca parece suficientemente alta, sin siquiera concebir la necesidad de equilibrar su temeridad con la fuerza amansadora de la receptividad, capaz de dar a la energía creativa una concreción formal equilibrada conforme a las circunstancias y a su real intensidad.

Por eso los videntes chinos, que previeron la venida al mundo del hombre santo y perfecto, pensaron que llegando él al mundo, como lo expresa Jacob en su lecho de muerte, los hombres le obedecerían (Gn. 49, 10).

Esos sabios antiguos y santos no pudieron imaginar que la perfección encarnada en un hombre podía ser rechazada por los mismos hombres. Por eso el rechazo de que fue objeto el hombre perfecto, el santo de Dios, está situado al occidente. Pues ha sido en esas latitudes de la tierra que el hombre ha terminado convirtiéndose a sí mismo en un ser autónomo, embotando su sensibilidad y su sentimiento y dando muestras de ignorar la medida del acontecer en relación con la naturalezas de las cosas y los seres. Por eso los occidentales en todas sus realizaciones tienden a la desmesura; su mente no es apta para concebir ni buscar el equilibrio, sino únicamente el crecimiento. Y en lo mismo han caído las naciones que han adoptado su modelo de civilización, como sucede con Japón y China.

Su creencia se basa en el supuesto existencialista de que el hombre está solo en el universo y debe aunar fuerzas para crear su mundo en una lucha por dominar la naturaleza. Esta queda reducida solo a un conjunto de materia y energía utilizables para un proyecto de crecimiento artificial ilimitado, cuya justificación no está referida al sentido del devenir total, sino al impulso que ciegamente empuja a los hombres a su realización. Este proyecto no admite igualdad ni justicia; solamente selección natural conforme al ideal del más fuerte y el superdotado.

Por eso el Santo de Dios (o Hijo del Cielo) esperado debía hacerse presente en el mundo la víspera de la fundación de la más ambiciosa y temeraria de las empresas civilizadoras. Lo dicho no contradice el hecho paradójico de que esta civilización, desde sus etapas iniciales, haya sido cristiana y haya reconocido a Jesucristo como el Hijo de Dios y el Salvador. Pues esa fe heredada de la obra misionera de la iglesia apostólica devino a la postre la religión de una cultura histórica, lo cual, no obstante la verdad universal contenida en el evangelio, está lejos de ser lo que se esperaba del cristianismo.

El libro rojo

Con relación al tema del rechazo del modelo del hombre por los mismos hombres y la causa de ese rechazo, es interesante y sorprendente leer el comienzo del así llamado *Libro Rojo* del psicólogo Carl Gustav Jung. El texto comienza con un pasaje del libro del profeta Isaías ya mencionado antes, correspondiente a los padecimientos del Siervo de Dios (Cap. 53): "¿Quién dio crédito a nuestro anuncio? ¿A quién el brazo del Señor ha sido revelado? Ante él creció como un pobre retoño radicado en tierra árida. Él no tenía gracia ni belleza para atraer nuestra mirada y su aspecto no podía seducirnos. Él fue rechazado como el desecho de la humanidad. Varón de dolores, habituado al sufrimiento, como aquellos ante quienes se aparta el rostro. Despreciado, y no le tuvimos en cuenta. Y eran nuestras dolencias las que él tomó sobre sí, es de nuestras desgracias que él se hizo cargo. Y le miramos como azotado, herido por Dios y humillado".

Este pasaje, en extremo doliente, del libro del profeta Isaías fue escogido por Jung para encabezar su *Libro Rojo*. La razón de su proceder es la de ilustrar con un texto de autoridad profética la doctrina que él expone enseguida acerca de este modelo de civilización "heroica", como él la califica, dando a esta palabra un sentido peyorativo.

Según Jung, quien escruta los fundamentos del orden mundial hoy establecido conforme a las directrices ideológicas y científicas del Occidente europeo, existen dos fuerzas espirituales contrapuestas. Una es la que él llama el "espíritu de nuestro tiempo", aquel que gobierna el orden actual; y otro es el "espíritu de la profundidad". El texto correspondiente dice: "He aprendido que, además del espíritu de este tiempo, aún está en obra otro espíritu, esto es, aquel que domina la profundidad de todo lo presente. El espíritu de este tiempo solo quiere oír acerca de la utilidad y el valor (monetario). Sin embargo, aquel otro espíritu me fuerza a hablar más allá de la utilidad y el sentido". La palabra sentido usada en este texto se refiere al que los hombres de hoy le han impuesto al mundo para construir este orden que, según Jung, está gravemente enfermo. Contra ese sentido él postula un "contrasentido", que vendría a ser el verdadero sentido.

En lo que concierne al espíritu de la profundidad, Jung dice al comienzo de su libro: "El espíritu de la profundidad sometió en mí todo orgullo y toda la altanería del juicio. Me quitó la fe en la ciencia, me robó la satisfacción de explicar y clasificar, y dejó que se extinguiera en mí la entrega a los ideales de esta época. Me forzó a bajar a las cosas últimas y simples. El espíritu de la profundidad tomó mi entendimiento y todos mis conocimientos y los puso al servicio de lo inexplicable y el contrasentido".

Esta cita recuerda, sobre todo en su parte final, el comienzo del *Tao Teh King*: "El Tao que puede ser explicado no es el Tao eterno". Si la palabra Tao significa sentido, camino, vía de realización y doctrina, el sabio chino, con esta sola frase, nos está diciendo que ese Tao, el sentido enseñado en su tiempo por los sabios de la dinastía reinante, no es el sentido eterno. Esa distinción es la misma a que Jung se refiere cuando diferencia el sentido imperante en el orden actual, y lo que él llama el "contrasentido". La misma diferencia se echa de ver entre lo que Jung llama, por una parte, el espíritu de nuestro tiempo y el espíritu de la profundidad y, por otra parte, lo que Lao Tse llama un Tao explicado por los sabios de la época, y el Tao eterno.

De las confesiones que Jung hace sobre las consecuencias que derivaron para él al someterse al espíritu de la profundidad, cabe destacar su alejamiento de la ciencia, la humillación de su intelecto, y su acercamiento a lo bajo y humilde. Según él toda esta transformación suya fue una rebelión contra la hegemonía de la cultura europea y la cosmovisión que de ella había resultado en los tiempos que le tocó vivir, pues en ella lo que prima es un saber de dominio:

> Nuestro soberano, dice, es el espíritu de nuestro tiempo que domina y conduce todo en nosotros, es el espíritu global en el cual hoy pensamos y obramos. Tiene un tremendo poder pues le ha traído al mundo bienes inconmensurables y ha sujeto a los hombres a placeres increíbles. Está ornamentado con las virtudes heroicas más bellas y pretende impulsar a la humanidad hacia la altura del sol resplandeciente (nótese la indirecta referencia al mito de Ícaro), en un ascenso interminable. El héroe quiere desplegar todo lo que puede. Sin embargo el espíritu anónimo de la profundidad nos conduce por fuerza hacia todo lo que el hombre no puede. Porque ascender a una mayor altura requiere de una virtud mayor, esa que nosotros no poseemos. Recién tenemos que crearla y eso por el hecho de vernos obligados

> a convivir con nuestra impotencia. No podemos anular nuestra impotencia y alzarnos por sobre todo, y eso es precisamente lo que pretendíamos hacer, (pues bien) la impotencia nos superará y exigirá su parte en nuestra vida… El no poder es, nadie debe negarlo, criticarlo o acallarlo".

Para Jung el destino de esta civilización heroica, siempre en ascenso, es que Dios, que habita tanto en lo alto como en lo bajo, vendrá a ella en la hora de su "deshonra": "Te manifestarás ante ellos en lo que ellos odian, temen y aborrecen. Tu voz, la armonía menos frecuente, será oída en el tartamudeo de lo desordenado, lo desechado y lo condenado como sin valor; tocarán tu reino con sus manos aquellos que también se sumergieron en la más profunda bajeza, y cuyo anhelo los impulsó a través de la corriente fangosa del mal". En suma, tal es el psicoanálisis de nuestra época, pero válido para la modernidad de cualquiera otra cultura, pues en el punto álgido de la historia de cualquiera civilización, la desmesura del proyecto constructor del mundo dirige siempre su mirada solo a la altura del máximo nivel, dejando caer todo lo que no posee la fuerza ni el talento para seguir la dirección ascendente de la Babel universal. Porque ciegos los hombres para todo lo que no sea inmenso, brillante, poderoso, provechoso, ganador y triunfal, la contraparte de todo eso, lo que ha sido despreciado, excluido y negado, incluida la desmedrada condición de las grandes masas anónimas de los que poco o nada tienen que ver con lo bello y exitoso, vendrá necesariamente a ocupar el lugar del que fue expulsado.

En un pasaje posterior del texto de Jung que analizamos, el psicólogo se pregunta: "¿Cuándo atacan los hombres a sus hermanos a fuerza de armas y con actos sangrientos? Eso lo hacen cuando no saben que sus hermanos son ellos mismos… Mientras sea posible asesinar al hermano en lugar de sí mismo, el tiempo no estará maduro". El suicidio simbólico propiciado por Jung es el matar en nosotros mismos al orgullo, base del espíritu de nuestro tiempo, y en última instancia, al héroe que en nosotros busca vivir en perpetua exaltación. De tal manera, resulta incluso conmovedor leer el pasaje en que el autor se ve obligado a matar al héroe en sí mismo: "¡Ay!, que Sigfrido, el rubio de ojos azules, el héroe alemán, el más valiente y fiel, haya tenido que morir por mi propia mano. Tenía en sí todo lo que yo apreciaba, como lo más grande y más bello, él era mi fuerza, mi osadía y mi orgullo". "Pensando en el rubio salvaje de las selvas alemanas que debió traicionar al trueno (el dios Thor), que blandía su martillo sobre el pálido Dios oriental clavado en el madero". "¿Qué significa Sigfrido para el hombre alemán? ¿Qué significa que muera Sigfrido para el hombre alemán?

Por eso casi he preferido matarme a mí mismo para preservarlo. Sin embargo, quise yo seguir viviendo con un Dios nuevo". Ese Dios nuevo es aquel cuya manifestación reúne las mismas características del Dios humanizado en Jesucristo.

Así Jung, sin proponérselo, logra destacar, como pocos, una de las características que confiere su singularidad al mensaje de Cristo, en el entendido de que todos los maestros espirituales que ha habido en el mundo reunieron siempre en torno a ellos a una élite de discípulos con una capacidad fuera de lo común. En tanto, Jesús da la impresión de haber sido el único que se hizo cargo e integró en su cuerpo espiritual al sector malogrado de la humanidad, no dando explicaciones filosóficas del porqué de la existencia de esa gran mayoría cuya vida no le pertenece, sino que siempre ha sido lo que los poderosos decidan que debe ser, según lo exigen sus intereses.

Este texto de Jung es de una gran significación como reflexión de un hombre de ciencia del siglo XX. A través de él y del desarrollo de estas ideas percibimos a un sabio moderno que redescubre el sentido del mismo modo que ocurrió en el siglo VI a. C. en China. Para esto Jung ha debido poner en tela de juicio los logros de la ciencia y de la técnica modernas, y calibrar la magnitud del precio en alienación, en sufrimiento y vidas humanas que este modelo de civilización le ha hecho pagar a la humanidad.

La distinción que él hace entre el espíritu de nuestro tiempo y el espíritu de la profundidad conlleva una visión muy lúcida del desequilibrio que el genio creativo humano ha provocado al darle libre curso al proyecto constructor del mundo, excluyendo la bipolaridad en que la psique halla su equilibrio. Por eso él dice que es el espíritu de la profundidad el que obliga a los hombres modernos a enfrentar la contracara de sus más altos logros. Esto es, la impotencia subyacente para alcanzar la altura que, como meta suprema, subyace tras la aventura heroica en que nos ha embarcado el constructivismo unidimensional de la cultura europea. Así las guerras mundiales y el permanente estado de alerta con que el caos social nos amenaza no son más que manifestaciones que el espíritu de la profundidad nos hace para entender que el ascenso que buscamos, en un estado muy próximo a la locura, requiere de una alta virtud de la que carecemos.

Se entiende que ese espíritu de la profundidad se relaciona con lo que Jung llama inconsciente colectivo, y aun más, porque hunde sus raíces justamente en la bipolaridad de la sabiduría originaria. El *Libro de las Mutaciones* de Confucio y el *Libro del Tao y la Virtud* de Lao Tse contienen las enseñanzas que permiten entender el alcance de esta concepción junguena, como asimismo la visión del profeta Isaías del "Siervo de Dios", como víctima expiatoria, que asume como propias las dolencias y desgracias de todos los hombres, aquello que resulta del vacío de la justicia que se acumula hasta transformar el mundo en una máquina infernal que todos debemos servir, y en lo cual reside lo que Jung señala como el espíritu de nuestro tiempo.

Jung, como Lao Tse, aparece entre los pocos pensadores que se han atrevido a poner al genio en tela de juicio, lo que en el *Libro del Tao y la Virtud* se dice en el sentido de no fiarse de los hombres talentosos, porque, en realidad, como siempre ha resultado y lo enseña la experiencia de la historia, los talentosos han amado más su talento que a los hombres supuestamente destinados a ser beneficiados por sus creaciones.

Aplicando los principios del *Libro de las Mutaciones* de Confucio al texto antes citado de Carl Gustav Jung, en su primer capítulo, se entiende con mayor claridad en qué ha fallado el genio occidental al construir un mundo cuyo modelo abarca hoy todo el planeta. Confucio se refiere antes que nada al principio creativo que es la energía superior destinada a concretarse en obras realizadas por la naturaleza y por los hombres en la tierra. A este respecto dice Confucio: "El curso de lo creativo modifica y configura a los seres hasta que cada cual alcance su naturaleza verdadera. Así los hace evolucionar y los mantiene conforme con la Gran Armonía". Más adelante, en referencia a lo que él llama "hombre superior" dice: "Da paz y seguridad al mundo mediante su actividad creadora, al erguir su cabeza por sobre la multitud, hace que todos los territorios se unan en paz". El comentario confuciano del primer hexagrama termina diciendo que con la palabra "éxito" se alude a las costumbres que ordenan y organizan las manifestaciones del amor. Con lo cual se hace referencia a las relaciones entre padres e hijos, esposos, hermanos, amigos, colaboradores, lo que es un logro de la virtud vivida como el atributo básico y fundamental de la naturaleza humana. Aunque del significado exacto de esa palabra Confucio dio una definición bien precisa antes mencionada. Lo interesante de esa definición es que el énfasis no está puesto en el logro de lo que se desea realizar o alcanzar sino en que ese logro y el camino que conduce a él (los medios, los métodos, los criterios) estén de acuerdo con el sentido del mundo (o Ley Eterna). Lo que en cristiano equivale a decir que la preocupación del hombre superior, al realizar algo en beneficio de los demás, es que ese algo se adecúe a la voluntad de Dios.

El uso constante del término "perseverancia" en el desarrollo de todo el *Libro de las Mutaciones* se hace conforme a un significado preciso. Confucio dice al respecto: "La perseverancia está relacionada con la sabiduría que es capaz de reconocer las leyes inmutables de todo acontecer; por lo cual puede establecer condiciones duraderas".

En estas ideas, incluidas en el comentario al primer hexagrama del *Libro de las Mutaciones*, se exponen las condiciones para que la creatividad humana no degenere en una empresa titánica. Tras este conjunto de ideas subyace siempre la estructura bipolar del acontecer, la cual, cuando funciona equilibradamente en la conducta de los hombres, está de acuerdo con la Gran Armonía.

Si todo esto era un supuesto subyacente en la orientación cristiana de la cultura europea, cabe preguntarse en qué momento del desarrollo de esta cultura cristiana se perdió la medida de lo sensato y de lo justo.

El Reino de Dios

Si hay algo que caracteriza la predicación de Jesús es el anuncio del Reino de Dios. La teología moderna traduce esta expresión como "Reinado de Dios". El apóstol Pablo, refiriéndose a este reinado, usa una expresión muy apropiada dando la idea de que no queda ningún ámbito en que la luz de Dios no ilumine; esa expresión es "Dios todo en todo" (Cor. 15, 24-28).

Este anuncio de Jesús tiene un doble carácter, se trata de algo que en su persona y en su obra ya está presente, pero cuya consumación cósmica se realizará en un futuro que nadie puede predecir.

Lo que el reino de Dios es en sí se entiende en referencia a su contraimagen: el mundo. La frase del apóstol Santiago "la amistad del mundo es enemistad para con Dios" (Stg. 4, 4) lo deja en claro. No se trata del mundo creado por Dios, esto es el cosmos, sino del orden humano, que, desde la caída original y por la vía del "linaje de la serpiente", se ha ido consolidando hasta constituir, por acumulación, el dominio del Príncipe de este Mundo. La petición del Padre Nuestro, "hágase tu voluntad así en la tierra como en el cielo", está basada en el supuesto de que Dios no reina en el mundo construido por los hombres. De ahí deriva el conocido refrán que dice: "La justicia no es de este mundo".

Conforme a la línea que ha seguido nuestra investigación, se puede afirmar que el hombre fue creado en su completitud originaria, y que el mal entró en el mundo por un desvío de la función consciente. Esta buscó bastarse a sí misma por medio del saber hasta hacer del hombre un ser autónomo, sobre quien no se ejerce el reinado o la realeza de Dios, pues él busca su bien conforme a su deseo (Caín).

Según la tradición sapiencial china se trata de un largo y lento proceso de degradación de la naturaleza humana que puede contenerse en una simple expresión: "pérdida de la virtud y del sentido". En el lenguaje confuciano propio de la espiritualidad de la cultura Tchou, la virtud es la influencia del Cielo en el hombre, lo cual se traduce en amor y sabiduría.

Aunque en esa tradición no haya ninguna explicación sobre el porqué de esta lenta decadencia, la descripción del itinerario seguido por la especie humana a través de las "diez edades" muestra una secuencia de situaciones en las que el hombre se ve cada vez más disminuido y distante de esa completitud originaria; y también más indefenso y necesitado de crear cosas y elaborar un saber que le permita habitar el mundo conforme a sus posibilidades presentes y expectativas.

Con estos antecedentes se entiende por qué los sabios chinos concibieron algo semejante a lo que Jesús denominó el Reino de Dios. A juzgar por la forma de referirse a esa regeneración futura se puede constatar que los términos son idénticos a los empleados por Juan el Bautista en el comienzo de su predicación cuando cita al profeta Isaías, según el evangelio de Lucas:

> Voz del que clama en el desierto,
> preparad el camino del Señor,
> Enderezad sus sendas.
> Todo valle será colmado
> y se rebajará todo monte y collado;
> los caminos torcidos serán enderezados,
> y los caminos ásperos allanados (Lc. 3, 4-6).

El lenguaje empleado por Lao Tse en el capítulo XXII es el mismo, pero la coincidencia resulta aun más estrecha, como puede apreciarse por la pregunta que la multitud le dirige al profeta acerca de lo que corresponde hacer ahora que el Reino de Dios se acerca precedido por un juicio por el que todo el pueblo deberá pasar. Pregunta a la que el Bautista responde en el mismo sentido de lo que Lao Tse muestra como justicia cósmica universal. Según el evangelio de Lucas, el profeta respondió metafóricamente, diciendo: "El que tiene dos túnicas, dé una al que no tiene; y el que tiene que comer, haga otro tanto" (Lc. 3, 11).

En una como en otra referencia a la justicia cósmica universal, subyace el supuesto de que en el mundo civilizado todo crecimiento genera desigualdad, y que el aumento de la riqueza termina siempre concentrándose en una élite, lo cual se hace al precio del despojo de la gran mayoría. Tal sería el mensaje subyacente en la parábola de Jesús referente el pobre Lázaro y el rico Epulón (Lc. 16, 19-31).

El Reino de Dios predicado por Jesús puede ser considerado desde dos puntos de vista: la regeneración antes de la consumación final operada por la conversión, y el advenimiento del Reino o reinado de Dios como un desenlace necesario del drama histórico del bien y del mal. En varios pasajes del Nuevo Testamento se hace mención de la regeneración, palabra que se puede aproximar también al término griego "metanoia" o transformación del entendimiento. En la carta del apóstol Pablo a Tito, hay un pasaje en el que el apóstol usa la expresión "lavamiento de la regeneración y por la renovación del Espíritu Santo" (Tit. 3, 5). En la carta del apóstol a los Colosenses resume lo que él entiende por regeneración en los siguientes términos: "No mintáis los unos a los otros, habiéndoos despojado del viejo hombre con sus hechos, y revestido del nuevo, el cual, conforme a la imagen del que lo creó, se va renovando hasta el conocimiento pleno" (Col. 3, 9-10). Ese pasaje termina con la expresión: "Cristo es el todo, y en todos". En la carta del apóstol a los Efesios, reitera la idea anterior presentándola como un cambio de mente: "Despojaos del viejo hombre el cual está viciado por sus deseos engañosos, y renovaos en el espíritu de vuestra mente, y vestíos del nuevo hombre, creado según Dios en la justicia y santidad de la verdad" (Ef. 4, 22). En la carta a los Romanos el apóstol aclara aun más su idea, en el capítulo 12, versículo 2: "No os conforméis a este siglo, sino transformaos por medio de la renovación de vuestro entendimiento".

Conforme al pensamiento teológico de Rudolf Bultman, (*Desmitologización del Nuevo Testamento*), lo que se percibe en estas exhortaciones del apóstol es la idea de que el cristiano llega a ser tal, antes que nada, por una decisión. Esa decisión es activada en él por una gracia, pero hay un margen necesario para el ejercicio del libre albedrío, tal es el acto de aceptación y entrega. Una aceptación tan amplia que compromete toda la vida al punto de que lo que hasta entonces era el hombre es como el moribundo que ve irse todo su ser, sus actos y sus recuerdos, para resucitar en una nueva criatura.

La posibilidad de esa regeneración procede del hecho de que Jesús es ya una manifestación del Reino de Dios presente entre los hombres. A este respecto el pasaje del evangelio de Lucas, Cap. 17, Vers. 20 y siguientes es el más pertinente. Literalmente traducido del original griego ese pasaje dice: "Interrogado entonces Jesús por los fariseos cuándo viene el reino de Dios, respondió a ellos y dijo: No viene el reino de Dios con advertencia, ni dirán vedlo aquí o allí porque el reino de Dios dentro de vosotros está".

La traducción más frecuente de este pasaje final en su última frase es: "Porque he aquí que el Reino de Dios ya está entre vosotros". Lo más probable es que esta última traducción sea la correcta. En tal caso lo que Jesús quiere decir es que el advenimiento del reino de Dios no es un hecho que se presente a los hombres para ser percibido por los sentidos y entendido según los patrones ordinarios de pensamiento. Pues él mismo es ya el reino de Dios situado entre los hombres, y sus interlocutores están imposibilitados de percibirlo, no obstante su sabiduría, sus milagros y la irradiación espiritual de todo su ser.

El hecho de que haya traducciones como la literal antes citada, en la cual Jesús estaría aludiendo a que el reino de Dios adviene no por hechos del acontecer objetivo que todos puedan presenciar y entender, sino que comienza estableciéndose en el interior de los hombres por la regeneración operada por la conversión, da una ambivalencia a sus palabras, referida tanto a su persona como a quienes ponen su fe en él.

En el tratado confuciano llamado "Gran Estudio" (Ta Hio) se percibe la intención de Confucio de exhortar al lector o a quienes escucharon sus enseñanzas a una "metanoia" (cambio de mente) y su consecuente decisión. El primer capítulo de este texto dice: "La ley del gran estudio o de la sabiduría práctica consiste en desarrollar y hacer resaltar el principio luminoso de la inteligencia que hemos recibido del Cielo, renovar a los hombres y colocar su destino definitivo en la perfección, o el soberano bien". En el capítulo siguiente se dice: "Es preciso ante todo conocer el fin hacia el cual debe uno tender, o su destino definitivo, y tomar inmediatamente una decisión".

Estas palabras están basadas en varios supuestos, los cuales aparecen en los textos ya comentados más atrás, de modo que la exhortación de Confucio a la renovación de los hombres tiene el mismo alcance que lo que el apóstol Pablo entiende por "regeneración", "transformación del entendimiento", dejar al viejo hombre y asumir al nuevo, más la secuencia de características virtuosas que concurren a formar el comportamiento del hombre renovado.

Pero la diferencia que se percibe no está en el contenido ético de las enseñanzas, que es el mismo, sino en lo que el apóstol llama Espíritu Santo en la cita anterior de la carta a su discípulo Tito. Es una diferencia que se echa de ver en el Nuevo Testamento, considerado en su totalidad, la cual deriva de la peculiaridad del monoteísmo hebreo. La Biblia entera está basada en el supuesto de que Dios hace una alianza con los hombres por medio de un grupo humano que es la progenie del primer convertido o aliado de Dios, Abraham. Así toda la historia de esa progenie es lo que es, en cuanto es el actuar de Dios el que la genera, lo cual es muy diferente a la vocación sapiencial de un pueblo al que el Cielo suscita sabios y santos que le muestran el camino, esto es el sentido (Tao). Pero este fenómeno histórico cultural podría ser considerado también como una alianza, pues Confucio declaró que el Cielo le hizo entender que la matriz cultural de la sociedad china en su tiempo no debiera perderse, sino ser renovada. Por esto a él le fue dada la sabiduría necesaria para constituir la doctrina de su desarrollo posterior, que salvó al pueblo chino de perder las bases de la sabiduría tradicional que dio forma a su sociedad.

En cambio, toda la fenomenología religiosa israelita es un movimiento constante de Dios que actúa sobre su pueblo, en lugares determinados, sobre hombres determinados. En el Nuevo Testamento, los hombres sobre los que incide esta gracia de Dios, elegidos para cumplir grandes misiones, no son ni siquiera aquellos que habían tomado una decisión en ese sentido como es el caso del apóstol Pablo. El Espíritu Santo es un influjo de Dios capaz de renovar totalmente a ciertos hombres, de manera que el cambio del hombre viejo al nuevo puede ser súbito. La nueva criatura puede, a partir de esta posesión venida de lo alto, ejercer poderes paranormales y poseer una gran sabiduría y un temple ético a toda prueba. En toda la extensión de la palabra un "hombre nuevo".

Esta peculiaridad de la alianza de Dios con los hombres es la que pone su énfasis en la fe, algo diferente a la actividad propia del sabio que enseña verdades que se alumbran en su mente y que pueden ser ordenadas en un discurso teórico, esto es, una abstracción del lenguaje como matriz de pensamiento aplicable a todas las situaciones similares. Para los hebreos es un acontecimiento, y la conversión es otro acontecimiento, y la predicación y difusión de la palabra de Dios, otro acontecimiento. Por eso la doctrina enseñada por el apóstol Pablo no se encuentra en un tratado redactado por él con la expresa intención de sistematizar su predicación. Su predicación sigue siendo tal aun por la vía epistolar sin extrapolarse del acontecer de salvación que constituye el drama del nacimiento de la Iglesia. La enseñanza aparece en sus cartas conforme a la secuencia real de los sucesos que ocurrían en ese acontecer.

Cabe preguntarse finalmente si el Reino de Dios es la continuidad regenerada del desarrollo a que estaba llamada nuestra especie o es algo radicalmente diferente a lo que ya venía evolucionando desde que emergió la función consciente en nuestros antepasados del paleolítico. La resurrección de Jesucristo, por una parte, nos estaría mostrando una dirección hacia algo inesperado en esta itinerancia, aunque no se muestra incompatible con lo que parece haber sido el imperativo evolutivo inicial del hombre. El resucitado, según el parecer de Josef Ratzinger, no ha dejado de ser hombre. La resurrección es otra manera de ser humano (*Jesús de Nazaret*, volumen II).

Pero hay un punto misterioso en el tema que estamos tratando, el cual apunta el tipo humano que encarna Jesucristo. Porque si él da a conocer a sus discípulos el modelo de hombre nuevo, en contradicción con el tipo humano medio vigente en su época, él conoce cuál es el destino de la sociedad integrada por hombres convertidos en ese sentido. El profeta Isaías en sus visiones proféticas del reino de Dios nos da una idea borrosa de lo que un mundo así puede ser. Un mundo de paz en que los hombres convertirán sus armas en arados para la labranza, un mundo en que el conocimiento de Dios será pleno, y no habrá más desgracias que caigan como por azar sobre los hombres. Las metáforas empleadas por el profeta para expresar la pacificación de la tierra recurren al simbolismo de los animales: "Entonces el lobo será huésped del cordero, la pantera se echará junto al cabrito, el toro y el león comerán juntos, un niño los conducirá. La vaca y el oso fraternizarán, sus crías jugarán juntas. El león como el buey comerán de la hierba, un niño pequeño jugará junto a la guarida de la víbora. En el refugio del áspid el niño inocente meterá su mano. No habrá ni mal ni desastre en la montaña santa, porque el país estará lleno del conocimiento del Señor" (Is. 11, 6-9).

El viejo chino, en el penúltimo epigrama de su *Tao Teh King* (LXXX), imagina un reino en que la sociedad está enteramente integrada al orden natural y los hombres no han perdido su inocencia original: "Si yo fuera rey de un pequeño estado de pocos habitantes, me abstendría de emplear los pocos hombres talentosos que hubiera. Que el pueblo estuviese dispuesto a rendir dos veces su vida en defensa de sus hogares antes que interesado en emigrar. Aunque hubiese barcas y carros que nadie los usara. Aunque hubiese armas y corazas que no hubiese ocasión de exhibirlas. Que el pueblo retornara al uso de cuerdas y nudos a modo de escritura. Entonces podría hallar deliciosas sus comidas, espléndidas sus ropas, agradables sus moradas, gozosas sus costumbres. Que las aldeas vecinas estando tan cerca como para oír los cantos de sus gallos y los ladridos de sus perros, la gente muriera de edad muy avanzada sin haber viajado de un país a otro".

En este texto Lao Tse resalta su rechazo a los hombres de talento, esto es, los que inventan cosas so pretexto de mejorar la vida. Según él, el hombre, para vivir conforme al Tao (el sentido del mundo), no necesita de esos hombres ni de sus inventos. Él sabe que por la vía del superdotado y del genio se llega a establecer un orden construido que termina por anular el orden dado, sobre todo en lo que se refiere al equilibrio psíquico de los hombres, de donde surge la tendencia a crecer y prosperar en un solo sentido hasta la desmesura de los grandes imperios.

Otra idea que se destaca en este texto es la longevidad, signo de sabiduría en cuanto una larga vida supone un buen gobierno del propio ser, y la ausencia de angustias e inquietudes que disminuyen la vitalidad. Asimismo se destaca la idea de felicidad, por vivir en el ámbito de una cultura humana cuya matriz social está constituida por usos y costumbres que reflejan las aspiraciones y tendencias naturales, lo contrario de una sociedad dominadora.

También se destaca la idea del arraigo. El habitante de un lugar que no se ausenta de él, porque en él tiene todos los elementos que constituyen su existencia y la de su comunidad. La curiosidad y el impulso codicioso que mueve a otros a buscar fortuna en otros lugares suponen el contexto de una civilización que ofrece posibilidades atractivas de prosperidad personal, en lo que no participa la comunidad sino solamente el que es movido por su vértigo aventurero.

Confucio en su libro de los ritos, *Li Ki* (capítulo Li Yün), se refiere a un tiempo futuro en el que triunfará lo que él llama "la gran verdad". El texto de ese pasaje dice así:

> Cuando triunfe la gran verdad la tierra será propiedad de todos. Se escogerá a los más sabios y a los más competentes para que mantengan la paz y la concordia. Entonces los hombres no solo amarán a los suyos, no procurarán solo por sus propios hijos, sino que todos los ancianos tendrán sus últimos días tranquilos, todos los fuertes tendrán un trabajo útil, todos los niños serán estimulados en su crecimiento, los viudos y las viudas, los huérfanos y los solitarios, los débiles, los enfermos, encontrarán amparo, los hombres tendrán su empleo y las mujeres su hogar.
>
> No se querrá que las mercancías se echen a perder, pero tampoco querrá nadie almacenarlas solo para sí mismo. No se querrá que el trabajo quede por hacer, pero tampoco querrá nadie realizarlo solo por la ganancia propia.
>
> Por eso no harán falta cerraduras, porque no habrá bandidos ni ladrones, se dejarán abiertas las puertas exteriores. A esto se llama la Gran Comunidad.

El carácter eminentemente humanista del texto, con ausencia de toda referencia trascendente en este cuadro escatológico de la gran verdad materializada en el mundo, debe entenderse, no obstante, sobre todos los supuestos sapienciales y espirituales presentes en el conjunto de las enseñanzas del maestro. Cabe preguntarse en qué se fundamentan humanamente estas visiones de una sociedad ideal regida por el amor y la justicia. La respuesta a esta pregunta debe ser referida al concepto de "plenitud" del que en capítulos anteriores se adelantaron algunas ideas.

La plenitud es un concepto empleado por la teología cristiana. Es la contraimagen de la "carencia", el vacío de vida provocado por el pecado, desde el origen. La carencia en su expresión suma está implícita en la petición del Padre Nuestro que dice "hágase tu voluntad así en la tierra como en el Cielo", forma de expresión en la que subyace el supuesto de que en el mundo los hombres actúan al margen de la voluntad de Dios. Tal es el vacío de vida o carencia expresado en su forma global. La plenitud se da en el reino de Dios, y Jesucristo al decir que el reino de Dios está ya entre los hombres, refiriéndose a su persona, está diciendo que en él se da la plenitud que puede colmar la carencia de vida verdadera en que pena el mundo. En su carta a los colosenses (Col. 2, 9 y ss.) el apóstol Pablo dice: "porque en él (Cristo) habita corporalmente la plenitud de la divinidad y vosotros estáis asociados a la plenitud en él". Pero en lo que se refiere a la carencia, los textos de los teólogos que han tratado este punto (Comentarios bíblicos San Jerónimo) están condicionados por una concepción abstracta del así llamado "pecado original". Una creencia que, de hecho, no influye para nada en nuestra vida. Se lo menciona como un ente sin más características que un arquetipo del mal por excelencia, fijo en un origen indeterminado; referente necesario del pensamiento teológico para explicar el estado de miseria espiritual en que por su causa quedó toda la humanidad, lo cual refuerza el concepto de salvación y plenitud, pero en un nivel de abstracción tanto más alto cuanto más indeterminado y poderoso resulta como referente el concepto teológico del "pecado original". Pero debidamente interpretado el pasaje del Génesis referente a la caída de nuestros primeros padres, los conceptos de plenitud y salvación pueden adquirir características más concretas y acordes con lo que fue la intención del redactor del texto. Así, la plenitud de Cristo es obviamente la del hombre íntegro tal como Dios lo concibió en el origen. De ahí que la teología de los primeros siglos lo haya calificado de segundo Adán, en quien no hay tendencia alguna a desviarse de la voluntad de Dios. Esa integridad de Cristo trasciende por tanto la inclinación genética de nuestra especie a recurrir a los expedientes que conducen a vivir la vida como un ser autónomo dueño de su destino. El origen de esa tendencia, el mito de la caída original, la representa en el conocimiento que el tentador infundió en la pareja primordial para inaugurar un período de la historia humana caracterizado por la constitución de sociedades dominadoras, por la hegemonía de los hombres superiores por su nacimiento y talento, por su poder y gloria mundana, por su ciencia apta para la construcción de grandes complejos urbanos desde los cuales el mundo se ve como una reserva ilimitada de elementos naturales que están a disposición de los poderosos para su provecho, aun de los mismos hombres sometidos a su poder.

La herencia obligada de este "pecado" del origen apunta, pues, a una tendencia innata en la humanidad (de la cual nos exorciza el bautismo), a actuar según el arquetipo humano encarnado en Caín, quien lleva a cabo el proyecto de autonomía humana concebido por su padre, fijando un límite histórico a la primera humanidad representada en Abel, el arquetipo del Buen Pastor, asumido después por Jesús.

La plenitud de Cristo es la del hombre perfecto al que no limita ninguna carencia. En este punto se halla una razón más para calificarlo en propiedad como Hijo de Dios, es decir, que procede directamente del Padre. Por esto es que podemos decir que, con Cristo, Dios inaugura una nueva creación sin solución de continuidad con la cultura humana asentada en la carencia del espíritu.

Con estas consideraciones sobre la plenitud hemos intentado responder a la pregunta antes formulada acerca de por qué Lao Tse en el epigrama LXXX hace la apología de una sociedad como la que él describe en ese texto. En dicha apología subyace un supuesto sobre el tipo humano que define a los integrantes de esa sociedad, porque eso de vivir en la sencillez de la antigua comuna rural del imperio, sin acumular riqueza, ni ejercer dominio sobre otros en una existencia del día a día, en perfecta armonía con el orden natural, supone un tipo de hombre muy semejante al que se transparenta en las Bienaventuranzas del Sermón del Monte de Jesús, y demás enseñanzas contenidas en ese texto. Es lo que se sigue lógicamente de una sociedad de pobres, mansos, pacíficos, misericordiosos y puros de corazón mencionados en ese discurso en su parte inicial. Porque de hombres que tienen esa calidad interior y ese comportamiento en la comunidad no se sigue más que una sociedad que no necesita hacer ni tener muchas cosas para sentirse plena. Ahora bien, todo intento de prever cómo sería en los hechos una sociedad formada por hombres que poseyeran las cualidades que corresponden a las bienaventuranzas, fatalmente se desvía de su objetivo, porque si esa sociedad llegara a constituirse, como lo sugiere el texto de Confucio sobre la Gran Comunidad, lo mejor de ella no puede ser previsto, porque esas cualidades son solo la condición para que la gracia divina actúe sobre los hombres vinculándolos con la trascendencia.

En la historia del arte europeo destaca el pintor holandés Peter Brueghel del siglo XVI, justamente por intentar representar la vida plena y gozosa de ese tipo humano que él conoció por experiencia propia en los campos de su patria. Da la impresión de que Brueghel hubiera conocido el *Tao Teh King* de Lao Tse para poder ofrecernos en formas y colores, luces y sombras, el contenido de esos versos del epigrama LXXX que dice: "Entonces (el pueblo) podría hallar deliciosas sus comidas, esplendidas sus ropas, agradables sus moradas, gozosas sus costumbres". Pues en todos sus cuadros hay una apología, no obvia ni exagerada, de lo que es una comunidad cuyo hábitat mayor es la naturaleza en la que está ubicada su morada y en la que se ve a sus integrantes vestidos con ropas típicas de gran belleza, fruto de su sabia artesanía, ocupados en los quehaceres de su día a día.

Incluso se siente el fluido orgánico de un acontecer basado en una confianza en la providencia y que opera en la secuencia venturosa de las estaciones de una tierra que los alimenta a todos como una madre solícita. Brueghel nos muestra a hombres y mujeres saludables de rostros sin características singulares, para acentuar el hecho de que se trata del hombre comunitario, que se concibe a sí mismo en referencia a la familia y a la sociedad sin destacarse por aptitudes particulares que lo individualicen extraordinariamente sobre los de su entorno y los sitúe sobre ellos. El cuadro global de esa sociedad es de gozo tranquilo y pacífico. El protagonismo del paisaje que se observa en la totalidad de su obra, y en el cual aparecen insertos los seres humanos en los cuatro ciclos del año, parece otra influencia del Taoísmo, pues tal es el formato estético de la pintura china del paisaje y su trasfondo filosófico.

En contraste con ese mundo de paz y plenitud, Brueghel nos muestra la violencia de los hombres de armas de su tiempo, el absurdo de la guerra y la corrupción y la contaminación de la vida en los centros urbanos, los abusos del poder en las interferencias sufridas por las comunidades rurales de parte de los que ejercen el poder y portan armas y las emplean para herir y dar muerte a hombres pacíficos y anónimos so pretexto de sofocar posibles subversiones, pues la patria de Brueghel en el siglo XVI se hallaba bajo la dominación del imperio español. En este sentido es notable su cuadro llamado "La matanza de los inocentes", en la que nos muestra su versión de ese conocido pasaje del evangelio de Mateo (Mt. 2, 13-18) en que el rey Herodes manda matar a todos los niños menores de dos años que había en Belén. La versión de Brueghel de ese pasaje del evangelio corresponde a una razzia ordenada por la corona española para encontrar a supuestos subversivos opositores al dominio español sobre su país, la cual es dirigida por el Duque de Alba, quien figura en el cuadro junto a otros guerreros montado en su caballo cubierto con su jubón rojo y su sombrero emplumado. Pero lo que era entonces una pesquisa para atrapar posibles terroristas, en el cuadro de Brueghel se convierte en una matanza de niños arrancados violentamente de los brazos de sus madres y sacados de sus casas para ser ejecutados, traspasando sus pequeños cuerpos con espadas y lanzas en la plazoleta de la aldea y a la vista de todos sus habitantes, en un día de crudo invierno en que todo está cubierto por una espesa capa de nieve, bajo la siniestra gravitación de un cielo oscuro.

La totalidad de la obra paisajista de Brueghel ha sido realizada con la clara intención de oponer el orden natural al orden construido por los hombres, el cual aparece basado en la violencia y los abusos de poder. Y más incluso, pues al contrastar tan fuertemente el orden dado con su estabilidad y sus ritmos al orden artificial, todo su arte parece entregarnos un mensaje en el sentido de que la plenitud humana no puede concebirse sino en una armonía del orden construido con el orden dado, el cual en todas las grandes civilizaciones ha desbordado sobradamente los límites de la sinergia universal, desarticulando el orden preexistente.

No habrá paz ni gozo verdadero para la humanidad prescindiendo del espacio natural en que la primera humanidad se situaba, y donde Dios quiso situarla. Tal es el sentido del texto que relata el proceso de la creación del cielo y de la tierra, que culmina en la creación del hombre a imagen y semejanza del creador, con lo que se establece la misma trinidad originaria que hallamos en la tradición sapiencial de otras culturas, como la de China, esto es Cielo-Tierra-Hombre. En este orden de ideas no se puede esquivar una concepción cósmica de la naturaleza humana y su devenir como nacimiento, crecimiento, evolución y realización, todo arraigado en la trama vital del universo.

Pero se entiende lo difícil que sería para cualquier hombre de nuestro tiempo aceptar tal concepción de la vida humana en la tierra, pues queda sin justificación ni sustento todo lo realizado por las grandes culturas humanas. Para eso es necesario entender que los textos del evangelio y del *Tao Teh King* citados, sobre todo este último, se refieren a una comunidad humana que debe ser guiada por aquellos sabios y profetas suscitados por el Cielo para cumplir esa misión, en cuanto la conciencia del sentido debe alumbrarse en el corazón del hombre común bajo la guía del "señalado" por nacimiento para dárselo a conocer. De ahí el tenor de la redacción del epigrama LXXX del *Tao Teh King*: "Si yo fuera rey…". Esto es, "si yo, Lao Tse, a quien ha sido revelado el sentido, fuera el soberano encargado de guiar el comportamiento de los hombres de una pequeña nación…". Cabe explicar, no obstante, que dicha redacción del inicio del epigrama LXXX del *Tao Teh King* es un supuesto del que se han servido ciertos traductores para dar una versión más clara de lo que Lao Tse quiso decir en su idioma original. Pues el solo imperativo de una comunidad de hombres sencillos y puros para vivir conforme al sentido supone la presencia obligada del portavoz del Cielo, quien desde los orígenes de la nación enseñó verdades que se trasmiten de generación en generación e instituyó las formas del ritual y la costumbre que las expresan en el culto y en la vida de las familias.

Pero si esa concepción de la sociedad está presente en el "código del reino" de Jesús, en el *Libro del Tao y la Virtud* de Lao Tse y en los paisajes de Brueghel, ¿cómo compatibilizamos esa realidad con la inmensa reserva de creatividad humana cuyas manifestaciones llenan el mundo en los últimos cinco mil años?

Para responder a esta interrogante habría que considerar dos cosas. En primer lugar el modelo de hombre no solo propuesto por Jesús en sus enseñanzas, sino el modelo que él mismo encarna en su personal modo de ser, lo cual quedó ya en parte determinado al tratar el tema de la plenitud. De lo que resulta una sorprendente independencia de Jesús respecto de la cultura humana. Jesús es el hombre perfecto, pero al margen de todo lo que los hombres han creído necesario agregar a la vida para mejorarla. Y eso en el sentido de suplir las carencias, limitaciones y fragilidades de nuestra naturaleza, por una parte, y, por otra, en el sentido del crecimiento del orden construido hasta su glorificación como ocurre en templos, palacios, "Ciudades Luz", obras de arte de hombres geniales, ciencia, tecnología y riqueza.

Es difícil hallar en el mundo hoy, después de cinco mil años de historia, alguien a quien se le ocurra dudar del valor de ese conjunto de cosas creadas por el talento de hombres superdotados que han surgido de los estamentos altos de la sociedad. Lo que se denomina ordinariamente la "cultura ilustrada", para diferenciarla de la cultura popular.

En segundo lugar, hay que considerar el conjunto integrado de la cultura popular que Brueghel representó en sus cuadros. Esto es, el texto hablado de la tradición oral sapiencial, narrativa, mítica, histórica; la artesanía como arte vida y no arte objeto, en todas sus manifestaciones; su tecnología, su arquitectura, sus ritos y festejos, su poderosa intuición y su discernimiento por analogía. A lo que cabría agregar su sencillez y bonhomía natural, su salud, longevidad y sentido lúdico.

Ese conjunto se adecúa al ideal taoísta de un hacer que no desborda, de un desarrollo que conoce los límites más allá de los cuales se cae en la desmesura, intuida en sí como un mal.

Con todas estas premisas y en atención a que Lao Tse, Jesús y Pablo de Tarso enjuician la sabiduría del mundo hasta calificarla de necedad, y ponderan las virtudes proclamadas en las bienaventuranzas y las exigencias del reino de Dios, que señalan como vanidad todo lo que los hombres han construido y acumulado a través de la historia, la cultura popular sin texto escrito da la impresión de poseer la clave de la mesura que falta al genio creador de los superdotados.

El discurso de la cultura ilustrada agrega a la verdad de la sabiduría tradicional una reflexión extensa, la cual, en buena parte, se genera a sí misma por un uso especial del lenguaje, que en el acto mismo de generarse se va volviendo cada vez más literario hasta que finalmente, por el hecho de concretarse en un texto, deviene una "obra" que pasa a formar parte del patrimonio secular de la alta cultura. Así se sale del tiempo para ingresar al ámbito de la abstracción, dejando de ser, como arte o sabiduría vivida, una expresión de la comunidad. Pues en ese discurso de "autor" prima el yo pensante de un individuo que con su obra propone una versión filosófica de lo real, de lo que después puede derivar una escuela de pensamiento.

Así la gran ciudad genera el individualismo, base de una creatividad que con el correr de los siglos se vuelve cada vez más personal y subjetiva, y, por eso, más productiva y alejada de lo real.

El desarrollo de la ciudad es paralelo al desarrollo del discurso, y si desde la ciudad se ejerce el poder sobre la sociedad toda que habita el territorio, ese poder que se incrementa constantemente es transferido al discurso, el cual se ejerce sobre la realidad global para hacer de ella una interpretación conforme a las expectativas de la élite de gobernantes y superdotados. Por esta vía se llega a la desmesura que desarticula el orden ético de la sociedad entera.

Pero la interrogante planteada antes sobre el valor de las creaciones de la cultura queda aún sin respuesta, pues es difícil abordar este tema ante la posibilidad de considerar el enorme patrimonio tangible e intangible dejado por las grandes culturas con un sentido crítico que las sitúe en otra escala de valores distinta a la que empleamos cuando admiramos sin reserva esas obras creados por el genio humano. Aunque habría un modo de situarse en esa posición sin escandalizar a nadie, planteando una explicación acerca del genio mismo y consecuentemente acerca de su obra.

El poeta chileno Enrique Lihn en una conversación confidencial con el autor de este libro le confesó lo siguiente: “Yo no vivo, y es el hecho de no vivir el que genera en mí la poesía”. Cito esta confesión de un gran poeta a propósito del tema del valor de las creaciones de la cultura, porque en ella se encuentra la clave para entender en toda su profundidad el problema planteado. Las creaciones de la cultura, cualquiera sea su envergadura y valor, constituyen en su conjunto una labor compensatoria a la plenitud perdida. Todas ellas reflejan de algún modo esa plenitud para la que estábamos destinados, aunque la mayor parte de los hombres lo ignoren. Si no hubiésemos perdido esa plenitud, el patrimonio cultural de los últimos cinco mil años de historia no existiría, al menos como se ha dado de hecho.

Podemos ahora entender sin dificultad que es por el hecho de que en el mundo no hay libertad ni alegría que escuchamos arrobados la 9ª Sinfonía de Beethoven, en cuya parte cantada, que es la que mayor interés suscita, se glorifica la alegría y la libertad. Estas, en la inspiración del poeta F. Schiller y la música de Beethoven, se elevan hasta trascender lo que entendemos comúnmente por ambas palabras, ascendiendo hacia la esfera divina, donde alegría y libertad son infinitamente más que todas las limitadas experiencias que los hombres hemos tenido de ambas cosas.

Conclusión

La investigación desarrollada en este libro tuvo por objeto detectar las semejanzas que pueden hallarse entre los principales textos de la sabiduría china, esto es, el *Tao Teh King* de Lao Tse, el *I Ching* y otros clásicos confucianos y los cuatro evangelios canónicos y otros textos del Nuevo Testamento de la Biblia cristiana.

En esa orientación se ha realizado una minuciosa búsqueda de pasajes claves de esos textos en los que se perciben esas semejanzas, lo que supone, por una parte, un estudio de su real significación, es decir, una exégesis. Esta implica a su vez una consulta de los trabajos realizados en ese sentido por algunos teólogos y sinólogos que constituyen autoridad en su materia. Todo esto sin perjuicio de que el autor haya incluido en ciertos capítulos también sus propias conclusiones.

Como una derivación de esa temática, y basándose en la reiterada referencia que tanto Lao Tse como Confucio hacen a lo que se ha acordado en llamar los "santos y sabios soberanos de la antigüedad", es que se ha procurado explicitar aquello a que todas esas referencias parecen apuntar, esto es, la existencia de una sociedad virtuosa y sabia, anterior al momento histórico en que surgieron las grandes culturas. Esto podría motivar la hipótesis más amplia de la existencia de una primera humanidad anterior a la humanidad civilizada (cuyo accidentado itinerario conocemos desde la invención de la escritura).

Entendemos el riesgo que implica tal hipótesis en el ámbito académico. Con todo, y sin pretender afirmar nada categóricamente al respecto, hemos expuesto las numerosas proposiciones que los sabios chinos antes mencionados y los historiadores clásicos hacen en ese sentido, de lo que se deduce que, por lo menos para los chinos taoístas y también para el propio Confucio, lo que para nosotros sería una hipótesis, para ellos fue una verdad.

El autor del libro, en esa línea de pensamiento, plantea la posibilidad de que el mito del paraíso, tal como figura en los primeros capítulos del Génesis de la Torah hebrea, podría dar pie a la afirmación de que en efecto hubo una primera humanidad virtuosa. Y que esta vivió inserta en el orden natural, en perfecta armonía con el contexto cósmico en que fue situada y en un contacto fluido con el poder que gobierna el universo, personificado en el creador, cuya presencia en el paraíso era manifiesta. En ese sentido el texto correspondiente del Génesis define la plenitud vital y espiritual del ancestro mítico con base en una sabiduría que le permitía vivir en comunión con el ser supremo, y conocer la esencia y función de todas las cosas, en cuanto aparece él como el creador del lenguaje, fundamento de toda cultura humana.

Ahora bien, teniendo en cuenta que los doctos jesuitas franceses que viajaron a China para estudiar su cultura en el siglo XVII, al conocer los textos sapienciales e históricos que se refieren a los santos y sabios soberanos de la antigüedad, llegaron a la errónea conclusión de que los tales santos varones no eran otros sino los "justos" patriarcas antediluvianos mencionados en el Génesis. Según ellos, esta tradición habría llegado a conocimiento de los sabios chinos, quienes la habrían incluido en sus propias tradiciones como si dichos patriarcas pertenecieran a su raza. Por lo cual vale la pena seguir el hilo conductor que parecen sugerir todas estas referencias a los orígenes del género humano, estableciendo un paralelo entre la tradición china sobre las edades remotas y lo que la Biblia enseña al respecto, con el objeto de verificar hasta qué punto lo que para los sabios chinos fue una convicción, podría haberlo sido también para el autor del Génesis.

Con relación a lo mismo se ha procurado hacer un paralelo estrecho entre la sabiduría personal de Jesús de Nazaret y la del modelo de hombre que Lao Tse describe en su *Tao Teh King*, el cual no es otro sino lo que el taoísmo y el confucianismo proclaman que fue la virtud de los soberanos antiguos. Esta estrecha semejanza entre la persona de Jesús y los rasgos de carácter, patrones de pensamiento y acción que, según Lao Tse, fueron los de aquellos sabios patriarcas, muestra a Jesús vinculado por analogía con esa supuesta prehistoria dorada. Esto motivaría la interrogante de si sería posible hallar ahí una explicación al hecho de que Jesús actuó y pensó siempre con total independencia respecto del orden civilizado de su época, pues este profeta que se presenta como un predicador popular itinerante traía una buena nueva que, de hecho, extrapolaba al hombre de la mecánica del orden establecido.

En este orden de ideas se ha procurado destacar y hacer consciente el hecho de que el segundo Adán vino al mundo en la absoluta pureza primigenia, y tal sería la razón de por qué nada en él pudo identificarse y asumir los expedientes de la civilización humana. Por eso sus patrones de conducta y de pensamiento aparecen siempre ligados a los procesos de la naturaleza, en la clara conciencia de que esos procesos constituyen un lenguaje cifrado para el hombre de verdadera inteligencia. Así, tanto él como sus discípulos aconsejados por él deambularon por el territorio de su patria, predicando la doctrina del Reino de Dios y aun fuera de sus fronteras, totalmente desprovistos de dinero y equipaje, sugiriendo con eso que la plenitud en que él vivía entonces hacía inútil todo el arsenal de cosas que los hombres creen que son indispensables para su vida. Su ejemplo de las aves del cielo y de los lirios del campo ciertamente no son ejemplos dados por un hombre que cree en eso que todos llamamos progreso.

Limache, marzo de 2016

www.ingramcontent.com/pod-product-compliance
Lightning Source LLC
LaVergne TN
LVHW061930220826
846092LV00005B/1031
* 9 7 8 9 5 6 1 4 1 9 3 3 9 *